PARA DEVOCIONAIS INDIVIDUAIS e em FAMÍLIA DESDE 1956

Pão Diário

EDIÇÃO ANUAL

De: _____

Para: _____

ESCRITORES:
Adam Holz, Alyson Kieda, Amy Boucher Pye, Amy L. Peterson, Anne M. Cetas, Arthur L. Jackson, Cindy Hess Kasper, Dave Branon, David Charles Gomes, David C. McCasland, David H. Roper, Elisa Morgan, H. Dennis Fisher, James Banks, Jeff Olson, Jennifer Benson Schuldt, Jeremias Pereira da Silva, Joseph M. Stowell, Juarez Marcondes Filho, Julie Ackerman Link, Julie Schwab, Karen Wolfe, Keila Ochoa, Kirsten H. Holmberg, Lawrence Darmani, Leslie Koh, Linda Washington, Lisa Samra, Luiz Roberto Silvado, Mart DeHaan, Marvin L. Williams, Miguel Uchôa, Monica Brands, Ney Silva Ladeia, Paschoal Piragine Junior, Patricia Raybon, Philip D. Yancey, Poh Fang Chia, Randy K. Kilgore, Timothy L. Gustafson, William E. Crowder, Xochitl Dixon.

Tradução: Sandra Pina, Rita Rosário
Revisão: Dayse Fontoura, Dalila Mendes, Thaís Soler, Lozane Winter
Adaptação e edição: Rita Rosário
Coordenação gráfica: Audrey Novac Ribeiro
Diagramação: Lucila Lis

Fotos das capas:
Família: *Piquenique em família próxima ao lago* © Shutterstock
Paisagem: *Búzios, Rio de Janeiro, Brasil* © Shutterstock

Referências bíblicas:
Exceto se indicado o contrário, as citações bíblicas são extraídas da Bíblia Sagrada, Nova Versão Transformadora © 2016, Editora Mundo Cristão.

Proibida a reprodução total ou parcial sem prévia autorização, por escrito, da editora. Todos os direitos reservados e protegidos pela Lei 9.610 de 19/02/1998.

Créditos dos artigos:
Artigo: 21 de dezembro, extraído e adaptado de: *A Bíblia, minha companheira*, © 2003 Philip D. Yancey e Brenda Quinn, Editora Vida.

Pedidos de permissão para usar citações deste devocional devem ser direcionados a: permissao@paodiario.org

PUBLICAÇÕES PÃO DIÁRIO
Caixa Postal 4190, 82501-970 Curitiba/PR, Brasil
E-mail: publicacoes@paodiario.org • Internet: www.paodiario.org
Telefone: (41) 3257-4028

S4792 • 978-1-68043-585-6
QM139 • 978-1-68043-586-3

© 2019 Ministérios Pão Diário. Todos os direitos reservados.
Impresso na China

Portuguese ODB Edition

Sumário

Introdução 5

A jornada para a cura 6
Meditações diárias (janeiro–junho) 7
Para viver plenamente 189
Meditações diárias (julho–dezembro) 194
Tornando pessoal 378

Índice temático 380

Você gostaria de receber um presente especial?

Agora que você adquiriu o seu exemplar da edição anual do devocional *Pão Diário* cadastre-se em nosso site: **paodiario.org** e baixe grátis o e-book: *Sofrimento: Por que Deus o permite?*, como **um presente especial** que disponibilizamos aos nossos leitores.

O livro aborda assuntos que vão impactá-lo, descubra:

- Por que a vida é tão injusta?
- Por que o bondoso Deus permite o sofrimento?
- Deus deseja o meu bem-estar?
- Sobrevivendo as tempestades do estresse
- Como posso ter certeza de que Deus existe?
- O quanto Deus controla

192 páginas

dos editores do Pão Diário

https://paodiario.org/presente/

Introdução

O devocional *Pão Diário* é sempre pensado e escrito com o profundo desejo de encorajar os seus leitores a se aproximarem mais intimamente de Deus. Para isso, colocamos em suas mãos as reflexões, as leituras bíblicas, os versículos, os pensamentos do dia e um plano para você ler a Bíblia em um ano com o firme propósito de desafiá-lo a caminhar ao lado de Jesus diariamente.

Dentre as páginas finais, você encontrará o artigo "Para viver plenamente" do autor e colunista de diversas revistas cristãs, Winn Collier. Ele questiona: "Se cremos que Deus é real, como lidamos com o mal, a guerra e a violência?". Em outro momento, ele afirma: "A criação em si revela a insistência de Deus de que Ele nos fez para a abundância, a beleza e a vida".

Leia e compartilhe com aqueles que precisam conhecer sobre a vida plena que encontramos somente na pessoa de Jesus Cristo. ❧

—DOS EDITORES DO *PÃO DIÁRIO*

A jornada para a cura

A **impaciência é** sempre uma tentação para mim. Se algo parece quebrado, na minha vida ou na daqueles que amo, quero consertar. Geralmente a minha escolha não é andar pacientemente com Deus pelos altos e baixos da vida.

Não acho que eu esteja sozinha nessa minha atitude. Dale S. Ryan, executivo do Centro Cristão Internacional de Restauração, escreve sobre como um dos maiores obstáculos que ele tem visto para os cristãos que buscam a cura é a crença de que a recuperação, mesmo que de trauma ou dependência, deve ocorrer rapidamente. Da mesma maneira que em geral acreditamos que a salvação é um acontecimento pontual, os cristãos também esperam que Deus lhes traga a cura instantânea.

Mas a Palavra de Deus descreve a vida de fé, não como uma solução instantânea, mas como uma jornada lenta e contínua na qual Deus nos convida a caminhar com Ele para a cura (1 PEDRO 2:1,3). Deus nos convida a trazer todo o nosso ser diante dele — as partes de nós mesmos que gostamos e aquelas das quais nos envergonhamos ou tememos. Porque é somente quando nos aproximamos dele em nossa fraqueza que experimentamos o poder de cura do Seu amor.

Isso requer tempo, paciência e a constante dependência de Deus em oração, especialmente porque muitos dentre nós nos sentimos desconfortáveis em olhar profundamente para as nossas próprias feridas.

Como o autor da carta aos Hebreus nos lembra, não temos motivos para temer. Deus já nos conhece melhor do que nós mesmos nos conhecemos (4:12,13). Nosso Salvador, que compreende plenamente as nossas lutas, convida-nos a levá-las corajosamente diante do trono de Deus. Ao fazermos isso, sentimos a maravilha da Sua infinita misericórdia e graça. ● MONICA BRANDS

1.º DE JANEIRO

A BÍBLIA em UM ANO:
Gênesis 1–3; Mateus 1

Reiniciando

LEITURA: **Esdras 1:1-11**

...o SENHOR despertou o coração [...] para que fossem a Jerusalém e reconstruíssem o templo do SENHOR. v.5

Depois das festividades de Natal, os meus pensamentos se voltam para o ano seguinte. Com os meus filhos em férias da escola e a nossa rotina diária mais lenta, posso refletir sobre o que o último ano me trouxe e aonde espero que o próximo me leve. Essas reflexões, às vezes, trazem dor e pesar pelos erros que cometi. No entanto, a perspectiva de começar de novo me enche de esperança e expectativas. Sinto que tenho a oportunidade de reiniciar revigorada, não importa o que tiver acontecido no ano anterior.

Minha expectativa de um recomeço perde a importância se comparada à esperança que os israelitas devem ter sentido quando Ciro, o rei da Pérsia, libertou-os para retornarem à sua terra natal em Judá após 70 anos de cativeiro na Babilônia. O rei anterior, Nabucodonosor, tinha deportado os israelitas de sua terra natal. Mas Deus fez Ciro enviar os cativos para Jerusalém para reconstruir o Templo do Senhor (ESDRAS 1:2,3). Ciro também lhes devolveu os tesouros que haviam sido retirados do Templo. A vida deles como povo escolhido de Deus, na terra que o Senhor lhes havia designado, recomeçou depois de uma longa temporada de dificuldades, como consequência de seu pecado, na Babilônia.

Quando confessamos os nossos pecados, Deus nos perdoa e nos dá um novo começo. Que grande motivo de esperança! ❧ KHH

Senhor, obrigado por Tua graça, perdão e recomeços.

A graça de Deus nos oferece novos começos.

2 DE JANEIRO

A BÍBLIA em UM ANO:
Gênesis 4–6; Mateus 2

Prosseguindo

LEITURA: **Filipenses 3:7-14**

...prossigo para o final da corrida, a fim de receber o prêmio celestial... v.14

Ao caminhar pela parte externa do prédio onde trabalho, fiquei espantado ao ver uma bela flor crescendo numa fenda entre placas de concreto cobrindo o chão. Apesar de sua circunstância desfavorável, a planta encontrara um ponto de apoio, enraizou-se na fenda seca e estava florescendo. Mais tarde, notei que uma unidade de ar-condicionado localizada diretamente acima da planta a molhava durante o dia inteiro. Embora seus arredores fossem hostis, a planta recebia a ajuda que precisava daquela água.

Às vezes pode ser difícil crescer na vida cristã, mas, quando perseveramos com Cristo, as barreiras são superáveis. Nossas circunstâncias podem ser desfavoráveis e o desânimo pode parecer um obstáculo. No entanto, se prosseguimos em nosso relacionamento com o Senhor, podemos florescer como aquela planta solitária. Esta foi a experiência do apóstolo Paulo. Apesar das severas dificuldades e desafios que enfrentou (2 CORÍNTIOS 11:23-27), ele não desistiu e afirmou: "prossigo para o final da corrida, a fim de receber o prêmio celestial para o qual Deus nos chama em Cristo Jesus" (FILIPENSES 3:12,14).

Paulo percebeu que poderia fazer todas as coisas através do Senhor que o fortaleceu (4:13), e nós também podemos se prosseguirmos com a ajuda daquele que nos fortalece. ● LD

Obrigado Pai, pois este é o dia que tu fizeste.

Deus concede a força que precisamos para perseverar e crescer.

3 DE JANEIRO

A BÍBLIA em UM ANO:
Gênesis 7–9; Mateus 3

Glória extasiante

LEITURA: **1 Crônicas 29:10-13**

Ó S‌ENHOR, a ti pertencem a grandeza, o poder, a glória, a vitória e a majestade... v.11

Um dos deleites ao visitar a Europa é conhecer as grandes catedrais que apontam em direção ao céu e pontilham sua paisagem. A arquitetura, a arte e o simbolismo nestes incríveis edifícios apresentam uma experiência fascinante de maravilhamento.

Enquanto vislumbrava essas estruturas que foram construídas para refletir a magnificência de Deus e Seu surpreendente esplendor, perguntava-me como poderíamos recapturar em nosso coração e mente um sentimento semelhante da grandeza de Deus e ser relembrado de Sua grandiosidade.

Uma maneira de fazermos isso é olhar além das estruturas imponentes e régias do homem e contemplar a grandeza do que o próprio Deus criou. Olhe para o céu noturno estrelado e pense no poder de Deus quando Ele determinou a existência do Universo. Segure um bebê recém-nascido em seus braços e agradeça a Deus pelo milagre da própria vida. Olhe para as montanhas cobertas de vegetação ou ao majestoso Oceano Atlântico repleto de milhões de criaturas feitas por Deus e imagine o poder que faz esse ecossistema funcionar.

A humanidade não está errada em querer alcançar o céu com estruturas que se destinam a nos indicar para Deus. Mas a nossa verdadeira admiração deve ser reservada ao próprio Deus quando exclamamos: "Ó Senhor, a ti pertencem a grandeza, o poder, a glória, a vitória e a majestade..." (v.11). ❧   JDB

Senhor, obrigado por nos lembrares de Tua grandeza em Tua Palavra.

Só Deus é digno de nossa adoração.

4 DE JANEIRO

A BÍBLIA em UM ANO:
Gênesis 10–12; Mateus 4

O que os especialistas dizem?

LEITURA: **João 5:31-40**

...as Escrituras apontam para mim! E, no entanto, vocês se recusam a vir a mim para receber essa vida. vv.39,40

Um renomado colunista escreveu sobre a extraordinária habilidade dos especialistas em fazer as coisas desesperadamente erradas. Um rápido olhar sobre a história recente mostra que ele tem razão. O inventor Thomas Edison, por exemplo, declarou certa vez que o cinema falado nunca substituiria o cinema mudo. E, em 1928, Henry Ford declarou: "As pessoas estão se tornando inteligentes demais para terem uma nova guerra". Muitas outras previsões de "especialistas" falharam. Os gênios obviamente têm seus limites.

Apenas uma Pessoa é totalmente confiável, e Ele tinha palavras fortes para alguns dos chamados peritos. Os líderes religiosos dos dias de Jesus alegaram ter a verdade. Esses estudiosos e teólogos pensavam que sabiam como seria o Messias prometido quando Ele chegasse.

Jesus os advertiu: "Vocês estudam minuciosamente as Escrituras porque creem que elas lhes dão vida eterna...". E lhes mostrou como eles estavam perdendo o âmago da questão: "Mas as Escrituras apontam para mim! E, [...] vocês se recusam a vir a mim para receber essa vida" (vv.39,40).

Ao iniciarmos um novo ano, ouviremos previsões que vão desde o aterrorizante ao extremo otimismo. Muitas delas serão declaradas com muita confiança e autoridade. Não se assuste. Nossa confiança permanece naquele que encontramos nas Escrituras. Ele governa sobre nós e sobre o nosso futuro.

TLG

Pai, entregamos este novo ano em Tuas mãos.

Conhecer o futuro é incerto; mas conhecer Aquele que controla o nosso futuro é certeza de eternidade.

5 DE JANEIRO

A BÍBLIA em UM ANO:
Gênesis 13–15; Mateus 5:1-26

Apenas como meu pai

LEITURA: **1 Pedro 5:8-12**

Pois as Escrituras dizem: "Sejam santos, porque eu sou santo". 1:16

As botas de caubói do meu pai, empoeiradas, de salto alto, repousam no chão do meu escritório e são lembretes diários do tipo de homem que ele era.

Entre outras coisas, ele criou e treinou cavalos de corte — atletas equinos que se movem com vivacidade. Eu gostava de vê-lo no trabalho, maravilhado com o fato de ele poder cavalgá-los.

Como um menino, crescendo, eu queria ser como ele. Estou com meus 80 anos, e suas botas ainda são muito grandes para mim.

Meu pai está no Céu agora, mas tenho outro Pai para imitar. Quero ser como Ele, cheio da Sua bondade, perfumado com Seu amor. Não estou lá com Ele e nunca poderei estar nesta vida.

Mas o apóstolo Pedro disse: "Deus, em toda a sua graça, os chamou para participarem de sua glória eterna por meio de Cristo Jesus. [...] ele os restaurará, os sustentará e os fortalecerá, e os colocará sobre um firme alicerce" (v.10). Você sabe que o Senhor tem a sabedoria e o poder para fazer isso (v.11).

Nossa falta de semelhança com nosso Pai celestial não durará para sempre. Deus nos chamou para compartilhar a beleza do Seu caráter. Nesta vida, nós o refletimos mal, mas no Céu não haverá mais pecado e tristeza e nós refletiremos o Senhor mais plenamente! Esta é "verdadeiramente, parte da graça de Deus" (v.12). ❂

DHR

> Deus Pai, queremos ser como tu és. Ajuda-nos a crescer mais e mais, sendo semelhantes a ti a cada dia!

Pela cruz, os cristãos são aperfeiçoados aos olhos de Deus.

Edição letra gigante

6 DE JANEIRO

A BÍBLIA em UM ANO:
Gênesis 16–17; Mateus 5:27-48

O presente dos Sábios

LEITURA: **Mateus 2:1-12**

...Vimos sua estrela no Oriente e viemos adorá-lo. v.2

Um jovem casal tinha mais amor do que dinheiro. Certo Natal, eles se esforçaram para encontrar um presente que mostraria o quanto eles se amavam. Finalmente, na véspera do Natal, Della vendeu seu longo cabelo para comprar uma corrente de platina para o relógio que Jim herdara de seu pai e seu avô. Jim, no entanto, vendeu o relógio para comprar pentes caros para o cabelo de sua esposa.

O autor O. Henry chamou a história desse casal *O presente dos Magos* (COSAC NAIFY, 2003). Ele sugere que, mesmo que os presentes tenham se tornado inúteis e possam tê-los feito parecer tolos, naquela manhã de Natal, o amor deles os colocou entre os mais sábios entre aqueles que presenteiam.

Os sábios da primeira história de Natal também poderiam ter parecido insensatos para alguns quando chegaram a Belém com presentes de ouro, incenso e mirra (MATEUS 2:11). Eles não eram judeus, mas estrangeiros, gentios, que não perceberam o quanto perturbariam a paz de Jerusalém perguntando sobre um rei dos judeus, recém-nascido (v.2).

Como aconteceu com Jim e Della, os planos dos sábios não acabaram da maneira que esperavam. Mas eles deram aquilo que o dinheiro não pode comprar. Trouxeram presentes, mas depois curvaram-se para adorar Aquele que faria o maior de todos os sacrifícios de amor por eles — e por nós. MRD

> Pai, ajuda-nos a aprender o que significa presentear com o que o dinheiro não pode comprar.

A graça de Deus é uma dádiva que não tem preço.

7 DE JANEIRO

A BÍBLIA em UM ANO:
Gênesis 18-19; Mateus 6:1-18

O nome

LEITURA: **Filipenses 2 5-11**

...para que, ao nome de Jesus, todo joelho se dobre, nos céus, na terra e debaixo da terra. v.10

Cleópatra, Galileu, Shakespeare, Elvis, Pelé. Todos eles são tão conhecidos que só precisam de um nome para serem reconhecidos. Eles permaneceram proeminentes na história por causa de quem eram e o que fizeram. Mas há um outro nome que está acima desses ou de qualquer outro nome!

Antes de o Filho de Deus nascer neste mundo, o anjo disse a Maria e José que o chamassem *Jesus*, pois Ele salvaria "...o seu povo dos seus pecados" (MATEUS 1:21) e seria "chamado Filho do Altíssimo" (LUCAS 1:32). Jesus não veio como uma celebridade, mas como um servo que se humilhou e morreu na cruz para que quem o recebe possa ser perdoado e liberto do poder do pecado. "Por isso Deus o elevou ao lugar de mais alta honra e lhe deu o nome que está acima de todos os nomes, para que, ao nome de Jesus, todo joelho se dobre, nos céus, na terra e debaixo da terra, e toda língua declare que Jesus Cristo é Senhor, para a glória de Deus, o Pai" (FILIPENSES 2:9-11).

Em nossos tempos de maior alegria e de nossa mais profunda necessidade, o nome ao qual nos apegamos é Jesus. Ele nunca nos deixará e o Seu amor não falhará. DCM

> Jesus, tu és o nome acima de todos os nomes, nosso Salvador e Senhor. Elevamos nosso louvor a ti ao celebrarmos a Tua presença e poder em nossa vida hoje.

Jesus Cristo não será valorizado o suficiente até que Ele seja valorizado acima de tudo. AGOSTINHO

8 DE JANEIRO

A BÍBLIA em UM ANO:
Gênesis 20–22; Mateus 6:19-34

O apagador de dívidas

LEITURA: **Salmo 103:1-12**

De nós ele afastou nossos pecados, tanto como o Oriente está longe do Ocidente. v.12

Segurei as lágrimas ao revisar minhas despesas médicas. Com o severo corte no salário do meu marido após o desemprego prolongado, pagar metade do saldo exigiria anos de parcelas mensais. Orei antes de ligar para o consultório do médico para explicar-lhe nossa situação e solicitar um plano de pagamento. Porém, o recepcionista me informou que o médico tinha perdoado a nossa dívida.

Soluçando, agradeci. A generosidade me encheu de gratidão. Desliguei o telefone e louvei a Deus. Pensei em guardar a conta do médico como uma lembrança do que Deus tinha feito.

A decisão do médico em perdoar minha dívida me trouxe à mente a escolha de Deus em perdoar a dívida insuperável dos meus pecados. As Escrituras nos asseguram que Deus é "compassivo e misericordioso" e "lento para se irar e cheio de amor" (v.8).

Ele "nem nos trata como merecemos" (v.10). Ele remove nossos pecados, "tanto como o Oriente está longe do Ocidente" (v.12), quando nos arrependemos e aceitamos Cristo como nosso Salvador. Seu sacrifício apaga completamente a nossa dívida passada.

Uma vez perdoados, não somos definidos nem limitados por nossa dívida antiga. Em resposta à graciosa dádiva do Senhor, podemos reconhecer tudo o que Ele fez. Oferecendo a nossa dedicada adoração e grato afeto, podemos viver para Ele e compartilhá-lo com os outros. XED

> Pai, obrigado por apagares completamente a nossa dívida quando colocamos nossa confiança em ti.

A dívida impagável que contraímos pelo pecado é apagada pelo nosso Deus misericordioso.

9 DE JANEIRO

A BÍBLIA em UM ANO:
Gênesis 23–24; Mateus 7

Pedras memoriais

LEITURA: **Josué 3:14–4:7**

Lembrem-se das maravilhas que ele fez, dos milagres que realizou e dos juízos que pronunciou. Salmo 105:5

Algumas manhãs, quando entro no *Facebook*, ele me mostra "memórias" — coisas que postei naquele dia em anos anteriores. Essas memórias, como fotos de casamento do meu irmão ou um vídeo de minha filha brincando com a minha avó, geralmente me fazem sorrir. Mas, às vezes, elas têm um efeito emocional mais profundo. Quando vejo uma nota sobre uma visita ao meu cunhado durante sua quimioterapia ou uma foto da minha mãe, com grampos no couro cabeludo após sua cirurgia no cérebro há três anos, lembro-me da presença fiel de Deus em circunstâncias difíceis. Essas memórias me compelem a orar e a agradecer.

Todos somos propensos a esquecer as coisas que Deus tem feito por nós. Precisamos de lembretes. Quando Josué conduziu o povo de Deus para o seu novo lar, eles tiveram que atravessar o rio Jordão (JOSUÉ 3:15,16). Deus separou as águas, e Seu povo andou em terra seca (v.17). Para criar um memorial deste milagre, eles tomaram doze pedras do meio do leito do rio e as empilharam do outro lado (4:3,6,7). Quando os outros lhes perguntassem sobre o significado das pedras, o povo de Deus contaria a história do que Ele havia feito naquele dia.

Os lembretes palpáveis da fidelidade de Deus no passado podem nos recordar de confiar nele no presente — e no futuro.

ALP

Deus, obrigado por Tua fidelidade a mim durante muitos anos! Ajuda-me a confiar em ti no presente e no futuro.

Lembrar-se das provisões divinas recebidas no passado traz esperança e fortalecimento para o hoje.

10 DE JANEIRO

A BÍBLIA em UM ANO:
Gênesis 25–26; Mateus 8:1-17

O coração de servo

LEITURA: **Lucas 22:24-30**

Pois eu estou entre vocês como quem serve. v.27

Foi um longo dia de trabalho. Mas, quando cheguei à casa, era hora de começar o meu "outro" trabalho: ser um bom pai. Os cumprimentos da minha esposa e filhos logo se tornavam: "Pai, o que vamos jantar?" "Pai, você pode me dar um pouco de água?" "Pai, vamos jogar futebol?".

Eu só queria sentar. E, apesar de parte de mim realmente querer ser um bom pai, eu não *sentia* vontade de atender às necessidades da minha família. Foi quando vi o enorme cartão de agradecimento que minha esposa recebera de alguém na igreja. Estampava uma tigela de água, uma toalha e sandálias sujas. Abaixo, estavam as palavras de Lucas 22:27: "Pois eu estou entre vocês como quem serve".

Essa declaração da missão de Jesus, para servir aqueles a quem Ele veio buscar e salvar (LUCAS 19:10), era *exatamente* o que eu precisava. Se Jesus se dispôs a fazer o mais sujo dos trabalhos para Seus seguidores — como esfregar os pés imundos dos Seus seguidores, sem dúvida (JOÃO 13:1-17), eu poderia entregar ao meu filho um copo de água sem resmungar sobre isso. Nesse momento, lembrei-me de que os pedidos de minha família para servi-los não eram simplesmente uma *obrigação*, mas uma *oportunidade* para refletir o coração de servo de Jesus e Seu amor por eles. Quando nos pedem alguma coisa, são oportunidades de nos tornarmos mais semelhantes Àquele que serviu Seus seguidores, entregando a Sua vida por nós. ARH

Senhor, às vezes é difícil servir aos outros. Ajuda-nos a nos tornarmos mais semelhantes a ti, dispostos a expressar Teu amor nas muitas oportunidades que temos de servir aqueles que nos rodeiam a cada dia.

O amor de Deus por nós nos capacita a servir aos outros.

11 DE JANEIRO

A BÍBLIA em UM ANO:
Gênesis 27-28; Mateus 8:18-34

O que há em seu interior?

LEITURA: **2 Coríntios 4:7-18**

Temos, porém, este tesouro em vasos de barro, para que a excelência do poder seja de Deus e não de nós. v.7

Minha amiga perguntou-me: "Você quer ver o que tem dentro?". Eu a tinha elogiado pela boneca de pano à moda antiga que sua filha segurava em seus pequenos braços. Curiosa, instantaneamente, respondi que sim, pois queria muito ver o que continha dentro. Ela virou o rosto da boneca para baixo e abriu um discreto zíper costurado nas costas. De dentro do corpo de tecido, Emília suavemente removeu um tesouro: a boneca de pano que ela tinha segurado e amado ao longo dos anos de sua própria infância mais de duas décadas antes. A boneca "exterior" era meramente uma "casca" sem este "forro" interior para lhe dar força e forma.

Paulo descreve a verdade da vida, morte e ressurreição de Jesus como um tesouro, que se tornou evidente na frágil humanidade do povo de Deus. Esse tesouro capacita aqueles que confiam no Senhor a suportar adversidades impensáveis e a continuar servindo-o. Quando o fazem, Sua luz — Sua vida — brilha intensamente através das "rachaduras" de sua humanidade. Paulo nos encoraja a não desanimarmos (v.16) porque Deus nos fortalece para fazer a Sua obra.

Como a boneca "interior", o tesouro do evangelho em nosso interior concede propósito e força à nossa vida. Quando a força de Deus brilha através de nós, ela convida os outros a perguntar: "O que há em seu interior?". Podemos então abrir o nosso coração e revelar a promessa de salvação em Cristo. ❧ KHH

Obrigado Senhor por Tua salvação.

O evangelho da verdade brilha através do quebrantamento do povo de Deus.

12 DE JANEIRO

A BÍBLIA em UM ANO:
Gênesis 29–30; Mateus 9:1-17

Enquadrando-se

LEITURA: **Malaquias 3:13-18**

Então aqueles que temiam o Senhor falaram uns aos outros; e o Senhor ouviu o que disseram. v.16

Luís é um bancário diligente e confiável e demonstra de maneira muito clara como testemunha a sua fé. Ele a revela de maneira prática, retirando-se de ambientes durante conversas impróprias. Em um estudo bíblico, ele compartilhou: "Temo que esteja perdendo oportunidades de promoção por não me encaixar".

Os cristãos da época do profeta Malaquias enfrentaram desafio semelhante. Eles tinham retornado do exílio e o Templo tinha sido reconstruído, mas havia ceticismo sobre o plano de Deus para o futuro deles. Alguns israelitas estavam dizendo: "'De que adianta servir a Deus? Que vantagem temos em obedecer a suas ordens ou chorar por nossos pecados diante do Senhor dos Exércitos? De agora em diante, chamaremos de abençoados os arrogantes. Pois os que praticam maldades enriquecem, e os que provocam a ira de Deus nenhum mal sofrem'" (vv.14,15).

Como podemos permanecer firmes em Deus numa cultura que nos diz que perderemos se não nos misturarmos? Os fiéis na época de Malaquias responderam a esse desafio, reunindo-se com aqueles que criam no mesmo que eles para encorajar uns aos outros. Malaquias partilha conosco este detalhe importante: "o Senhor ouviu o que disseram" (v.16).

Deus percebe e cuida de todos os que o temem e honram. Ele não nos chama para nos "encaixar", mas para nos aproximarmos cada dia do Senhor ao nos encorajarmos mutuamente. Vamos permanecer fiéis! ◉

PFC

Nossa fé pode ser testada para que possamos confiar na fidelidade de Deus.

13 DE JANEIRO

A BÍBLIA em UM ANO:
Gênesis 31–32; Mateus 9:18-38

Um Deus irado?

LEITURA: **Êxodo 33:18-19;34:1-7**

...Javé! O SENHOR! O Deus de compaixão e misericórdia! v.6

Ao estudar mitologia, impressionei-me com o quanto os deuses se irritavam e se iravam facilmente. As pessoas que eram objetos dessa ira tinham suas vidas destruídas por mero capricho.

Eu zombava delas, questionando-me como alguém poderia acreditar neles. Mas me perguntei: *Será que a minha visão do verdadeiro Deus é muito diferente? Não acredito que Ele se irrita fácil sempre que duvido dele?* Infelizmente, sim.

Por isso, aprecio o pedido de Moisés a Deus para mostrar a Sua glória (33:18). Tendo sido escolhido para liderar um grande grupo de pessoas que resmungou contra ele, Moisés queria certificar-se de que Deus o ajudaria com esta enorme tarefa. Seu pedido foi recompensado pela demonstração da glória de Deus. O Senhor anunciou a Moisés o Seu nome e Suas características. Ele diz que é o Deus de compaixão e misericórdia! Lento para irar-se e cheio de amor e fidelidade (v.6).

Este versículo lembrou-me de que Deus não é impulsivo, alguém que repentinamente golpeia com ira. Isso é reconfortante, especialmente quando lembro das vezes que me referi a Ele com impaciência ou críticas. Além disso, o Senhor age continuamente para me tornar mais semelhante a Ele mesmo.

Podemos ver Deus e Sua glória em Sua paciência conosco, na palavra encorajadora de um amigo, num belo pôr do sol ou, melhor de tudo, no sussurro do Espírito Santo em nosso interior. ❂

LMW

Deus Pai, estou grato por seres sempre compassivo, perdoador e fiel.

Embora nós, muitas vezes, mudemos, Deus jamais muda.

14 DE JANEIRO

A BÍBLIA em UM ANO:
Gênesis 33–35; Mateus 10:1-20

Conhecer e amar

LEITURA: **João 10:7-16**

Minhas ovelhas ouvem a minha voz; eu as conheço, e elas me seguem. v.27

"**Cristo tem** amor por mim, sei que a Bíblia diz assim" (HCC 173) é a mensagem duradoura de uma das canções da música cristã que mais resistem ao tempo, especialmente para as crianças. Escrito por Anna B. Warner, nos anos 1800, esta letra afirma ternamente nosso relacionamento com Ele: somos amados.

Alguém deu a minha esposa uma placa para a nossa casa que dá a estas palavras um novo significado por lançar essa simples ideia. Diz: "Jesus me *conhece*, eu *amo* isso". Isso traz uma perspectiva diferente sobre o nosso relacionamento com o Senhor — somos conhecidos.

No antigo Israel, amar e conhecer as ovelhas distinguia um verdadeiro pastor de um funcionário contratado. O pastor passava tanto tempo com suas ovelhas que desenvolvia um cuidado permanente e profundo conhecimento de seus cordeiros. Não admira que Jesus diz aos Seus: "Eu sou o bom pastor; conheço as minhas ovelhas, e elas me conhecem. [...] Minhas ovelhas ouvem a minha voz; eu as conheço, e elas me seguem" (JOÃO 10:14,27).

Ele nos conhece e nos ama! Podemos confiar nos Seus propósitos para nós e descansar na promessa de Seu cuidado, porque o Pai sabe o que precisamos antes de lhe pedirmos (MATEUS 6:8). Ao lidar com os altos e baixos da vida hoje, descanse. Você é conhecido e amado pelo Pastor de seu coração. WEC

Senhor, obrigado por me amares e cuidares de mim. Ajuda-me a confiar em ti em todas as áreas da minha vida.

É maravilhoso pensar que Jesus me conhece e me ama!

15 DE JANEIRO

A BÍBLIA em UM ANO:
Gênesis 36–38; Mateus 10:21-42

Perseguindo a unidade

LEITURA: **Colossenses 3:9-17**

Nessa nova vida, não importa se você é judeu ou gentio, [...] Cristo é tudo que importa, e ele vive em todos. v.11

Cresci na década de 1950, sem questionar o racismo e a segregação na cidade onde vivíamos. Nas escolas, restaurantes, transportes públicos e bairros, as pessoas eram separadas pela cor da pele.

Mudei de atitude em 1968 ao entrar no Exército. Servi com jovens de grupos multiculturais. Aprendemos rápido a entender e aceitar uns aos outros, trabalhar juntos e cumprir nossa missão.

Paulo escreveu à igreja, em Colossos, reconhecendo a diversidade de seus membros, e lhes lembrou: "não importa se você é judeu ou gentio, se é circuncidado ou incircuncidado, se é inculto ou incivilizado, se é escravo ou livre. Cristo é tudo que importa, e ele vive em todos" (v.11). Em um grupo onde as diferenças superficiais e as mais profundas poderiam facilmente dividir as pessoas, Paulo as exortou a revestirem-se de: "compaixão, bondade, humildade, mansidão e paciência" (v.12). E, além dessas virtudes, disse-lhes que se revestissem do amor "que une todos nós em perfeita harmonia" (v.14).

Colocar esses princípios em prática muitas vezes pode ser uma obra em andamento, mas é a isso que Jesus nos chama. O que nós, como cristãos, temos em comum é o nosso amor por Ele. Firmados nisso, buscamos a compreensão, a paz e a unidade como membros do Corpo de Cristo.

Em meio a toda a nossa maravilhosa diversidade, buscamos uma unidade ainda maior em Cristo. ❧

DCM

Senhor, une-nos para que nos encorajemos uns aos outros.

O amor de Cristo traz unidade em meio à diversidade.

16 DE JANEIRO

A BÍBLIA em UM ANO:
Gênesis 39–40; Mateus 11

O Poder da Oração

LEITURA: **1 Samuel 7:7-14**

...Não pare de clamar ao SENHOR, nosso Deus, para que ele nos salve dos filisteus. v.8

Um dia, quando fiquei profundamente preocupado com o bem-estar de alguém muito próximo a mim, encorajei-me com a história de Samuel, um sábio líder dos israelitas. Ao ler como ele intercedeu pelo povo de Deus ao enfrentarem problemas, reforcei a minha determinação em orar por quem amo.

Os israelitas enfrentaram a ameaça dos filisteus, que já os tinham derrotado anteriormente, quando o povo de Deus não confiou no Senhor (1 SAMUEL 4). Depois de se arrependerem dos seus pecados, ouviram que os filisteus estavam prestes a atacar. Desta vez, porém, pediram a Samuel que continuasse orando por eles (7:8), e o Senhor respondeu claramente, confundindo os seus inimigos prontamente (v.10). Embora os filisteus pudessem ser mais poderosos do que os israelitas, o Senhor era o mais forte de todos.

Quando sofremos por causa dos desafios enfrentados por aqueles que amamos e tememos que a situação possa não mudar, podemos ser tentados a acreditar que o Senhor não agirá. Mas nunca devemos subestimar o poder da oração, pois o nosso Deus amoroso ouve as nossas petições. Não sabemos como Ele agirá em resposta aos nossos clamores, mas sabemos que, como nosso Pai, Ele anseia por nos envolver em Seu amor e que confiemos em Sua fidelidade. Por quem você pode orar hoje?

ABP

> Deus Pai, fortalece a minha fé para que eu sempre creia em Tua bondade e amor.

Deus nos ouve quando oramos.

17 DE JANEIRO

A BÍBLIA em UM ANO:
Gênesis 41–42; Mateus 12:1-23

Gratidão crescente

LEITURA: **Romanos 11:33-36**

...todas as coisas vêm dele, existem por meio dele e são para ele. A ele seja toda a glória para sempre! v.36

George Herbert, poeta britânico do século 17, encoraja-nos a sermos agradecidos em seu poema "Gratidão": "Tu que me deste tanto, dá-me uma coisa mais: um coração agradecido".

Herbert reconheceu que, para ser grato, precisava simplesmente reconhecer as bênçãos que Deus já lhe havia concedido.

A Bíblia declara Cristo Jesus como a fonte de todas as bênçãos: "todas as coisas vêm dele, existem por meio dele e são para ele" (v.36). "Todas as coisas" abrange o extravagante e o mundano, os dons cotidianos em nossa vida. Tudo o que recebemos na vida vem diretamente de nosso Pai celestial (TIAGO 1:17), e Ele voluntariamente nos concede essas dádivas por causa do Seu amor por nós.

Para ampliar a minha percepção das bênçãos de Deus em minha vida, estou aprendendo a cultivar um coração que reconhece a fonte de todas as alegrias que experimento diariamente, mas especialmente aquelas que tantas vezes acho que sou merecedor. Hoje, isso incluiu uma manhã agradável para correr, a expectativa de rever meus amigos à noite, a despensa cheia para preparar torradas com minhas filhas, a beleza do mundo janela afora e o aroma do café recém-passado.

Quais são "todas as coisas" que Deus já lhe deu? Abra os olhos às Suas bênçãos e isso o ajudará a desenvolver um coração cheio de gratidão. ❂

LMS

Pai, ajuda-me a cultivar um coração grato pelas bênçãos, pequenas ou grandes, que me concedes.

Dê graças a Deus sempre que pensar em tudo o que é bom.

18 DE JANEIRO

A BÍBLIA em UM ANO:
Gênesis 43–45; Mateus 12:24-50

Lidando com o atraso

LEITURA: **Gênesis 45:1-8**

Portanto, foi Deus quem me mandou para cá, e não vocês! v.8

Uma interrupção global do sistema de informática provocou cancelamentos de voos e impediu a movimentação de milhares de passageiros nos aeroportos. Durante as tempestades, os acidentes automobilísticos fecham as principais rodovias. Quem promete enviar respostas "imediatamente" não consegue fazê-lo. Os atrasos muitas vezes produzem raiva e frustração, mas, como seguidores de Jesus, temos o privilégio de buscar ajuda nele. Um dos grandes exemplos de paciência da Bíblia é José, que foi vendido aos mercadores de escravos por seus irmãos invejosos, falsamente acusado pela esposa de seu patrão e preso no Egito. "Mas o SENHOR, estava com ele na prisão e o tratou com bondade" (39:21). Anos mais tarde, quando José interpretou os sonhos do Faraó, ele tornou-se o segundo no comando do Egito (GÊNESIS 41).

O fruto mais notável de sua paciência ocorreu quando os seus irmãos vieram comprar grãos durante um tempo de fome. "Eu sou José, o irmão que vocês venderam como escravo ao Egito. Agora, não fiquem aflitos ou furiosos uns com os outros por terem me vendido para cá. Foi Deus quem me enviou adiante de vocês para lhes preservar a vida. [...] Portanto, foi Deus, quem me mandou para cá, e não vocês" (45:4,5,8)!

Que em todos os atrasos, breves ou longos, possamos, como José, ter paciência, perspectiva e paz, à medida que confiamos no Senhor. DCM

Pai celeste, podemos confiar em ti sempre.

A confiança em Deus nos capacita a viver pacientemente nossa fé.

19 DE JANEIRO

A BÍBLIA em UM ANO:
Gênesis 46–48; Mateus 13:1-30

Pelo poder do Espírito

LEITURA: **Zacarias 4:1-7**

Nada será obstáculo para Zorobabel, nem mesmo uma grande montanha; diante dele ela se tornará uma planície! v.7

O que você faz quando há uma montanha em seu caminho? A história de Dashrath Manjhi pode nos inspirar. Quando a esposa dele morreu porque não foi possível levá-la ao hospital, Manjhi fez o que parecia impossível. Ele passou 22 anos abrindo manualmente uma passagem enorme por uma montanha para que outros moradores pudessem chegar mais rápido ao hospital local para receber os cuidados médicos que porventura precisassem. Antes de ele morrer, o governo da Índia o condecorou por seu feito.

A reconstrução do Templo deve ter parecido impossível a Zorobabel, um dos líderes de Israel que retornou do exílio. O povo estava desanimado, tinha enfrentado a oposição de seus inimigos e precisava de recursos ou de um grande exército. Mas Deus enviou Zacarias para lembrar a Zorobabel que a tarefa precisaria de algo mais poderoso do que a força militar, o poder individual ou recursos feitos pelo homem. Precisaria do poder do Espírito (v.6). Com a certeza da ajuda divina, Zorobabel confiava que Deus nivelaria qualquer montanha de dificuldade que estivesse no caminho da reconstrução do Templo e restauração da comunidade (v.7).

O que fazemos quando há uma "grande montanha" diante de nós? Temos duas opções: confiar em nossa própria força ou confiar no poder do Espírito. Quando confiarmos em Seu poder, Ele nivelará a montanha ou nos dará a força e a resistência para escalá-la. ✢

MLW

O poder humano é inadequado para cumprir os propósitos de Deus.

20 DE JANEIRO

A BÍBLIA em UM ANO:
Gênesis 49–50; Mateus 13:31-58

Minha ajuda!

LEITURA: **Salmo 121**

Meu socorro vem do SENHOR, que fez os céus e a terra. v.2

Durante décadas, um renomado coral abençoou multidões com suas canções, como a do Salmo 121, intitulada: "Meu socorro".

O Salmo 121 começa com a confissão pessoal de fé no Senhor que criou o Universo, e Deus foi a fonte de ajuda do salmista (vv.1,2). Isso significa: estabilidade (v.3), cuidado contínuo (vv.3,4), presença constante — proteção (vv.5,6) e defesa de todos os tipos de mal por agora e pela eternidade (vv.7,8).

A partir de suas interpretações das Escrituras, o povo de Deus identifica o Senhor como a sua fonte de "ajuda" por meio de suas canções. Minha experiência de adoração inclui levantar minha voz com outros que cantaram uma música de Charles Wesley: "Pai, levantarei as minhas mãos para ti, não conheço outra ajuda. Se te afastares de mim, para onde irei?" Lutero acertou ao escrever as palavras: "Castelo forte é nosso Deus, espada e bom escudo. Com Seu poder defende os Seus, em todo o transe agudo (CC 323)".

Você se sente só, desamparado, abandonado, confuso? Medite sobre o Salmo 121. Permita que ele encha a sua alma com fé e coragem. Você não está só, portanto, não tente viver sem Deus. Ao contrário, alegre-se com o cuidado atual e eterno de Deus que já foi demonstrado na vida, morte, ressurreição e ascensão de Jesus. E, independentemente de quais sejam os próximos passos, dê-os com a ajuda dele. ALJ

Pai, agradecemos por saber que tu és a nossa fonte de ajuda.

O Criador do Universo é o Ajudador do povo de Deus!

21 DE JANEIRO

A BÍBLIA em UM ANO:
Êxodo 1–3; Mateus 14:1-21

Promessas, promessas

LEITURA: **2 Pedro 1:1-9**

...ele nos deu grandes e preciosas promessas. São elas que permitem a vocês participar da natureza divina... v.4

Minha filha mais nova e eu temos um jogo que chamamos de "beliscões". Quando ela sobe as escadas, eu a persigo e tento dar-lhe um pequeno beliscão. Mas só posso beliscá-la suavemente, é claro! Quando ela está no topo, está segura. Às vezes, porém, ela não está com vontade de brincar. E, se eu a acompanhar escada acima, ela diz: "Sem beliscões"! E eu respondo: *"prometo"*.

Essa promessa pode parecer pouco. Mas, quando *cumpro* o que digo, minha filha começa a entender algo sobre o meu caráter. Ela experimenta a minha consistência. Ela sabe que a minha palavra é boa, que pode confiar em mim. É algo pequeno manter tal promessa. Mas promessas — ou mantê-las, devo dizer — dão liga aos relacionamentos e estabelecem um fundamento de amor e confiança.

Penso que foi isso que Pedro quis dizer quando escreveu que as promessas de Deus nos permitem participar "da natureza divina" (v.4). Quando confiamos na Palavra de Deus e no que Ele diz sobre si mesmo e sobre nós, descobrimos o Seu favor para conosco. Isso lhe dá a oportunidade de revelar a Sua fidelidade enquanto descansamos no que Ele diz ser a verdade. Sou grato porque as Escrituras estão repletas com as Suas promessas, esses lembretes concretos de que "Suas misericórdias são inesgotáveis. Grande é sua fidelidade; suas misericórdias se renovam cada manhã" (vv.22,23). ARH

Senhor, ajuda-nos a reconhecer e a descansar na Tua verdade.

A Palavra de Deus revela o Seu favor em relação a nós.

22 DE JANEIRO

A BÍBLIA em UM ANO:
Êxodo 4-6; Mateus 14:22-36

Está na atitude

LEITURA: **Tiago 1:1-12**

Meus irmãos, considerem motivo de grande alegria sempre que passarem por qualquer tipo de provação. v.2

Regina voltou para casa, desencorajada e cansada. O dia começara com notícias trágicas numa mensagem de texto, em seguida, piorou ainda mais em reuniões com colegas de trabalho que se recusaram a partilhar das suas ideias. Quando Regina estava orando ao Senhor, resolveu colocar o estresse de lado e visitar uma amiga idosa numa Casa de Repouso. Seu espírito se acalmou quando Maria compartilhou quão bom o Senhor era para ela, dizendo: "Aqui tenho minha própria cama, uma cadeira, três refeições por dia e a ajuda das enfermeiras. E, ocasionalmente, Deus envia um cardeal para a minha janela só porque Ele sabe que eu os amo e Ele me ama".

Atitude. Perspectiva. Como diz o ditado: "a vida é 10% o que nos acontece e 90% como reagimos a isso". Tiago escreveu a um povo que fora espalhado por causa da perseguição, e pediu-lhes para considerarem a sua perspectiva sobre as dificuldades. Ele os desafiou com as palavras: "...considerem motivo de grande alegria sempre que passarem por qualquer tipo de provação" (v.2).

Cada um de nós está trilhando a sua própria jornada para aprender a confiar em Deus em meio às circunstâncias difíceis. A perspectiva plena de alegria de que Tiago nos falou virá quando aprendermos a ver que Deus pode usar as lutas para amadurecer a nossa fé. ◉

AMC

> Senhor, por favor, muda a minha atitude sobre os tempos difíceis. Traz alegria, perseverança e maturidade em mim.

Deus pode transformar a nossa mágoa em motivo para amadurecimento e aprendizagem.

23 DE JANEIRO

A BÍBLIA em UM ANO:
Êxodo 7–8; Mateus 15:1-20

Um "sim" do amor

LEITURA: **1 João 3:16-24**

...não nos limitemos a dizer que amamos uns aos outros; demonstremos a verdade por meio de nossas ações. v.18

Em 21 de agosto de 2016, Carissa postou fotos na mídia social sobre uma inundação devastadora. No dia seguinte, postou sobre alguém pedindo ajuda. Cinco horas depois disso, ela e seu marido, Roberto, convidaram outros a se juntarem a eles para ajudar. Menos de 24 horas depois, 13 pessoas estavam a caminho para servir aqueles cujas casas estavam danificadas.

O que os motiva a largar tudo e dirigir 17 horas para transportar móveis, fazer demolições e levar esperança num lugar onde nunca estiveram? O amor.

Pense sobre este versículo que ela postou com o seu pedido de ajuda: "Entregue seu caminho ao Senhor, confie nele, e ele o ajudará" (v.5). Isto é especialmente verdadeiro quando seguimos o chamado de Deus para ajudar. O apóstolo João disse: "Se alguém tem recursos suficientes para viver bem e vê um irmão em necessidade, mas não mostra compaixão, como pode estar nele o amor de Deus?" (v.17). Pode ser uma tarefa assustadora — mas temos a promessa da ajuda de Deus quando fazemos "o que lhe agrada" (v.22).

Quando surge uma necessidade, poderemos honrar a Deus se nos dispusermos a oferecer um "sim" com amor ao que sentimos que Ele está nos pedindo para fazer pelos outros. JDB

> Senhor, abre os nossos olhos para as necessidades dos outros, o nosso coração a essas pessoas e as nossas mãos para que ajudemos no tempo de necessidade.

Demonstramos o amor de Deus quando estamos prontos a ajudar os outros.

24 DE JANEIRO

A BÍBLIA em UM ANO:
Êxodo 9–11; Mateus 15:21-39

Deus da vida

LEITURA: **Salmo 104:1-12,24-30**

Todo o meu ser louve o Senhor, Ó Senhor, meu Deus, como és grandioso! Estás vestido de glória e majestade. v.1

Alguns invernos atrás, experimentamos uma explosão excepcionalmente longa de temperaturas de arrepiar os ossos que finalmente deram lugar ao clima mais quente da primavera. Durante duas semanas seguidas, o termômetro externo ficou abaixo de zero grau.

Em uma manhã particularmente fria, o som dos pássaros cantando quebrou o silêncio. Dezenas ou centenas, cantavam alegremente. Se eu não soubesse nada a respeito, poderia crer que essas pequenas criaturas estavam clamando ao Criador para, por favor, aquecer ao redor!

Os especialistas em pássaros nos dizem que os pássaros que ouvimos durante as manhãs do final do inverno são na maioria pássaros machos, tentando atrair companheiras e reivindicar seus territórios. Seu chilrear me lembrou que Deus concebeu a Sua criação para sustentar e florescer a vida — porque Ele é o Deus da vida.

O salmista exalta a terra florescente de Deus, dizendo: "Todo o meu ser louve o Senhor" (v.1)! Ele prossegue: "As aves fazem ninhos junto aos riachos e cantam entre os ramos das árvores" (v.12).

Do cantar e aninhar dos pássaros a um vasto oceano "vasto e imenso" (v.25), vemos razões para louvar o Criador por tudo que Ele fez para garantir que toda a vida prospere. ❂   JRO

Ele existia antes de todas as coisas e mantém tudo em harmonia. COLOSSENSES 1:17

25 DE JANEIRO

A BÍBLIA em UM ANO:
Êxodo 12–13; Mateus 16

Verdadeira esperança

LEITURA: **Romanos 5:1-11**

...pois o seu Espírito confirma a nosso espírito que somos filhos de Deus. 8:16

Há pouco tempo, visitei um famoso local turístico com um amigo. A fila parecia curta, pois ia até o fim do quarteirão e virava a esquina. Ao entrarmos no edifício, descobrimos que a fila se estendia pelo salão, subia as escadas e ia a outro recinto. Cada nova etapa revelava mais fila a vencer.

As atrações turísticas e parques temáticos posicionam as multidões para fazer as filas parecerem mais curtas. Mas a decepção pode estar "ao virar a curva".

Às vezes, as decepções da vida são muito mais severas. O trabalho que esperávamos não se concretiza; amigos com os quais contávamos nos falham; o relacionamento romântico que desejamos não se resolve. Mas, nesses desgostos, a Palavra de Deus traz uma verdade revigorante sobre a nossa esperança nele. O apóstolo Paulo escreveu: "...dificuldades e provações [...]contribuem para desenvolvermos perseverança, e a perseverança produz caráter aprovado, e o caráter aprovado fortalece nossa esperança, e essa esperança não nos decepcionará, pois sabemos quanto Deus nos ama, uma vez que ele nos deu o Espírito Santo para nos encher o coração com seu amor" (5:3-5).

Ao colocarmos nossa confiança no Senhor, através de Seu Espírito, Deus nos confirma que somos incondicionalmente amados e estaremos um dia com Ele, independentemente dos obstáculos que enfrentamos. Em um mundo que muitas vezes pode nos decepcionar, como é bom saber que Deus concede a esperança genuína. ◊

JBB

Em Cristo, os desesperados encontram esperança.

26 DE JANEIRO

A BÍBLIA em UM ANO:
Êxodo 14–15; Mateus 17

Santo, Santo, Santo

LEITURA: **Apocalipse 4**

... Santo, santo, santo é o Senhor Deus, o Todo-poderoso, que era, que é e que ainda virá. v.8

"**O tempo voa** quando você está se divertindo." Na verdade, este clichê não tem base alguma, mas a experiência o faz parecer verdadeiro.

Quando a vida é agradável, o tempo passa muito depressa. Dê-me uma tarefa que eu goste, ou uma pessoa cuja companhia eu ame, e o tempo parece irrelevante.

Minha experiência com esta "realidade" me deu uma nova compreensão da cena descrita em Apocalipse 4. No passado, quando considerei os quatro seres viventes sentados ao redor do trono de Deus, que continuam repetindo as mesmas poucas palavras, pensei: Que existência chata!

Já não penso mais assim. Penso nas cenas que testemunharam com seus muitos olhos (v.8). Considero a visão que eles têm de sua posição em torno do trono de Deus (v.6). Penso em como se espantam com o envolvimento sábio e amoroso de Deus com os terráqueos rebeldes. Em seguida, pergunto-me: Que melhor resposta poderia haver? O que mais há para dizer senão "Santo, santo, santo"?

É enfadonho repetir as mesmas palavras? Não quando você está na presença da pessoa que você ama. Não quando você está fazendo exatamente o que você foi criado para fazer.

Como as quatro criaturas, fomos criados para glorificar a Deus. Nossa vida nunca será tediosa se focarmos a nossa atenção no Senhor e cumprirmos o Seu propósito. ❡ JAL

Santo és Senhor Deus Todo-Poderoso! Tu és misericordioso e poderoso! Deus em três Pessoas, Santíssima Trindade!

O coração sintonizado com Deus o louva continuamente.

27 DE JANEIRO

A BÍBLIA em UM ANO:
Êxodo 16–18; Mateus 18:1-20

A última palavra

LEITURA: **Eclesiastes 5:1-7**

Não te precipites com a tua boca, nem o teu coração se apresse a pronunciar palavra alguma... v.2

Certo dia, durante uma aula de filosofia na universidade, um estudante fez algumas observações inflamadas sobre as opiniões do professor. Para a surpresa dos outros alunos, o professor agradeceu e passou para outro tópico. Quando lhe perguntaram mais tarde por que ele não respondeu ao aluno, ele disse: "Estou praticando a disciplina de não ter que proferir a última palavra".

O professor amou e honrou a Deus e quis demonstrar um espírito humilde, refletindo tal amor. Suas palavras me lembram de outro sábio — que viveu há muito tempo e escreveu o livro de Eclesiastes. Embora ele não tenha abordado como lidar com uma pessoa irritada, disse que, quando nos aproximamos do Senhor, devemos guardar os nossos pés e ouvir "com atenção" ao invés de sermos rápidos com a nossa boca e apressados em nosso coração. Ao fazer isso, reconhecemos que Deus é o Senhor e que nós fomos criados por Ele (ECLESIASTES 5:1,2).

Como você se aproxima de Deus? Se a sua atitude pode melhorar, por que não investir alguns momentos para considerar sobre a majestade e a grandeza do Senhor? Quando refletimos sobre a Sua infinita sabedoria, poder e presença, podemos nos maravilhar com o Seu transbordante amor por nós. Com esta postura humilde, também não precisaremos ter a última palavra.

ABP

> Senhor, quero te honrar e curvo-me diante de ti. Ensina-me a orar e a ouvir-te.

As palavras cuidadosamente escolhidas honram a Deus.

28 DE JANEIRO

A BÍBLIA em UM ANO:
Êxodo 19-20; Mateus 18:21-35

Alegria

LEITURA: **Salmo 92**

Tu me alegras, Senhor, com tudo que tens feito; canto de alegria por causa de tuas obras. v.4

Estou me aproximando rapidamente de uma nova temporada: o inverno da velhice. Mas ainda não cheguei lá. Mesmo que os anos estejam voando, às vezes, eu gostaria de retardá-los, tenho alegrias que me sustentam. Cada dia é um novo dia que me foi dado pelo Senhor. Com o salmista, posso dizer: "É bom dar graças ao Senhor [...] É bom proclamar de manhã o teu amor e, de noite, a tua fidelidade" (vv.1,2)!

Mesmo que a minha vida tenha suas lutas e a dor e as dificuldades dos outros, às vezes, me dominem, Deus me permite unir-me ao salmista em exultar de alegria com o que as Suas mãos fizeram (v.4). Alegria por bênçãos concedidas: família, amigos e trabalho recompensador. Alegria por causa da maravilhosa criação de Deus e por Sua Palavra inspirada. Alegria porque Jesus nos amou tanto que até morreu por nossos pecados. E alegria porque Ele nos deu o Espírito, a *fonte* da verdadeira alegria (ROMANOS 15:13). Por causa do Senhor, os justos florescerão: "como a palmeira [...]. Na velhice ainda produzirão frutos" (SALMO 92:12-14).

Que fruto é esse? Não importa quais sejam as nossas circunstâncias ou época de vida, podemos ser exemplos do Seu amor com a nossa maneira de viver e com as palavras que proferimos. Há alegria em conhecer e viver para o Senhor e falar aos outros sobre Ele. ADK

Querido Senhor, obrigado pela alegria que é nossa através do Teu Espírito.

Deus é o doador da alegria.

29 DE JANEIRO

A BÍBLIA em UM ANO:
Êxodo 21-22; Mateus 19

Como uma criança pequena

LEITURA: **Mateus 18:1-5; 19:13,14**

...a menos que vocês se convertam e se tornem como crianças, jamais entrarão no reino dos céus. v.3

Uma noite, muitos anos atrás, depois de orar com a nossa filha de 2 anos, antes de ela ir dormir, minha esposa surpreendeu-se com a pergunta. "Mamãe, onde está Jesus?"

Ela lhe respondeu: "Jesus está no Céu e Ele está em toda parte, e também está aqui conosco. E pode estar em seu coração se você pedir-lhe para entrar".

—Eu quero que Jesus entre em meu coração.

—Um destes dias você pode pedir-lhe.

—Quero pedir para Jesus estar no meu coração *agora*.

Então, nossa menininha disse: "Jesus, por favor, entre em meu coração e fique comigo". E isso iniciou sua jornada de fé com Ele.

Quando os discípulos de Jesus lhe perguntaram quem era o maior no reino dos céus, Ele chamou uma criança para vir e se juntar a eles (vv.1,2). E disse: "a menos que vocês se convertam e se tornem como crianças, jamais entrarão no reino dos céus. [...] e quem recebe uma criança como esta em meu nome recebe a mim" (vv.3,5).

Através dos olhos de Jesus podemos ver uma criança confiante como nosso exemplo de fé. E nos é dito que acolhamos todos os que lhe abrem o coração. "Deixem que as crianças venham a mim", disse Jesus, "Não as impeçam, pois o reino dos céus pertence aos que são como elas" (19:14). ❦ DCM

> Senhor Jesus, obrigado por nos chamares para seguir-te com a fé confiante de uma criança.

Nossa fé em Jesus deve ser como a de uma criança confiante.

30 DE JANEIRO

A BÍBLIA em UM ANO:
Êxodo 23–24; Mateus 20:1-16

Capaz e disponível

LEITURA: **Salmo 46**

Deus é nosso refúgio e nossa força, sempre pronto a nos socorrer em tempos de aflição. v.1

Meu marido estava no trabalho quando recebi a informação sobre o diagnóstico de câncer da minha mãe. Deixei-lhe uma mensagem e procurei amigos e familiares. Ninguém estava disponível. Cobrindo meu rosto com mãos trêmulas, solucei. "Ajude-me, Senhor". A garantia de que Deus estava comigo me confortou nesses momentos em que me senti completamente só.

Agradeci ao Senhor quando meu marido voltou para casa e recebi o apoio dos amigos e familiares. Mesmo assim, a percepção da reconfortante presença de Deus que senti naquelas primeiras horas de aflição solitária confirmaram que Deus está pronto e fielmente disponível onde e quando eu precisar de ajuda.

No Salmo 46, o salmista proclama que Deus é o nosso refúgio, nossa força e socorro bem presente (v.1). Quando sentimos como se estivéssemos cercados pelo caos ou tudo o que pensávamos que era estável se despedaça ao nosso redor, não precisamos temer (vv.2,3). Deus não vacila (vv.4-7). Seu poder é evidente e eficaz (vv.8,9). Nosso Sustentador eterno nos dá confiança em Seu caráter imutável (v.10). O Senhor é o nosso refúgio e nossa força e permanece conosco para sempre (v.11).

Deus criou os Seus seguidores para apoiar e encorajar uns aos outros em oração. Mas o Senhor também afirma que Ele é capaz e está sempre disponível. Quando clamamos a Deus, podemos confiar que Ele cumprirá as Suas promessas para nos prover. Deus nos consolará por meio do Seu povo, bem como através da Sua presença. ❂

XED

Deus é capaz e está sempre disponível para nos ajudar.

31 DE JANEIRO

A BÍBLIA em UM ANO:
Êxodo 25–26; Mateus 20:17-34

Branco como a neve

LEITURA: **Isaías 1:16-20**

Embora seus pecados sejam como o escarlate, eu os tornarei brancos como a neve v.18

No inverno, fui passear nas montanhas com minha família. Tínhamos vivido num clima tropical a vida inteira, e era a primeira vez que veríamos neve em todo o seu esplendor. Contemplando o manto branco cobrindo os campos, meu marido citou Isaías: "embora os seus pecados sejam como o escarlate, eu os tornarei brancos como a neve" (v.18).

Nossa filha, de 3 anos, perguntou o significado de escarlate, e disse: "A cor vermelha é ruim?". Ela sabe que Deus não gosta dos pecados, mas este versículo não fala sobre cores. O profeta descrevia o corante vermelho brilhante obtido dos ovos de um inseto pequeno. Para fixar a coloração, a roupa ficaria imersa por duas vezes nessa cor brilhante. Nem a chuva, nem a lavagem removeria essa nova cor. O pecado é assim. Nenhum esforço humano pode tirá-lo. Está enraizado no coração.

Somente Deus pode purificar o coração do pecador. E, enquanto olhávamos para as montanhas, admiramos a pura brancura que o esfregar e branquear um pedaço de pano tingido em vermelho escarlate não pode alcançar. Quando seguimos o ensinamento de Pedro: "Agora, arrependam-se e voltem-se para Deus, para que seus pecados sejam apagados" (ATOS 3:19), Deus nos perdoa e nos dá nova vida. Somente através do sacrifício de Jesus podemos receber o que ninguém mais pode dar: um coração puro. Que presente maravilhoso!

KOH

Pai, obrigado por nos perdoar e nos purificar de nossos pecados.

Quando Deus nos perdoa, Ele nos purifica e nos oferece a vida eterna também.

1.º DE FEVEREIRO

A BÍBLIA em UM ANO:
Êxodo 27–28; Mateus 21:1-22

Escolha o temor

LEITURA: **Atos 4:32 – 5:15**

Um grande temor se apoderou de toda a igreja... 5:11

O ato de Ananias e Safira foi coreografado. "Safira, vendamos nossas terras por 4 milhões e doemos 3 milhões. O outro milhão ninguém saberá e ficará conosco. Daí eu visto meu terno novo, faço cara de humilde, ajoelho-me e entrego o cheque. Quando o virem, perguntarão se quero ser pastor ou bispo. Para encerrar, você se veste bem bonita, mas recatada, e atravessa a igreja em seu salto alto, põe-se ao meu lado e nos ajoelhamos". O fim dessa história foi surpreendente (5:1-11).

Esse ato era a corrupção incipiente dentro da Igreja. E Deus não o tolera, pois causaria um problema de gravidade tremenda na Igreja nascente. Alimentaria o legalismo que diz: "posso fazer joguinhos com Deus!".

Fazemos o mesmo quando nos relacionamos com Deus buscando apenas nossos interesses. Assim, transformamos o Senhor em um ídolo qualquer a quem podemos manipular e usar para nossos próprios fins.

Qual era a motivação de Ananias e Safira? Obter os benefícios da comunidade onde o poder de Deus se manifestava livremente sem fazer o sacrifício completo. Buscavam ganhos monetários e status. Tentaram domesticar o poder de Deus para seu benefício.

A consequência para eles foi a morte. Quantas vezes fazemos escolhas que sabemos que acabarão mal e, mesmo assim, insistimos? Precisamos entender que Deus não se permite usar por ninguém e isso deve nos provocar temor. DCG

Deus, dá-me sabedoria para fazer minhas escolhas.

Sentimos temor quando, diante do Todo-poderoso, não temos coragem de escolher o erro.

2 DE FEVEREIRO

A BÍBLIA em **UM ANO:**
Êxodo 29–30; Mateus 21:23-46

Aproveitando a chance

LEITURA: **Colossenses 4:2-6**

Vivam com sabedoria entre os que são de fora e aproveitem bem todas as oportunidades. v.5

Como muitos, luto para me exercitar o suficiente. Por isso, comprei um pedômetro para me motivar. É simples, mas incrível a diferença que esse contador de passos está fazendo em minha motivação. Em vez de reclamar ao levantar do sofá, passei a ver isso como uma chance de dar alguns passos a mais. Tarefas como buscar um copo de água para os meus filhos, se tornaram oportunidades que me ajudam a atingir um objetivo maior. Nesse sentido, o pedômetro mudou a minha perspectiva e motivação. Agora tento conseguir passos extras sempre que isso é possível.

Pergunto-me se nossa vida cristã não é um pouco assim. Temos oportunidades de amar, servir e interagir com outras pessoas todos os dias, como nos exorta Paulo em Colossenses 4:5. Mas, será que estou sempre ciente desses momentos? Presto atenção nas oportunidades para ser um encorajador em interações aparentemente simples? Deus age na vida de cada pessoa com quem me relaciono, de minha família e colegas de trabalho, até o atendente da mercearia. Cada interação me oferece uma chance de prestar atenção ao que Ele está fazendo — mesmo em algo "singelo" como perguntar à garçonete como ela está.

Quem sabe como Deus pode agir quando estamos alertas às oportunidades que Ele coloca em nosso caminho? ❦   ARH

> Senhor, há tantas chances para amar, ouvir e servir àqueles ao nosso redor todos os dias. Ajuda-me a perceber as necessidades dos outros.

Aproveite cada oportunidade para servir a alguém.

3 DE FEVEREIRO

A BÍBLIA em UM ANO:
Êxodo 31–33; Mateus 22:1-22

Como mudar uma vida

LEITURA: **Provérbios 15:4; 16:24; 18:21**

Palavras bondosas são como mel: doces para a alma e saudáveis para o corpo. 16:24

Às vezes, a nossa vida pode mudar de repente pelo impacto de outros. O trabalho de músicos ajudou Bruce Springsteen em sua infância difícil e sua luta contra a depressão. Ele descobriu a importância de sua obra por experiência própria: "É possível mudar a vida de alguém em 3 minutos com a canção certa".

De igual modo, as palavras podem nos dar esperança e até mudar o curso de nossa vida. Com certeza, a maioria de nós poderia relatar uma conversa que impactou para sempre sua vida — palavras de um professor que mudaram nossa visão de mundo; de encorajamento que restituíram nossa confiança; palavras bondosas de um amigo que nos ajudou num momento difícil.

Talvez seja por isso que o livro de Provérbios enfatize a responsabilidade de valorizar e usar as palavras sabiamente. As Escrituras nunca tratam o discurso como "só conversa". E aprendemos que as palavras podem ter consequências de vida ou de morte (18:21). Com poucas palavras, podemos arrasar ou nutrir e fortalecer alguém (15:4).

Nem todos têm o dom de compor músicas, mas podemos buscar a sabedoria de Deus para servir com o nosso discurso (SALMO 141:3). Com apenas poucas e bem escolhidas palavras, Deus pode nos usar para transformar uma vida. ❂ MRB

> Senhor, ajuda-nos a não subestimarmos o dom da linguagem. Que possamos usar nossas palavras sabiamente para curar e fortalecer outros, e para demonstrarmos a esperança que temos em ti.

Deus nos deu o poder de impactar vidas por meio de nossas palavras.

4 DE FEVEREIRO

A BÍBLIA em UM ANO:
Êxodo 34–35; Mateus 22:23-46

É maravilhoso!

LEITURA: **Apocalipse 21:1-3,10,11,23**

Louvado seja seu nome glorioso para sempre! Que sua glória encha toda a terra. Amém e amém! Salmo 72:19

Em nosso estado natural, temos pouco *dela* (ROMANOS 3:23). Jesus é o resplendor *dela* (HEBREUS 1:3), e os que o conhecem a viram (JOÃO 1:14).

No Antigo Testamento, *ela* encheu o tabernáculo (ÊXODO 40:34,35), e os israelitas foram conduzidos por *ela*.

E nos foi prometido que, no final dos tempos, o Céu brilhará com *ela* em esplendor tão grande que não haverá necessidade do Sol (APOCALIPSE 21:23).

Quem é "ela" nas declarações acima?

"Ela" é *a glória de Deus*. E Ele é maravilhoso!

A Bíblia nos diz que podemos desfrutar vislumbres da magnífica glória de Deus enquanto habitamos nesta Terra que Ele criou. A glória de Deus é descrita como a exibição externa de Seu ser. Como não podemos ver a Deus, Ele nos dá imagens claras de Sua presença e Seu trabalho em coisas como a majestade do Universo, a grandeza de nossa salvação e a presença do Espírito Santo em nossa vida.

Hoje, busque a glória de Deus — a evidência de Sua grandeza. Você a verá na beleza da natureza, no riso de uma criança, no amor dos outros. Deus ainda enche a Terra com a Sua glória.

Obrigado, Pai celeste, pelo vislumbre de Tua glória que vemos agora, pela glória que sabemos existir em nosso Salvador e pela esperança do total conhecimento da glória que experimentaremos no Céu.

JDB

Como você tem visto a glória de Deus em sua vida?

Podemos ver e desfrutar da glória de Deus hoje e sempre.

5 DE FEVEREIRO

A BÍBLIA em UM ANO:
Êxodo 36–38; Mateus 23:1-22

Ouvindo a Sua voz

LEITURA: **João 10:25-30**

Minhas ovelhas ouvem a minha voz; eu as conheço, e elas me seguem. v.27

Tenho problemas de audição — "sou surdo de um ouvido e não consigo escutar com o outro", como dizia meu pai. Então, uso aparelho auditivo.

Na maior parte do tempo, o aparelho funciona bem, exceto quando estou em ambientes muito barulhentos. Nesses lugares, o aparelho capta cada voz no ambiente e eu não consigo ouvir a pessoa que está à minha frente.

Assim é com a nossa cultura: a cacofonia dos sons pode abafar a voz tranquila de Deus. "Onde a Palavra será encontrada, onde ela ressoará?", pergunta o poeta T. S. Eliot. "Não aqui, não há silêncio suficiente."

Felizmente, meu aparelho auditivo tem um recurso de ajuste que elimina os sons ambientes e me permite ouvir somente as vozes que quero. Da mesma forma, apesar das vozes que nos cercam, se nós aquietarmos nossa alma e escutarmos, ouviremos a voz de "suave sussurro" de Deus (1 REIS 19:11,12).

Ele fala conosco todos os dias em meio à nossa inquietação e desejo. Ele nos chama em nossa mais profunda tristeza e na incompletude e insatisfação de nossas maiores alegrias.

Porém, Deus fala conosco, principalmente, em Sua Palavra (1 TESSALONICENSES 2:13). Ao manusear e ler o Seu livro, você também ouvirá a Sua voz. Ele o ama mais do que você jamais saberá e quer que ouça o que Ele tem a lhe dizer. — DHR

Querido Senhor, obrigado por nos dares a Tua Palavra.
Ajuda-me a ouvir a Tua voz quando estou a sós contigo.

Deus fala através de Sua Palavra quando nos dispomos a ouvir.

6 DE FEVEREIRO

A BÍBLIA em UM ANO:
Êxodo 39–40; Mateus 23:23-39

Louvar pelos problemas

LEITURA: **Jó 1:13-22**

Aceitaremos da mão de Deus apenas as coisas boas e nunca o mal?... 2:10

"É câncer". Eu queria ter sido forte quando mamãe me disse isso, mas chorei. Ninguém quer ouvir isso. Era sua terceira batalha contra o câncer. Após uma mamografia e biopsia de rotina, soube que tinha um tumor maligno sob o braço.

Apesar de a notícia ser ruim para minha mãe, foi ela quem me consolou. Sua reação me deu o alerta: "Sei que Deus é sempre bom comigo. É sempre fiel". Mesmo tendo enfrentado uma cirurgia difícil, seguida por radioterapia, mamãe tinha certeza da presença e fidelidade de Deus.

Como Jó, que perdeu os filhos, riqueza e saúde, porém, ao saber das notícias: "...prostrou-se com o rosto no chão em adoração" (1:20). Quando aconselhado a maldizer a Deus, respondeu: "Aceitaremos da mão de Deus apenas as coisas boas e nunca o mal?" (2:10). Que resposta! Embora tenha reclamado depois, por fim, Jó aceitou que Deus jamais mudara. Sabia que o Senhor ainda estava com ele e que ainda se importava.

Para a maioria de nós, louvar não é a nossa reação imediata às dificuldades. Às vezes a dor é tão sufocante, que atacamos com medo ou raiva. Mas a reação de minha mãe lembrou-me de que Deus ainda está presente, ainda é bom. Ele nos ajudará nos momentos difíceis.

LMW

Senhor, prepara-me para louvar-te quando é mais difícil.

Mesmo em nosso pior momento, podemos elevar nossos olhos ao Senhor.

7 DE FEVEREIRO

A BÍBLIA em UM ANO:
Levítico 1–3; Mateus 24:1-28

Um cobertor para todos

LEITURA: **João 18:15-18,25-27**

...amem uns aos outros sinceramente, pois o amor cobre muitos pecados. 1 Pedro 4:8

Linus era um personagem na tirinha Peanuts. Espirituoso e sábio, embora inseguro, sempre arrastava seu cobertorzinho. Podemos nos identificar, pois também temos medos e inseguranças.

Pedro conhecia o medo. Quando Jesus foi preso, ele demonstrou coragem seguindo-o até o pátio do sumo sacerdote. No entanto, Pedro começou a demonstrar medo, mentindo para proteger sua identidade (vv:15-26). Ele negou o Senhor. Mas Jesus jamais deixou de amá-lo e, por fim, o restaurou (JOÃO 21:15-19).

A ênfase que Pedro dá ao amor veio de quem experimentou o profundo amor de Jesus. Ele enfatizou a sua importância em nossos relacionamentos com a palavra "acima de tudo". A intensidade do versículo segue com o encorajamento: "Acima de tudo, amem uns aos outros sinceramente, pois o amor cobre muitos pecados".

Você já precisou desse tipo de "cobertor"? Eu sim! Depois de dizer ou fazer algo do qual me arrependi, senti o terror da culpa e vergonha. E precisava ser "coberto" da forma como Jesus envolveu as pessoas desonradas e cheias de vergonha nos evangelhos.

Para os seguidores de Jesus, o amor é um "cobertor" concedido graciosa e corajosamente para o consolo e recuperação de outros. Como receptores de tão grande amor, sejamos doadores de tal tipo de "cobertor".

ALJ

> Pai, Teu amor, em Jesus e através dele, nos resgata continuamente. Ajuda-me a ser um instrumento do Teu amor salvador para os outros.

Deus nos ama – amemos uns aos outros.

8 DE FEVEREIRO

A BÍBLIA em UM ANO:
Levítico 4–5; Mateus 24:29-51

O problema com o orgulho

LEITURA: **Provérbios 16:16-22**

O orgulho precede a destruição; a arrogância precede a queda. v.18

As pessoas que alcançam grande fama ou reputação em vida costumam ser chamadas de "lendas de seu tempo". Um amigo que jogou beisebol profissional diz que, no mundo dos esportes, conheceu muitos que eram apenas "lendas em sua própria mente". O orgulho tem a capacidade de alterar como nos vemos a nós mesmos, enquanto a humildade nos oferece uma perspectiva realista.

O escritor de Provérbios disse: "O orgulho precede a destruição; a arrogância precede a queda" (16:18). O espelho da presunção reflete uma imagem distorcida. A autoexaltação nos posiciona para a queda.

O antídoto ao veneno da arrogância é a humildade verdadeira que vem de Deus. "É melhor viver humildemente com os pobres que repartir o despojo com os orgulhosos" (v.19).

Então Jesus os reuniu e disse: "...Quem quiser ser o líder entre vocês, que seja servo, e quem quiser ser o primeiro entre vocês, que se torne escravo. Pois nem mesmo o Filho do Homem veio para ser servido, mas para servir e dar sua vida em resgate por muitos" (MATEUS 20:26-28).

Não há nada de errado em receber elogios por conquistas e sucesso. O desafio é manter a atenção naquele que nos chama a segui-lo dizendo: "...sou manso e humilde de coração, e encontrarão descanso para a alma" (11:29). DCM

> Senhor Jesus, dá-nos a Tua humildade ao interagirmos com os outros hoje. Que possamos honrar-te em tudo o que fizermos e dissermos.

A verdadeira humildade vem de Deus.

9 DE FEVEREIRO

A BÍBLIA em UM ANO:
Levítico 6-7; Mateus 25:1-30

Amigos improváveis

LEITURA: **Isaías 11:1-10**

...o lobo viverá com o cordeiro, [...] e o leopardo se deitará junto ao cabrito... v.6

Meus amigos do *Facebook* postam vídeos de amizades improváveis entre os animais, como o de um cão e um porco que são inseparáveis, de um cervo e um gato ou ainda de um orangotango fêmea cuidando de filhotes de tigre.

Ao ver essas amizades incomuns, lembro-me da descrição do jardim do Éden. Lá, Adão e Eva viviam em harmonia com Deus e entre si. E, como Deus lhes deu plantas para alimento, imagino que até os animais viviam em paz (GÊNESIS 1:30). Mas essa cena idílica foi corrompida quando Adão e Eva pecaram (3:21-23). Agora, vemos luta e conflito constante nas relações humanas e na criação.

Ainda assim, o profeta Isaías garante que um dia: "...o lobo viverá com o cordeiro, [...] e o leopardo se deitará junto ao cabrito..." (v.6). Muitos interpretam que esse dia futuro será quando Jesus voltar para reinar, pois não haverá mais divisões "e não haverá mais morte, nem tristeza, nem choro, nem dor. Todas essas coisas passaram para sempre" (APOCALIPSE 21:4). Nesta Terra renovada, a criação será restaurada à harmonia inicial, e as pessoas de cada tribo, nação e língua, se juntarão para adorar a Deus (7:9,10; 22:1-5).

Até lá, Deus pode nos ajudar a restaurar os relacionamentos destruídos e a desenvolver novas e improváveis amizades.

ADK

> Querido Pai, ajuda-nos a derrubar as barreiras e a sermos amigos dos outros; e, à medida que o fizermos, capacita-nos para sermos portadores do evangelho da paz.

Um dia, Deus restaurará o mundo à paz perfeita.

10 DE FEVEREIRO

A BÍBLIA em UM ANO:
Levítico 8–10; Mateus 25:31-46

Em todo e em lugar algum

LEITURA: **Salmo 139:7-12**

É impossível escapar do teu Espírito; não há como fugir da tua presença. v.7

Uma amiga da família que, como nós, perdeu uma adolescente em um acidente de carro, escreveu um tributo à sua filha no jornal local. Uma das passagens mais fortes do artigo, após dizer que havia colocado muitas fotos e lembranças da filha pela casa, foi: "Ela está em todo lugar, mas em lugar algum".

Embora nossas filhas ainda nos sorriam através das fotos, o jeito espirituoso que abria tais sorrisos não pode ser encontrado. Elas estão em todo lugar — em nosso coração, nosso pensamento, naquelas fotos — mas em lugar algum.

Contudo, as Escrituras nos dizem que, em Cristo, as duas jovens, na verdade, não estão em lugar algum. Elas estão na presença de Jesus, "com o Senhor" (2 CORÍNTIOS 5:8). Estão com Aquele que, de certo modo, está "em algum lugar e em todo lugar". Afinal, não vemos Deus de forma física. Certamente não temos fotos dele sorrindo em nossa sala. Na verdade, se olharmos ao redor, podemos até pensar que Ele não está presente. Mas o oposto é verdadeiro. Ele está em todo lugar!

Onde quer que estejamos nesta Terra, Deus lá está para nos guiar, fortalecer e confortar. Não podemos ir onde Ele não está. Não o vemos, mas Ele está em todo lugar. Está em cada provação que enfrentamos, e essa notícia é incrivelmente boa. JDB

Obrigado Senhor, por estares presente comigo aqui e agora. Ensina-me a descansar em ti.

Nosso maior conforto na tristeza é saber que Deus está conosco.

11 DE FEVEREIRO

A BÍBLIA em UM ANO:
Levítico 11-12; Mateus 26:1-25

Falhas sísmicas

LEITURA: **Atos 6:1-7**

...oraram por eles e lhes impuseram as mãos. Assim a mensagem de Deus continuou a se espalhar. vv.6,7

O **afluxo de** refugiados à nossa comunidade fez as igrejas crescerem e trouxe desafios. Os membros da igreja precisam aprender a receber os recém-chegados à medida que eles se ajustam a uma cultura estranha, novo idioma e estilos de adoração diferentes. Toda essa mudança pode criar situações constrangedoras.

Mal-entendidos e discórdias ocorrem onde há pessoas. A igreja não é exceção. Se não lidamos com as nossas diferenças de forma saudável, elas podem se transformar em divisões.

A Igreja Primitiva em Jerusalém estava crescendo quando surgiu uma disputa que rompeu uma linha sísmica cultural. Os judeus que falavam grego (helenistas) tinham uma reclamação contra os judeus que falavam aramaico. As viúvas helenistas "estavam sendo negligenciadas na distribuição diária de alimento" (ATOS 6:1). Então os apóstolos disseram: "escolham sete homens respeitados, cheios do Espírito e de sabedoria" (v.3). Os sete escolhidos tinham nomes gregos (v.5). Em outras palavras, eram *helenistas*, membros do grupo negligenciado, e, portanto, entendiam melhor o problema. Os apóstolos oraram e a igreja prosperou (vv.6,7).

O crescimento traz desafios, em parte porque aumenta as interações entre as barreiras tradicionais. Mas, ao buscarmos a orientação do Espírito Santo, encontraremos soluções criativas à medida que os problemas em potencial se tornarem oportunidades para mais crescimento.

TLG

Reunir-se é um começo; manter-se juntos é progresso; trabalhar juntos é sucesso!

12 DE FEVEREIRO

A BÍBLIA em UM ANO:
Levítico 13; Mateus 26:26-50

Confie em mim

LEITURA: **1 Reis 17:7-16**

Portanto, não se preocupem com o amanhã, pois o amanhã trará suas próprias inquietações. Mateus 6:34

Após me formar, recebia pouco, o dinheiro era curto e, às vezes, nem tinha o suficiente para a próxima refeição. Aprendi a confiar em Deus por minha provisão *diária*.

Isso me lembra a experiência do profeta Elias. Durante seu ministério profético, ele aprendeu a confiar em Deus para a satisfação das suas necessidades diárias. Logo após Elias declarar que Deus mandaria uma seca a Israel, o Senhor o enviou a um lugar deserto, o riacho de Querite, onde usou corvos para levar-lhe as refeições diárias e a água do riacho para refrescá-lo (vv.1-4).

Mas veio a seca. O riacho encolheu-se num minúsculo ribeiro e lentamente se tornou num fio de água. Somente quando secou, Deus disse: "Vá morar em Sarepta [...] Dei ordem a uma viúva que mora ali para lhe dar alimento" (v.9). Sarepta ficava na Fenícia, cujos habitantes eram inimigos dos israelitas. Alguém daria abrigo a Elias? E uma pobre viúva teria comida para compartilhar?

Muitos de nós preferiríamos que Deus desse em abundância bem antes de os nossos recursos se esgotarem, ao invés de o suficiente para cada dia. Mas o amoroso Pai sussurra: *Confiai em mim*. Assim como Ele usou corvos e a viúva para cuidar de Elias, nada é impossível para Ele. Podemos contar com o Seu amor e poder para suprir nossas necessidades diárias. PFC

> Pai, obrigado por saberes o que precisamos antes mesmo de pedirmos. Ajuda-nos a confiar em ti para suprir nossas necessidades.

Deus supre todas as nossas necessidades – um dia de cada vez.

13 DE FEVEREIRO

A BÍBLIA em UM ANO:
Levítico 14; Mateus 26:51-75

Uma tigela de bênçãos

LEITURA: **Romanos 1:1-10**

Todas as vezes que penso em vocês, dou graças a meu Deus. Filipenses 1:3

O ***plim* conhecido** da chegada de e-mail chamou minha atenção enquanto escrevia no computador. Normalmente tento resistir à tentação de ler cada e-mail, mas o assunto dele era atraente demais: "Você é uma bênção".

Ansiosa, abri e descobri que uma amiga distante dizia que estava orando por minha família. A cada semana, ela coloca uma foto em sua "tigela de oração" da mesa da cozinha e ora por aquela família. Escreveu: "Todas as vezes que penso em vocês, dou graças a meu Deus" (FILIPENSES 1:3), e destacou nossos esforços para compartilhar o amor de Deus com os outros — nossa "parceria" no evangelho.

Através do gesto de minha amiga, as palavras do apóstolo Paulo aos filipenses gotejaram na minha caixa de entrada, gerando a mesma alegria em meu coração que suspeito que os leitores da carta do apóstolo tiveram no primeiro século. Parece que Paulo se habituou a falar de sua gratidão àqueles que trabalharam com ele. Uma frase semelhante abre muitas de suas cartas: "agradeço a meu Deus por todos vocês..." (ROMANOS 1:8).

No primeiro século, Paulo abençoou os seus colaboradores com uma nota de agradecimento e orações. No século 21, minha amiga usou uma "Tigela de Bênçãos" para trazer alegria ao meu dia. Como podemos agradecer àqueles que servem na missão do Senhor conosco nos dias de hoje? ❂   ELM

> Pai, ajuda-nos a abençoar intencionalmente aqueles que servem conosco.

A quem você pode agradecer hoje?

14 DE FEVEREIRO

A BÍBLIA em UM ANO:
Levítico 15–16; Mateus 27:1-26

A equipe avançada

LEITURA: **João 14:1-14**

Na casa de meu Pai há muitas moradas. [...] Vou preparar lugar para vocês... v.2

Recentemente, uma amiga se preparava para mudar-se para um lugar a mais de 1.600 quilômetros de sua cidade natal. Ela e o marido dividiram as tarefas para cumprir o prazo tão curto. Ele procurou a nova casa enquanto ela embalava os pertences da família. Surpreendeu-me a habilidade dela em se mudar sem ver a região ou participar da busca pela casa, e perguntei como ela conseguia isso. Reconhecendo o desafio, disse que podia confiar no marido, que sempre fora atento às preferências e necessidades dela ao longo dos anos.

No cenáculo, Jesus falou aos Seus discípulos sobre a traição e Sua morte muito próxima. As horas mais sombrias da vida terrena de Jesus, e deles também, estavam por vir. Jesus os consolou garantindo-lhes que prepararia um lugar para eles no Céu, assim como o marido de minha amiga preparou um novo lar para sua família. Quando os discípulos o questionaram, Jesus os lembrou da história e dos milagres que eles haviam testemunhado ao Seu lado. Embora fossem entristecer-se pela morte e pela ausência de Jesus, o Mestre os relembrou de que poderiam contar com Ele para cumprir o que tinha dito.

Mesmo em meio às nossas próprias horas sombrias, podemos confiar que Jesus nos guiará a um lugar de bondade. Ao andarmos com o Senhor, também aprenderemos a confiar cada vez mais em Sua fidelidade. ●

KHH

> Ajuda-me, Senhor, a descansar em ti quando minha vida parece incerta e difícil. Tu és confiável e bom.

Podemos confiar em Deus para nos guiar em tempos difíceis.

15 DE FEVEREIRO

A BÍBLIA em UM ANO:
Levítico 17–18; Mateus 27:27-50

Seguindo-o

LEITURA: **1 Reis 19:19-21**

...Então [Eliseu] partiu com Elias, como seu ajudante. v.21

Quando eu era criança, ficava na expectativa dos cultos de domingo à noite. Eram emocionantes, pois, com certa frequência, ouvíamos missionários e outros convidados. As mensagens deles me inspiravam por causa da disposição que tinham em deixar família e amigos — e, às vezes, casas, bens e carreiras — para servir a Deus em lugares estranhos e, às vezes, perigosos.

Como aqueles missionários, Eliseu deixou muitas coisas para trás para seguir a Deus (vv.19-21). Não sabemos muito sobre Eliseu antes de Deus chamá-lo para servir com Elias — exceto que ele era agricultor. Quando o profeta Elias o encontrou arando, jogou sua capa sobre os ombros de Eliseu (o símbolo de seu papel como profeta) e o chamou. Pedindo apenas para se despedir da mãe e do pai, Eliseu imediatamente sacrificou seu boi, queimou o arado, despediu-se dos pais e seguiu após Elias.

Embora muitos de nós não sejamos chamados a deixar família e amigos para servir a Deus como missionários em tempo integral, Ele quer que o sigamos e vivamos: "Cada um continue a viver na situação em que o Senhor o colocou, e cada um permaneça como estava quando Deus o chamou" (1 CORÍNTIOS 7:17). Como tenho vivenciado com frequência, servir a Deus pode ser emocionante e desafiador, não importa onde estejamos — mesmo que nunca saiamos de casa. ADK

Pai, equipa-nos para sermos os Teus missionários onde o Senhor quiser nos colocar.

Deus nos mostrará como servi-lo onde quer que estejamos.

16 DE FEVEREIRO

A BÍBLIA em UM ANO:
Levítico 19–20; Mateus 27:51-66

Amando todos

LEITURA: **Levítico 19:33,34**

Tratem-nos como se fossem israelitas de nascimento e amem-nos como a si mesmos... v.34

Frequento uma igreja localizada em um grande campo aberto — coisa rara na ilha de Singapura (de apenas 719,1 km²). Algum tempo atrás, estrangeiros que trabalham aqui começaram a se reunir no terreno da igreja para fazer piqueniques aos domingos.

Isso causou reações diferentes nos membros da igreja. Alguns ficaram preocupados com a bagunça que os visitantes deixariam para trás. Mas outros viram isso como uma oportunidade divina para demonstrar hospitalidade ao grupo de estranhos — sem sair do espaço da igreja!

Os israelitas devem ter enfrentado problemas semelhantes. Após se estabelecerem na nova terra, tiveram que aprender a se relacionar com outros povos. Mas Deus lhes ordenou expressamente que tratassem os estrangeiros como sendo seu próprio povo e que os amassem como a si mesmos (v.34). Muitas de Suas leis fazem menção especial aos estrangeiros: não deveriam ser maltratados ou oprimidos, e deveriam ser amados e ajudados (ÊXODO 19:34; DEUTERONÔMIO 10:19). Séculos mais tarde, Jesus nos ordenaria a fazer o mesmo: amar nosso próximo como a nós mesmos (MARCOS 12:31).

Que possamos ter o coração de Deus para amar os outros como a nós mesmos, lembrando que nós, também, somos estrangeiros nesta Terra. Ainda assim, somos amados como povo de Deus, tratados como Seus. ◆

LK

Pai, fizeste, cada um de nós semelhante a ti. Que possamos amar os estrangeiros e buscar alcançá-los com o Teu amor.

Aceitar o amor de Deus por nós é a chave para amar os outros.

17 DE FEVEREIRO

A BÍBLIA em UM ANO:
Levítico 21-22; Mateus 28

Fuja para ser forte

LEITURA: **1 Coríntios 6:12-20**

Pois foram comprados por alto preço. Portanto, honrem a Deus com seu corpo. v.20

"Defesa quatro!"
Quando comecei a praticar esgrima no Ensino Médio, meu treinador gritava para corrigir a posição de defesa contra o movimento que ele estava fazendo. Quando ele esticava sua arma e investia, eu tinha que ouvir e reagir imediatamente para repelir o ataque.

Aquilo me traz à mente a pronta obediência que as Escrituras demandam na área da tentação sexual. Em 1 Coríntios 6:18, Paulo escreve aos cristãos tentados a solicitar prostitutas do templo pagão, dizendo: "Fujam da imoralidade sexual"! Às vezes, temos que "permanecer firmes" em situações desafiadoras (GÁLATAS 5:1; EFÉSIOS 6:11), mas aqui a Bíblia praticamente grita a nossa melhor defesa: "*Fuja!*"

A reação imediata protege contra a acomodação. Pequenas concessões podem levar a derrotas devastadoras. Um pensamento não reprimido, um olhar no site errado da internet, um flerte quando se é casado — são passos que nos levam para onde não deveríamos ir e nos distanciam de Deus.

Quando fugimos da tentação, Deus também nos dá um lugar para ir. Pela morte de Jesus na cruz por nossos pecados, Ele nos oferece esperança, perdão e um novo começo — não importa onde estávamos e o que quer que tenhamos feito. Quando corremos para Jesus em nossas fraquezas, Ele nos liberta para viver em Sua força. JBB

Senhor Jesus, por amor, foste à cruz por nós.
Entrego-me a ti em obediência à Tua vontade.

Somente Deus pode suprir as nossas necessidades e conceder satisfação à nossa alma.

18 DE FEVEREIRO

A BÍBLIA em UM ANO:
Levítico 23-24; Marcos 1:1-22

Coragem para ser fiel

LEITURA: **1 Pedro 3:13-18**

Portanto, não se preocupem e não tenham medo de ameaças. v.14

O **medo é** o companheiro constante de Hadassah, uma jovem judia do primeiro século. Hadassah é uma personagem ficcional do livro de Francine Rivers, *A Voice in the Wind* (Uma voz ao vento). Após se tornar escrava em uma casa romana, ela teme ser perseguida por sua fé em Cristo. Sabe que os cristãos são desprezados, e muitos são executados ou jogados aos leões na arena. Será que ela terá coragem para defender a verdade quando testada?

Quando seu pior medo se torna realidade, sua dona e outros oficiais romanos que odeiam os cristãos a confrontam. Ela tem duas alternativas: negar sua fé em Cristo ou ser levada à arena. Com isso, ao proclamar Jesus como o Cristo, seu medo se dissipa e ela se torna corajosa mesmo frente à morte.

A Bíblia nos lembra que, algumas vezes, sofreremos por fazer o que é certo — seja por compartilhar o evangelho ou por viver de modo santo, contra os valores atuais. A Bíblia nos exorta para não termos medo (v.14); e nos diz: "consagrem a Cristo como o Senhor de sua vida" (v.15). A principal batalha de Hadassah aconteceu em seu coração. Quando, por fim, decidiu escolher Jesus, encontrou a coragem para ser fiel.

Quando decidimos honrar a Cristo, Ele nos ajudará a sermos corajosos e a superarmos nossos medos em meio à oposição. ◉

KOH

Pai, dá-me a coragem para me manter firme
em momentos difíceis.

Sejamos corajosos ao testemunharmos de Jesus.

19 DE FEVEREIRO

A BÍBLIA em UM ANO:
Levítico 25; Marcos 1:23-45

Não é suficiente?

LEITURA: **2 Coríntios 9:10-15**

E não se esqueçam de fazer o bem e de repartir o que têm com os necessitados... Hebreus 13:16

Voltando da igreja para casa, minha filha sentou-se no banco de trás saboreando biscoitos, enquanto meus outros filhos imploravam para que ela os compartilhasse. Tentando mudar a conversa, perguntei à dona dos biscoitos: "Como foi a classe bíblica hoje?". Ela contou-nos que tinham feito uma cesta de pães e peixes porque uma criança dera a Jesus cinco pães e dois peixes, os quais Ele usou para alimentar mais de 5.000 pessoas (JOÃO 6:1-13).

"Foi muito gentil da parte do garoto. Você não acha que Deus talvez esteja pedindo a você para dividir o seu peixe?", perguntei. "Não, mãe", ela respondeu.

Tentei encorajá-la a não ficar com todos os biscoitos para si. Mas ela não se convenceu e disse: "Não tem o suficiente *pra* todo mundo"!

É difícil compartilhar. É mais fácil nos apegarmos ao que vemos à nossa frente. Talvez façamos os cálculos e argumentemos que simplesmente não há o suficiente para todos. E a presunção é: se eu der, vai me fazer falta.

Paulo nos lembra de que tudo o que temos vem de Deus, que quer nos enriquecer "em tudo, para toda generosidade" (2 CORÍNTIOS 9:10,11). A matemática do Céu não é um cálculo de escassez, mas de abundância. Podemos dividir com alegria, porque Deus promete cuidar de nós, enquanto somos generosos com os outros. LMS

Pai, cuidas bem de mim. Ajuda-me a pensar nos outros hoje e a dividir a Tua bondade com eles.

Quando cremos que Deus é bom, podemos aprender a abrir nossas mãos aos outros.

20 DE FEVEREIRO

A BÍBLIA em UM ANO:
Levítico 26–27; Marcos 2

O grande médico

LEITURA: **Mateus 4:23-5:12**

Permaneçam em mim, e eu permanecerei em vocês...
João 15:4

Quando o Dr. Rishi Manchanda pergunta aos seus pacientes: "Onde você mora?". Ele quer saber mais do que o endereço. Ele descobriu que quem procura a ajuda dele, normalmente, vive em condições ambientais precárias. O mofo, as pragas e as toxinas os adoecem. Assim sendo, o Dr. Manchanda se tornou defensor do que ele chama de "Médicos Rio Acima": são profissionais que aproveitam para trabalhar com os pacientes e suas comunidades para promover uma saúde melhor, enquanto fornecem o cuidado médico urgente.

À medida que Jesus curava os que o procuravam (vv.23,24), Ele os fazia olhar para além da necessidade urgente do cuidado físico e material. Com o Sermão do Monte, Jesus ofereceu mais do que um milagre médico (5:1-12). Ele descreveu sete vezes as atitudes de mente e coração que refletem um bem-estar que começa com uma nova visão e a promessa de bem-estar espiritual (vv.3-9). Duas vezes mais, Jesus chamou de abençoados os que enfrentam perseguição e encontram esperança e abrigo nele (vv.10-12).

As palavras de Jesus me fazem pensar. Onde estou vivendo? Estou ciente de que a minha necessidade por bem-estar é maior do que a necessidade de alívio físico e material? Enquanto espero por um milagre, acolho o coração pobre, sofrido, faminto, misericordioso e pacificador que Jesus chama de abençoado? ❧

MDH

> Pai, é tão difícil ver além da nossa dor. Eleva os nossos olhos para além de nós.

Quando Deus é o nosso lar, nossa esperança está nele.

21 DE FEVEREIRO

A BÍBLIA em UM ANO:
Números 1–3; Marcos 3

Deus está presente

LEITURA: **Efésios 3:14-19**

Peço que, da riqueza de sua glória, ele os fortaleça com poder interior por meio de seu Espírito. v.16

Não conheço nenhuma criança que goste de aranhas; pelo menos, não em seu quarto, na hora de dormir. Mas, certa noite, enquanto minha filha se preparava para dormir, ela viu uma perigosamente perto de sua cama. "*Paai!!! Araanha!*", gritou. Apesar de minha determinação, não consegui achar o intruso de oito pernas. "Ela não vai machucá-la", garanti. Sem se convencer, só concordou em ir dormir quando lhe disse que ficaria de guarda.

Ela se acomodou, segurei suas mãos e disse: "Amo muito você. Estou aqui. Mas sabe de uma coisa? Deus a ama ainda mais do que o papai e a mamãe. E Ele está bem perto. Sempre que você estiver assustada, pode orar." Isso pareceu confortá-la e ela dormiu rapidamente.

As Escrituras garantem que Deus está sempre perto (SALMO 145:18; ROMANOS 8:38,39; TIAGO 4:7,8), mas, às vezes, lutamos para crer nisso. Talvez tenha sido por isso que Paulo orou para que os cristãos em Éfeso tivessem *força* e *poder* para entender essa verdade (EFÉSIOS 3:16). Ele sabia que, quando estamos assustados, podemos perder de vista a proximidade de Deus. Porém, assim como segurei amorosamente a mão de minha filha naquela noite, nosso amoroso Pai celeste está sempre à distância de uma oração de nós. ◉   *ARH*

> Senhor, obrigado por estares sempre por perto. Dá-nos força e poder em nosso coração para lembrarmos isso e, também, que o Teu amor é profundo, e que sempre podemos clamar a ti.

Deus está sempre perto, apesar de nossos medos.

22 DE FEVEREIRO

A BÍBLIA em UM ANO:
Números 4–6; Marcos 4:1-20

Afivelados!

LEITURA: **Hebreus 4:11-16**

...aproximemo-nos com toda confiança do trono da graça, onde receberemos misericórdia e encontraremos graça... v.16

O **comandante acionou** o aviso para apertar os cintos e disse: "Estamos entrando em zona de turbulência. Por favor, retornem aos assentos e afivelem os cintos". Os comissários de bordo dão esse alerta porque, em zonas de turbulência, os passageiros podem se ferir. Atados aos assentos, passam pela turbulência com segurança.

Na maioria das vezes, a vida não dá alertas para as inquietações que vêm em nossa direção. Mas o nosso amoroso Pai conhece nossas lutas, preocupa-se e nos convida a entregar-lhe as nossas ansiedades, dores e medos. As Escrituras dizem: "Nosso Sumo Sacerdote entende nossas fraquezas, pois enfrentou as mesmas tentações que nós, mas nunca pecou. Assim, aproximemo-nos com toda confiança do trono da graça, onde receberemos misericórdia e encontraremos graça para nos ajudar quando for preciso" (vv.15,16).

Em tempos de turbulência, o melhor a fazer é irmos ao Pai em oração. A frase "graça para nos ajudar quando for preciso" significa que, em Sua presença, podemos estar "afivelados" em paz em tempos ameaçadores, porque levamos nossas preocupações Àquele que é maior do que tudo! Quando a vida parece opressiva, podemos orar. Ele pode nos ajudar em meio à turbulência. ◉

WEC

> Pai, às vezes a vida é assoladora. Ajuda-me a confiar em ti em todos os momentos turbulentos, sabendo que te importas profundamente comigo.

Não podemos prever as provações, mas podemos orar ao nosso Pai, que nos compreende.

Edição letra gigante

23 DE FEVEREIRO

A BÍBLIA em UM ANO:
Números 7–8; Marcos 4:21-41

Juízo com misericórdia

LEITURA: **Tiago 2:1-13**

Portanto, em tudo que disserem e fizerem, lembrem-se de que serão julgados pela lei que os liberta. v.12

Quando os meus filhos estavam discutindo e vieram queixar-se um do outro, ouvi a versão de cada um, separadamente. Como ambos eram culpados, ao final da conversa perguntei a cada um qual seria a consequência justa e adequada para a atitude do irmão. Ambos sugeriram rapidamente uma punição para o outro. Para surpresa deles, dei a cada um o castigo que um tinha indicado ao outro. De repente, cada um deles lamentou, achando que a sentença parecia "injusta" — apesar de terem considerado apropriada quando era para o outro.

Meus filhos tinham demonstrado o tipo de "juízo sem misericórdia" contra o qual Deus alerta (v.13). Tiago nos lembra de que, em vez de demonstrar favoritismo aos mais ricos, ou a si mesmo, Deus deseja que amemos os outros como nos amamos (v.8). Em vez de usarmos os outros para ganhos egoístas, ou desprezarmos aquele cuja posição não nos beneficia, Tiago nos instrui a agirmos como pessoas que sabem o quanto nos foi dado e perdoado e a estendermos essa misericórdia aos outros.

Deus concede generosamente a Sua misericórdia. Em todos os nossos relacionamentos com outras pessoas, lembremo-nos da misericórdia que Ele nos demonstrou e vamos estendê-la aos outros. ◉   KHH

Senhor, sou grato pela grande misericórdia que demonstraste comigo. Ajuda-me a oferecer misericórdia semelhante, aos outros, em gratidão a ti.

A misericórdia de Deus nos desperta para sermos misericordiosos.

24 DE FEVEREIRO

A BÍBLIA em UM ANO:
Números 9–11; Marcos 5:1-10

Florescendo no lugar certo

LEITURA: **1 Samuel 20:30-34**

Jônatas assumiu um compromisso solene com Davi e sua descendência... v.16

"Aerva-daninha é qualquer planta que cresce onde não deve", disse o meu pai, entregando-me a enxada. Eu queria deixar o milho que crescia "voluntariamente" entre as ervilhas. Mas papai, que crescera numa fazenda, instruiu-me a tirá-lo. Aquele único pé de milho sufocaria as ervilhas e roubaria os seus nutrientes.

Os seres humanos não são plantas — temos mentes e livre-arbítrio dados por Deus. Mas, às vezes, tentamos florescer onde Ele não quer.

O filho do rei Saul, o príncipe-soldado Jônatas, poderia ter feito isso. Ele tinha toda razão de esperar ser rei. Mas viu a bênção de Deus sobre Davi e reconheceu a inveja e orgulho do próprio pai (18:12-15). Desse modo, ao invés de se agarrar a um trono que jamais seria seu, tornou-se o melhor amigo de Davi, a ponto de salvar a vida dele (19:1-6; 20:1-4).

Alguns podem dizer que Jônatas abriu mão de muita coisa. Mas como gostaríamos de ser lembrados? Como o ambicioso Saul, que se agarrou ao trono e o perdeu? Ou como Jônatas, que protegeu a vida de quem se tornaria um honrado ancestral de Jesus?

O plano de Deus é sempre melhor do que o nosso. Podemos lutar contra ele e parecer uma erva-daninha fora de lugar. Ou podemos aceitar a Sua direção e florescer e frutificar em Seu jardim. Ele deixa a escolha conosco. ✿

TLG

Deus nos convida a participar com Ele, levando o evangelho ao nosso mundo.

25 DE FEVEREIRO

A BÍBLIA em UM ANO:
Números 12–14; Marcos 5:21-43

Nosso alicerce seguro

LEITURA: **Isaías 33:2-6**

...e lhe proverá farto suprimento de salvação, sabedoria e conhecimento; o temor do SENHOR será seu tesouro. v.6

Em nossa cidade, durante anos, as pessoas construíram e compraram casas em regiões sujeitas aos deslizamentos. Algumas sabiam do risco, mas outras não. "Quarenta anos de alertas de geólogos e regulamentações criadas para garantir a construção segura" foram ignorados, informava o jornal local. A vista de muitas daquelas casas era magnífica, mas o solo sob elas era um desastre anunciado.

Muita gente no antigo Israel ignorou os alertas do Senhor para se afastar dos ídolos e buscá-lo, o verdadeiro Deus vivo. O Antigo Testamento registra os resultados trágicos dessa desobediência. No entanto, com o mundo desmoronando ao redor deles, o Senhor continuou levando ao Seu povo uma mensagem de perdão e esperança se eles voltassem ao Senhor e seguissem o Seu caminho.

O profeta Isaías disse: "Ele será seu firme alicerce e lhe proverá farto suprimento de salvação, sabedoria e conhecimento; o temor do SENHOR será seu tesouro" (v.6).

Hoje, como no Antigo Testamento, Deus nos deixa escolher sobre qual alicerce construiremos a nossa vida. Podemos seguir nossos próprios desejos ou adotar os Seus princípios eternos revelados na Bíblia e na pessoa de Jesus Cristo. "A minha fé e o meu amor estão firmados no Senhor" (EDWARD NOTE, HCC 348).

DCM

Pai celeste, nós te reconhecemos como o nosso alicerce seguro. Nossa segurança e esperança estão em ti.

O próprio Senhor é o nosso firme alicerce na vida.

26 DE FEVEREIRO

A BÍBLIA em UM ANO:
Números 15–16; Marcos 6:1-29

Doar sem temor

LEITURA: **Malaquias 3:8-12**

Tragam todos os seus dízimos aos depósitos do templo... v.10

Uma amiga trouxe seu bebê para nos visitar, e meu filho Xavier, então com 6 anos, quis dar a ele alguns brinquedos. Estava encantada com sua generosidade, até ele oferecer um bicho de pelúcia que o meu marido tinha procurado muito para poder lhe presentear. Reconhecendo o brinquedo tão desejado, minha amiga tentou declinar educadamente. Mas Xavier o colocou nas mãos da criança e disse: "Meu pai me dá muitos brinquedos para compartilhar".

Apesar de eu querer afirmar que Xavier aprendeu tal generosidade comigo, tenho negado frequentemente os meus recursos a Deus e aos outros. Mas, quando lembro de que o Pai celeste me concede tudo o que tenho e preciso, fica mais fácil compartilhar.

No Antigo Testamento, Deus ordenou aos israelitas que confiassem nele, entregando-lhe uma porção de Sua provisão aos sacerdotes levitas, que, por sua vez, ajudariam os necessitados. O povo recusou, e o profeta Malaquias disse-lhes que estavam roubando do Senhor (vv.8,9). Mas, se dessem de bom grado, demonstrando que confiavam na promessa de provisão e proteção (vv.10,11), seriam reconhecidos como povo abençoado por Deus (v.12).

Seja administrando as nossas finanças, agendas ou dons que Deus nos confiou, a doação pode ser um ato de adoração. Doar voluntariamente e sem medo pode demonstrar a nossa confiança no cuidado de nosso amoroso Pai. ❧

XED

Doar sem temor revela a nossa confiança nas promessas e provisão do Senhor.

27 DE FEVEREIRO

A BÍBLIA em UM ANO:
Números 17–19; Marcos 6:30-56

A libertação do medo

LEITURA: **Marcos 6:45-53**

"Não tenham medo! Coragem, sou eu!" v.50

Nosso corpo reage aos nossos sentimentos de ameaça e medo. Uma pontada no estômago e o palpitar do coração enquanto tentamos respirar assinalam a ansiedade. Nossa natureza física não nos deixa ignorar essas sensações de inquietação.

Os discípulos sentiram ondas de medo na noite após Jesus realizar o milagre de alimentar mais de 5.000 pessoas. O Senhor os tinha mandado seguir para Betsaida na frente, para poder ficar sozinho para orar. Durante a noite, estavam remando contra o vento quando, subitamente, viram Jesus andar sobre as águas. Pensando que era um fantasma, ficaram aterrorizados (vv.49,50).

Mas Jesus os tranquilizou, dizendo-lhes para não temerem e terem coragem. Quando Jesus entrou no barco, o vento se acalmou e todos chegaram à margem. Imagino que o sentimento de pavor deles se acalmou quando sentiram a paz que Jesus lhes trouxera.

Quando perdemos o ar por causa da ansiedade, podemos descansar tranquilos no poder de Jesus. Acalmando as nossas ondas ou nos fortalecendo para enfrentá-las, Ele nos dará o dom de Sua paz que "excede todo o entendimento" (FILIPENSES 4:7). E, quando Jesus nos liberta de nossos medos, nosso espírito e corpo podem voltar ao estado de descanso. ABP

Senhor Jesus Cristo, ajuda-me quando o medo parece envolver-me completamente. Liberta-me de meus temores e concede-me a Tua paz.

O Senhor nos liberta do medo.

28 DE FEVEREIRO

A BÍBLIA em UM ANO:
Números 20; Marcos 7:1-13

Perdido, mas achado

LEITURA: **Lucas 15:1-9**

Alegrem-se comigo, pois encontrei minha ovelha perdida! v.6

Ao sabermos que minha sogra sumira enquanto fazia compras com um familiar, minha esposa e eu ficamos inquietos. Ela sofre de perda de memória e confusão, e não há como dizer o que ela poderia fazer. Vagava pela área ou teria entrado em um ônibus achando que iria para casa? As piores situações pipocavam em nossa mente quando começamos a procurá-la clamando a Deus: "Por favor, encontre-a, Senhor".

Horas mais tarde, minha sogra foi avistada numa estrada, a quilômetros de distância. Como Deus nos abençoou em poder achá-la. Meses depois, Ele a abençoou: aos 80 anos, minha sogra aceitou a Cristo como Salvador.

Jesus, comparando os humanos às ovelhas perdidas, nos dá essa ilustração: Se um homem tiver cem ovelhas e uma delas se perder, o que acham que ele fará? Não deixará as outras noventa e nove no pasto e buscará a perdida até encontrá-la? [...] Quando chegar, reunirá os amigos e vizinhos e dirá: 'Alegrem-se comigo, pois encontrei minha ovelha perdida!'" (vv.4,6).

Os pastores contavam as ovelhas para ter certeza de que todas estavam ali. Da mesma forma, Jesus, que se comparou àquele pastor, valoriza cada um de nós, jovens e idosos. Quando estamos vagando pela vida, buscando, questionando o nosso propósito, nunca é tarde para nos voltarmos para Cristo. Deus quer que experimentemos o Seu amor e as Suas bênçãos. **LK**

> Senhor, tu nos buscas e nos encontras. Obrigado por nos tornares Teus.

Preciosa a graça de Jesus! Perdido andei, sem ver a luz, mas Cristo me encontrou. JOHN NEWTON

29 DE FEVEREIRO

A BÍBLIA em UM ANO: *Números 21,22*

Mais velho e mais sábio

LEITURA: **Josué 14.1-12**

Continuo forte [...], e ainda posso viajar e lutar tão bem quanto naquela época. v.11

Os mais jovens da congregação se admiravam com o senhor de 78 anos, por ter concordado em servir à igreja por mais um período de três anos. Alguns o aconselharam a ir com calma; pois já havia contribuído com a igreja mais do que lhe era exigido.

Eles mal sabiam que o pastor e os membros do conselho administrativo se alegraram muito ao saber que esse senhor tinha aceitado o convite. A igreja enfrentava alguns problemas complicados. Quando foi preciso tomar decisões difíceis, a sabedoria e o discernimento desse irmão foram de valor inestimável. E poucos sabiam que ele orava diligentemente, todos os dias, em favor das pessoas e dos ministros da igreja.

Muitas vezes, os cristãos mais idosos são mais sábios e podem contribuir enormemente ao escolher uma esfera de atuação compatível com sua energia e experiência. Na leitura bíblica de hoje, Calebe, que anos antes fora enviado por Moisés como espia à Terra Prometida, demonstrou fé e coragem extraordinárias ao pedir, como sua herança, a parte da terra que era mais alta e difícil de atacar (v.12).

É claro que, se você está envelhecendo, está, também, mais experiente. E, se você tem caminhado com Cristo, está mais sábio. Ao escolher, com cuidado e oração, o seu local de ministério, você poderá fazer uma grande diferença no bem-estar espiritual e físico de sua congregação. DCE

Pai, usa-nos hoje. E daremos a ti todo o louvor!

À medida que Deus lhe acrescentar anos de vida, peça-lhe que acrescente vida a esses mesmos anos.

1.º DE MARÇO

A BÍBLIA em UM ANO:
Números 23–25; Marcos 7:14-37

Não vamos quebrar

LEITURA: **Mateus 6:25-34**

Qual de vocês, por mais preocupado que esteja, pode acrescentar ao menos uma hora à sua vida? v.27

Sendo nativa de um lugar quente e amante de tudo o que é ensolarado, eu fujo do frio, mas gosto das belas fotos de neve. Então sorri quando a minha amiga compartilhou a foto de uma pequena árvore vista de sua janela durante o inverno. A admiração se transformou em tristeza quando percebi os galhos da árvore, sem folhas, curvados pelo peso dos flocos de gelo.

Quanto tempo aqueles galhos suportariam antes de quebrar? O peso ameaçando partir os troncos da árvore fez-me lembrar dos meus ombros, curvados sob o peso das preocupações.

Depois de afirmar que os maiores tesouros não são terrenos ou temporários, Jesus nos encoraja a nos libertamos de nossa ansiedade. O Criador e Sustentador do Universo ama e provê para os Seus filhos, assim, não precisamos perder nosso precioso tempo nos preocupando. Deus conhece as nossas necessidades e cuidará de nós (vv.19-32).

Ele também sabe que seremos tentados a sucumbir à preocupação. Diz-nos para irmos primeiro a Ele, confiarmos em Sua presença e provisão no presente e vivermos pela fé, um dia de cada vez (vv.33,34).

Nesta vida, os problemas e as opressões incertas que enfrentaremos podem sobrecarregar os nossos ombros. Podemos nos curvar temporariamente sob o peso da preocupação. Mas, quando confiamos em Deus, não desmoronamos. ❦

XED

Quando confiamos em Deus, que nos concede todas as dádivas, as preocupações não nos derrotarão.

2 DE MARÇO

A BÍBLIA em UM ANO:
Números 26–27; Marcos 8:1-21

Áreas de oração

LEITURA: **1 Tessalonicenses 5:16-24**

Nunca deixem de orar. v.17

Um dos benefícios dos celulares é que agora temos, virtualmente, acesso ilimitado uns aos outros. Resultado: muitas pessoas falam ou digitam no telefone enquanto dirigem — às vezes provocando terríveis acidentes. Para evitar tais desastres, em muitas regiões do mundo é ilegal o uso do celular enquanto se dirige. Em certos países, as placas nas estradas lembram aos motoristas que há áreas especiais para parar, onde eles podem falar ou digitar no telefone com segurança e à vontade.

Se por um lado é uma boa ideia restringir a comunicação por celular aos motoristas, há outro tipo de comunicação que não tem restrições: oração. Deus nos convida a falar com Ele quando estamos indo, vindo ou mesmo parados. No Novo Testamento, Paulo aconselha a quem quer se comunicar com Deus: "Nunca deixem de orar" (v.17). Ele complementa essa política divina de portas abertas, nos encorajando: "Estejam sempre alegres" (v.16) e "Sejam gratos em todas as circunstâncias" (v.18). Deus nos chama à alegria e gratidão. Expressem sua fé em Deus através de Cristo, e nunca deixem de orar ao Senhor.

Deus está disponível para o nosso rápido clamor ou para uma longa conversa. Acolhe-nos para ter um relacionamento com Ele; um constante e infindável compartilhar de nossas alegrias e gratidão, necessidades, perguntas e preocupações (HEBREUS 4:15,16). Estamos sempre na área de oração. ❂   WEC

Sou grato, Senhor, que queiras me ouvir. Preciso de ti hoje.

O acesso ao trono de Deus está sempre livre.

3 DE MARÇO

A BÍBLIA em UM ANO:
Números 28–30; Marcos 8:22-38

Precioso para Deus

LEITURA: **Gênesis 1:26-31**

Amados, visto que Deus tanto nos amou, certamente devemos amar uns aos outros. 1 João 4:11

Seu nome era Davi, mas a maioria das pessoas o chamava de "violinista da rua". Ele era um senhor idoso, desgrenhado, visto regularmente em lugares populares da cidade, serenando aos passantes com a sua habilidade incomum ao violino. Em troca, os ouvintes, às vezes, colocavam dinheiro no estojo do instrumento, aberto à frente deles. Davi sorria e acenava com a cabeça agradecendo, sem parar de tocar.

Recentemente, quando Davi morreu e seu obituário foi publicado num jornal local, soube-se que ele falava diversos idiomas, era formado por uma universidade de prestígio e já tinha concorrido ao senado anos antes. Muitos se surpreenderam, pois o avaliavam apenas pela aparência.

As Escrituras nos dizem que "Deus criou os seres humanos à sua própria imagem" (v.27). Isso revela um valor inerente dentro de cada um de nós, independentemente da aparência, das conquistas ou do que os outros possam pensar de nós. Mesmo quando escolhemos nos afastar de Deus em nosso pecado, Ele nos valorizou tanto que enviou o Seu único Filho para nos mostrar o caminho à salvação e eternidade com Ele.

Somos amados por Deus, e todos ao nosso redor são preciosos para Ele. Que possamos expressar o nosso amor pelo Senhor, compartilhando o Seu amor com os outros. JBB

> Pai celeste, obrigado por Teu maravilhoso amor por mim. Oro para que outros possam ver o Teu amor em minhas palavras e ações.

O amor de Deus é para ser compartilhado.

4 DE MARÇO

A BÍBLIA em UM ANO:
Números 31–33; Marcos 9: 1-29

Quando Deus nos preenche

LEITURA: **Salmo 16:5-11**

Tu me mostrarás o caminho da vida e me darás a alegria de tua presença e o prazer de viver contigo... v.11

"**O que eu fiz?**" Deveria ser uma das melhores épocas de minha vida, mas era a mais solitária. Eu tinha acabado de conseguir meu primeiro emprego "de verdade" depois da faculdade, numa cidade muito longe de onde eu crescera. Mas a adrenalina logo se dissipou. Meu apartamento era minúsculo, sem mobília, eu não conhecia a cidade e não conhecia ninguém. O trabalho era interessante, mas a solidão era *esmagadora*.

Uma noite, lendo sentado contra a parede, deparei-me com a promessa, no Salmo 16:11, de que Deus nos preencherá. E orei: "Senhor, achei que esse emprego era o certo, mas me sinto só. Por favor, preencha-me com a sensação da Tua proximidade". Pedi isso de diversas formas por semanas. Algumas noites, a sensação de solidão diminuía e eu sentia a profunda presença de Deus. Em outras, ainda me sentia dolorosamente isolado.

Porém, voltando àquele versículo, ancorando nele o meu coração noite após noite, Deus aprofundou gradativamente a minha fé. Experimentei a Sua fidelidade de forma inédita. Aprendi que a minha parte era apenas derramar o meu coração perante Ele... e esperar humildemente por Sua resposta fiel, confiando em Sua promessa de nos preencher com o Seu Espírito.

ARH

> Senhor, às vezes nos sentimos vazios. Mas tornaste conhecido o caminho da vida e desejas que confiemos em ti. Ajuda-nos a nos agarrarmos a Tua promessa de nos preencher em nossos momentos desesperadores.

Ancore o seu coração em Deus.

5 DE MARÇO

A BÍBLIA em UM ANO:
Números 34–36; Marcos 9:30-50

Grama ou graça

LEITURA: **Gênesis 13:1-18**

Ló escolheu para si todo o vale do Jordão... v.11

Meu amigo Alfredo voltou das férias e descobriu que o seu vizinho erguera uma cerca invadindo 1,5 m de sua propriedade. Durante semanas, ele tentou que o vizinho a removesse. Ofereceu-se para ajudar e dividir o custo, mas não conseguiu. Alfredo poderia ter apelado à justiça, mas, naquele momento, deixou a cerca como estava — para mostrar ao vizinho algo sobre a graça de Deus.

"Alfredo é um banana!", você diria. Não! Ele é um homem que escolheu a graça ao invés de um pedaço de terra.

Veja Abraão e Ló, que entraram em conflito por causa de seus rebanhos. "Logo, surgiram desentendimentos entre os pastores de Abrão e os de Ló. Naquele tempo, os cananeus [...] [incrédulos] também viviam na terra" (v.7). Ló escolheu a melhor terra e, no final, perdeu tudo. Abraão ficou com o que restou e ganhou a terra prometida (vv.12-17).

Nós *temos* direitos e podemos *reclamá-los*, especialmente quando envolve os direitos de outras pessoas. E, às vezes, *devemos* insistir neles. Paulo insistiu quando o Sinédrio agiu injustamente (ATOS 23:1-3). Mas podemos escolher deixar o nosso direito de lado para mostrar ao mundo um jeito melhor. A Bíblia chama isso de "mansidão" — não de fraqueza. Força sob o controle de Deus. ◉

DHR

> Senhor, sou propenso a cuidar de mim. Dá-me discernimento para saber o momento em que o abrir mão de meus direitos demonstrará melhor o Teu amor e a Tua graça.

Minha vida ajuda a manifestar Deus aos meus vizinhos.

6 DE MARÇO

A BÍBLIA em UM ANO:
Deuteronômio 1–2; Marcos 10:1-31

Como criança

LEITURA: **Marcos 10:13-16**

Deixem que as crianças venham a mim. Não as impeçam... v.14

A menina dançava alegre e graciosamente com a música de louvor. Ela era a única no corredor, mas isso não evitou que rodopiasse, balançasse os braços e levantasse os pés com a música. Sua mãe, sorrindo, não tentou impedi-la.

Meu coração se alegrou ao observá-la e desejava me juntar a ela — mas não o fiz. Há muito tempo já tinha perdido essa alegria que se expressa inconscientemente e a admiração da infância. Sei que devemos crescer, amadurecer e deixar as *criancices* para trás, porém, jamais deveríamos perder a alegria e a admiração, especialmente em nosso relacionamento com Deus.

Quando Jesus vivia na Terra, acolhia as crianças e frequentemente se referia a elas em Seus ensinamentos (MATEUS 11:25; 18:3; 21:16). Certa ocasião, Ele repreendeu os discípulos por tentarem evitar que os pais trouxessem seus filhos para serem abençoados, dizendo: "Deixem que as crianças venham a mim. Não as impeçam, pois o reino de Deus pertence aos que são como elas" (v.14). Ele se referia às características *infantis*: alegria e admiração, que nos preparam para receber a Cristo e, também, a simplicidade, dependência, confiança e humildade.

Essas características nos deixam mais receptivos a Ele, e Jesus espera que corramos para os Seus braços. ADK

> Aba (Pai), ajuda-nos a sermos mais infantis em nosso relacionamento contigo. Desejamos ficar completamente maravilhados por tudo o que fizeste.

A fé brilha com maior intensidade em um coração infantil.

7 DE MARÇO

A BÍBLIA em UM ANO:
Deuteronômio 3-4; Marcos 10:32-52

Adeus, por enquanto

LEITURA: **1 Tessalonicenses 4:13-18**

...não se entristeçam como aqueles que não têm esperança. v.13

Minha neta Allyssa e eu seguimos uma rotina ao nos despedirmos. Abraçamo-nos e lamentamos com soluços dramáticos por uns vinte segundos. Então nos afastamos e dizemos "Até logo". Apesar da prática boba, sempre esperamos nos ver de novo — logo.

Mas, às vezes, a dor da separação das pessoas de quem gostamos pode ser difícil. Quando o apóstolo Paulo disse adeus aos anciãos de Éfeso: "Todos choraram muito enquanto se despediam dele com abraços e beijos. [...] O que mais os entristeceu foi ele ter dito que nunca mais o veriam" (ATOS 20:37,38).

A tristeza mais profunda, contudo, vem quando somos separados pela morte e dizemos adeus pela última vez nesta vida. Tal separação parece impensável. Lamentamos. Choramos. Como podemos encarar a dor de nunca mais abraçar a quem amamos?

Ainda assim... não se entristeçam como aqueles que não têm esperança. Paulo escreve sobre uma reunião futura para os que creem que Jesus morreu e ressuscitou (1 TESSALONICENSES 4:13-18). Ele declara: "Pois o Senhor mesmo descerá do céu com um brado de comando, com a voz do arcanjo e com o toque da trombeta de Deus", e os que morreram, e os ainda vivos, serão unidos com nosso Senhor. Que reunião!

E, melhor, estaremos *para sempre* com Jesus. Essa é a esperança eterna. CHK

Na morte, o povo de Deus não diz "adeus", diz somente: "até logo".

8 DE MARÇO

A BÍBLIA em UM ANO:
Deuteronômio 5-7; Marcos 11:1-18

Sabedoria antiga

LEITURA: **1 Reis 12:1-7,12-17**

A sabedoria pertence aos idosos, e o entendimento, aos mais velhos. Jó 12:12

Em 2010, um jornal de Singapura publicou uma reportagem com lições de vida de oito idosos. Começava assim: "O envelhecimento traz desafios à mente e ao corpo, mas, também, pode levar à expansão em outros territórios. Há abundância de conhecimento emocional e social; os cientistas começam a definir essas qualidades como sabedoria — a sabedoria dos anciãos."

De fato, os idosos sábios têm muito a ensinar sobre a vida. Mas, na Bíblia, conhecemos um rei recém-coroado que não reconheceu isso.

O rei Salomão acabara de morrer e a congregação de Israel foi a Roboão com uma demanda: pediram-lhe o alívio do trabalho e dos impostos que o pai dele, Salomão, exigia. Em troca, serviriam Roboão com lealdade (1 REIS 12:3).

O rei consultou os anciãos (v.6), porém rejeitou o conselho deles e aceitou a sugestão dos jovens que tinham crescido com ele (v.8). E aumentou ainda mais o fardo sobre o povo! Essa imprudência lhe custou a maior parte de seu reino.

Todos nós precisamos de conselhos que vêm com os anos de experiência, especialmente daqueles que andaram com Deus e ouviram os Seus conselhos. Pense na sabedoria acumulada que lhes foi concedida por Deus! Eles têm muito a compartilhar sobre o Senhor. Vamos procurá-los e ouvir atentamente à sua sabedoria.

PFC

Evite os erros da juventude, e leve em consideração a sabedoria dos idosos.

9 DE MARÇO

A BÍBLIA em UM ANO:
Deuteronômio 8–10; Marcos 11:19-33

Ordens diretas

LEITURA: **1 Reis 13:11-22**

...pois o SENHOR me ordenou... v.17

Minha segunda filha estava ansiosa para dormir na "cama grande", no quarto da irmã. Toda noite, eu a colocava sob as cobertas, dando ordens para que ficasse na "cama grande" e para não voltar ao berço. Noite após noite, eu a encontrava no corredor e tinha que levá-la de volta ao berço. Mais tarde, soube que a sua irmã mais velha, normalmente doce, não queria dividir o quarto e, por isso, dizia à pequena que tinha me ouvido chamar por ela. Acreditando na irmã, ela saía a minha procura, e eu, então, tinha que levá-la de volta ao seu berço.

Ouvir a voz errada pode ter consequências para todos nós. Quando Deus enviou um homem a Betel para falar por Ele, deu instruções explícitas para que não comesse nem bebesse por lá, nem voltasse pelo mesmo caminho (v.9). Quando o rei Jeroboão o convidou a comer, o profeta declinou, seguindo a ordem de Deus. Quando um profeta mais velho o convidou a jantar, inicialmente o homem recusou, mas cedeu e comeu, quando o ancião o enganou dizendo que um anjo lhe dissera que não havia problema. Assim como eu queria que ela ficasse na "cama grande", imagino que Deus também se entristeceu quando o homem não seguiu Suas instruções.

Podemos confiar completamente em Deus. Suas palavras são nosso caminho para vida; somos sábios em ouvir e obedecer. ❂

KHH

Obrigado, Senhor, por falares comigo através de Tua Palavra. Ajuda-me a sincronizar meus ouvidos à Tua voz e obedecer.

Obedecer a Deus é o que mais importa.

10 DE MARÇO

A BÍBLIA em UM ANO:
Deuteronômio 11–13; Marcos 12:1-27

Leva-me para a rocha

LEITURA: **Salmo 61**

Dos confins da terra clamo a ti, com meu coração sobrecarregado. Leva-me à rocha alta e segura. v.2

Estava comprando um umidificador quando notei uma senhora andando de um lado para o outro no corredor. Imaginando que também deveria estar comprando umidificadores, deixei-a se aproximar. Logo começamos a conversar sobre um vírus de gripe que a tinha deixado com tosse e dor de cabeça persistentes.

Alguns minutos mais tarde, ela revelou sua amarga teoria sobre a origem do vírus. Ouvi, sem saber o que fazer. Logo ela saiu da loja, ainda zangada e frustrada. Embora ela tenha expressado sua frustração, eu não pude fazer nada para afastar aquela dor.

Davi, o segundo rei de Israel, escreveu salmos para expressar sua raiva e frustração a Deus. Mas ele sabia que Deus não apenas ouvia, mas podia fazer algo sobre sua dor. No Salmo 61, ele escreve: "Dos confins da terra clamo a ti, com meu coração sobrecarregado. Leva-me à rocha alta e segura" (v.2). Deus era o seu "refúgio" (v.3) — e a "fortaleza" para onde Davi corria.

É bom seguir o exemplo de Davi quando estamos sofrendo ou em contato com alguém que sofre. Podemos seguir "à rocha alta e segura" ou conduzir alguém até ela. Queria ter falado de Deus àquela mulher na loja. Deus pode não afastar toda a nossa dor, mas podemos descansar na paz que Ele provê e na certeza de que Ele ouve o nosso lamento. *LMW*

> Deus Pai, faze-me lembrar daqueles que precisam de um ouvido e da esperança da Tua presença.

Descanse sobre a Rocha — Cristo.

11 DE MARÇO

A BÍBLIA em UM ANO:
Deuteronômio 14–16; Marcos 12:28-44

Lealdade sem constrangimento

LEITURA: **Salmo 34:1-4**

Venham, proclamemos a grandeza do Senhor; juntos, exaltemos o seu nome. v.3

Os **fãs** de esportes amam cantar as proezas de seus times. Vestindo as camisas, postando no Facebook sobre seus times amados, ou em conversas com amigos, os torcedores não deixam dúvidas sobre a sua lealdade. Meus bonés, camisetas e conversas sobre o meu time preferido indicam que também sou um dos que fazem isso.

Nossa lealdade aos esportes pode nos lembrar de que a nossa maior e mais verdadeira lealdade deve ser ao nosso Senhor. Penso nisso sem qualquer embaraço quando leio o Salmo 34. Nele, Davi chama nossa atenção a Alguém amplamente mais vital do que qualquer outro na Terra.

Davi afirma: "Louvarei o Senhor em todo o tempo" (v.1), e somos instados a pensar sobre os momentos em nossa vida quando vivemos como se Deus não fosse nossa fonte de verdade, luz e salvação. Ele diz: "meus lábios sempre o louvarão" (v.1), e pensamos sobre as muitas vezes que louvamos as coisas deste mundo mais do que o louvamos. Davi declara: "Somente no Senhor me gloriarei" (v.2), e percebemos que alardeamos mais nossos próprios pequenos sucessos do que o que Jesus fez por nós.

Não é errado gostar de nossos times, nossos interesses, nossas realizações. Mas nosso maior louvor vai para o nosso Senhor: "Venham, proclamemos a grandeza do Senhor; juntos, exaltemos o seu nome" (v.3).

JDB

> Senhor, ajuda-me a ter o Teu louvor em meus lábios e a me gloriar em ti. Ajuda-me a manter o meu interesse em ti.

Lealdade a Deus é o teste de amor verdadeiro a Ele.

A BÍBLIA em UM ANO:
Deuteronômio 17–19; Marcos 13:1-20

12 DE MARÇO

Fé com sete letras

LEITURA: **Habacuque 3:17-19**

...mesmo assim me alegrarei no SENHOR, exultarei no Deus de minha salvação! v.18

Com tendência a ser pessimista, tiro rápidas conclusões negativas sobre situações em minha vida. Se me frustro com um projeto de trabalho, facilmente me convenço de que nenhum outro projeto meu terá sucesso — mesmo que não haja relação entre eles — e, tocar confortavelmente meus dedos dos pés, é um deles. E, ai de mim, sou uma péssima mãe que não consegue fazer nada certo. A derrota numa área afeta, desnecessariamente, os meus sentimentos em outras.

Para mim, é fácil imaginar a reação do profeta Habacuque ao que Deus lhe mostrou. Ele teve motivos para se desesperar depois de ter visto os problemas futuros do povo de Deus; longos e árduos anos pela frente. As coisas *realmente* pareciam sombrias: sem fruto, carne e conforto. Suas palavras me levam ao desespero, mas me acordam novamente com uma pequena expressão: *"mesmo assim* me alegrarei no SENHOR" (v.18). Apesar das dificuldades que anteviu, Habacuque achou motivo para se alegrar, simplesmente por quem Deus é.

Podemos até mesmo exagerar em nossos problemas, mas Habacuque realmente enfrentou dificuldades extremas. Se ele conseguiu louvar ao Senhor naqueles momentos, talvez também o consigamos. Quando atolados no profundo desespero, podemos olhar para Deus, que nos sustenta. KHH

> Senhor, és a razão de toda a minha alegria. Ajuda-me a fixar os meus olhos em ti quando as minhas circunstâncias são dolorosas e difíceis.

Deus é o nosso motivo de alegria em meio ao desespero.

13 DE MARÇO

A BÍBLIA em UM ANO:
Deuteronômio 20–22; Marcos 13:21-37

Esforço em conjunto

LEITURA: **Hebreus 10:19-25**

Pensemos em como motivar uns aos outros na prática do amor e das boas obras. v.24

Por que mais de cinco milhões de pessoas pagam anualmente para fazer um percurso de quilômetros cheio de obstáculos, onde devem subir em muros, arrastar-se na lama e escalar poços com água descendo sobre elas? Alguns veem isso como um desafio pessoal para superar seus limites ou combater os medos. O que atrai outros é o trabalho em equipe no qual os competidores se ajudam e se apoiam mutuamente. Uma pessoa chamou isso de "zona sem julgamento", onde estranhos se auxiliam para terminar a corrida (Stephanie Kanowitz, *The Washington Post*).

A Bíblia nos exorta a buscar o trabalho em equipe como um modelo para viver a nossa fé em Jesus. "Pensemos em como motivar uns aos outros na prática do amor e das boas obras. E não deixemos de nos reunir, como fazem alguns, mas encorajemo-nos mutuamente, sobretudo agora que o dia está próximo" (vv.24,25).

Nosso objetivo não é "terminar em primeiro" na corrida da fé, mas alcançar outros de formas palpáveis de encorajamento, estabelecendo um exemplo e estendendo a mão auxiliadora ao longo do caminho.

Chegará o dia em que completaremos a nossa vida na Terra. Até lá, encorajemos uns aos outros, estejamos prontos a ajudar e a nos esforçarmos juntos todos os dias. ❦ DCM

Pai, dá-nos, hoje, olhos para vermos e força para ajudarmos uns aos outros na corrida da fé.

Corramos lado a lado na corrida da fé.

14 DE MARÇO

A BÍBLIA em UM ANO:
Deuteronômio 23–25; Marcos 14:1-26

O dom da oração

LEITURA: **Romanos 8:28-34**

E vocês nos têm ajudado ao orar por nós. 2 Coríntios 1:11

"Eu não entendia o que era o dom da oração até meu irmão adoecer, e vocês orarem por ele. Não posso expressar o conforto que foram as suas orações!"

Laura tinha lágrimas nos olhos ao agradecer as orações que as pessoas de nossa igreja fizeram por seu irmão, que enfrentava um diagnóstico de câncer. E continuou: "Elas o fortaleceram neste momento difícil e encorajaram a nossa família".

Uma das melhores formas de amar é orar pelas pessoas e Jesus é o nosso maior exemplo. O Novo Testamento nos relata sobre Ele orando por outros em muitas ocasiões, e até nos mostra que Jesus ainda vai ao Pai em nosso favor. Em Romanos 8:34 diz que: "...Cristo Jesus morreu e ressuscitou e está sentado no lugar de honra, à direita de Deus, intercedendo por nós". Mesmo depois de demonstrar tal amor altruísta na cruz, o Senhor Jesus Cristo ressuscitou, ascendeu aos Céus e continua a expressar o Seu cuidado, orando por nós neste momento.

Ao nosso redor estão pessoas que precisam que sigamos o exemplo de Jesus e as amemos com as nossas orações, pedindo a ajuda e a intervenção de Deus na vida delas. Podemos pedir a Deus que nos ajude a orar por elas, e Ele ajudará! Que, hoje, o nosso amoroso Senhor nos fortaleça a ofertar generosamente a dádiva de nossas orações pelos outros. ❂

JBB

Obrigado, ajuda-me a servir aos outros por meio da oração perseverante.

A oração é um dom a ser compartilhado.

15 DE MARÇO

A BÍBLIA em UM ANO:
Deuteronômio 26–27; Marcos 14:27-53

Revelado para ser curado

LEITURA: **Salmo 25:1-11**

Mostra-me o caminho certo, SENHOR, ensina-me por onde devo andar. v.4

Quando menino, via meu pai arar campos que nunca tinham sido cultivados. Na primeira passada, o arado levantava pedras grandes, que eram colocadas de lado. Então, arava novamente, e outra vez, para revirar mais o solo. A cada vez, o arado levantava pedras menores, que eram retiradas. O processo continuava demandando muitas revolvidas no solo.

Crescer na graça pode ser um processo semelhante. Ao nos tornarmos cristãos, alguns pecados "grandes" podem ser expostos. Nós os confessamos a Deus e aceitamos o Seu perdão. Mas, com o passar dos anos, e conforme a Palavra de Deus penetra em nós, o Espírito Santo traz à tona outros pecados. Pecados do espírito, antes considerados pecadinhos — sem importância aparente — são revelados como atitudes desastrosas: pecados como orgulho, autopiedade, murmuração, mesquinhez, preconceito, rancor, egoísmo.

Deus revela cada pecado, pois assim Ele pode jogá-lo fora, e os revela para curar. Quando atitudes nocivas são expostas, podemos orar como Davi: "Por causa do teu nome, ó SENHOR, perdoa meus pecados, que são muitos" (v.11).

A exposição, embora dolorosa, é boa para a alma. É uma das formas pelas quais Ele "...mostra o caminho correto aos que se desviam. Guia os humildes na justiça e ensina-lhes seu caminho" (vv.8,9).

DHR

> Obrigado, Senhor, por lembrares de nós segundo o Teu amor. Instrui-nos e guia-nos. Ensina-nos a viver como alguém muito perdoado.

Jesus nos aceita como somos e nos transforma em quem devemos ser.

Edição letra gigante

16 DE MARÇO

A BÍBLIA em UM ANO:
Deuteronômio 28-29; Marcos 14:54-72

Maravilhas em foco

LEITURA: **Jó 38:1-18**

Pois todas as coisas vêm dele, existem por meio dele e são para ele. Romanos 11:36

Alguns de nós tendemos a ver apenas o que está errado no mundo. DeWitt Jones é um fotógrafo da revista *National Geographic* que tem usado a profissão para celebrar o que está certo neste mundo. Ele espera e observa até que um raio de luz ou uma mudança de perspectiva revele subitamente uma maravilha que sempre esteve lá. Ele usa a sua câmera para encontrar a beleza na natureza e nas faces das pessoas mais comuns.

Se alguém teve razão para focar nos males do mundo, essa pessoa foi Jó. Depois de perder tudo o que lhe dava alegria, até os seus amigos se tornaram seus acusadores. Juntas, suas vozes o insultaram por ele não admitir que sofria pelos pecados que escondia. Quando Jó clamou aos Céus por ajuda, Deus permaneceu em silêncio.

Por fim, de dentro do caos de um redemoinho e da escuridão de uma tempestade, Deus mandou Jó considerar as maravilhas da natureza que refletiam a sabedoria e o poder muito maior do que os nossos (vv.2-4).

Ele diria o mesmo a nós agora? E quanto a algo tão natural como o andar de um cão, um gato, o farfalhar das folhas ou o filete da grama? Poderia um raio de luz ou uma mudança de perspectiva revelar — até em nossa dor — a mente e o coração do Criador que tem sempre estado conosco e é por nós em todo o tempo?

MRD

Pai, pensamos demais apenas no que está errado e destruído ao redor. Ajuda-nos a vermos evidências da Tua presença nas maravilhas que criaste.

Na natureza há maravilhas de Deus que nunca se acabam.

17 DE MARÇO

A BÍBLIA em UM ANO:
Deuteronômio 30–31; Marcos 15:1-25

Sussurrando palavras

LEITURA: **Efésios 4:22-32**

...Que todas as suas palavras sejam boas e úteis, a fim de dar ânimo àqueles que as ouvirem. v.29

O jovem se ajeitava ao sentar-se para o voo. Seus olhos percorriam as janelas da aeronave. Depois os fechou e respirou profundamente, tentando se acalmar — mas não funcionou. O avião decolou e, lentamente, ele começou a chacoalhar. Uma senhora, do outro lado do corredor, colocou a mão em seu braço e, gentilmente, começou a conversar para desviar-lhe a atenção do estresse. "Como se chama?", "De onde você é?", "Vamos ficar bem," e "Você está se saindo bem," foram algumas das frases que sussurrou. Ela poderia ter se irritado com ele ou o ignorado. Mas escolheu um toque e algumas palavras. Pequenos gestos. Ao aterrissarem três horas mais tarde, ele lhe disse: "Muito obrigado por me ajudar".

Cenas de gentileza como essa podem ser difíceis de se ver. Para muitos, a bondade não vem naturalmente; nossa principal preocupação normalmente é conosco mesmo. Mas, quando o apóstolo Paulo exortou: "sejam bondosos e tenham compaixão uns dos outros..." (v.32), não estava dizendo que tudo depende de nós. Depois de recebermos uma nova vida pela fé em Jesus, o Espírito começa uma transformação. A bondade é o trabalho do Espírito renovando os nossos pensamentos e ações (v.23).

O Deus de compaixão está trabalhando em nosso coração, nos permitindo tocar a vida de outros abordando-os e sussurrando palavras de encorajamento.

AMC

> Senhor, usa-me hoje para levar esperança, um fardo mais leve e encorajamento a alguém.

Compaixão é entender os problemas dos outros e estender-lhes a mão.

18 DE MARÇO

A BÍBLIA em UM ANO:
Deuteronômio 32-34; Marcos 15:26-47

Cartas para casa

LEITURA: **Neemias 8:5-12**

Liam o Livro da Lei de Deus [...] explicavam com clareza o significado do que era lido... v.8

Longe de casa e treinando para a Segunda Guerra Mundial, os recrutas usavam o humor e as cartas que recebiam e escreviam para lidar com os desafios que enfrentavam. Em uma carta, um jovem descreveu o processo de vacinação com admirável exagero: "Dois oficiais médicos nos caçaram com arpões, nos agarraram, nos pregaram ao chão e nos furaram os braços".

No entanto, um soldado começou a perceber que o humor só lhe servia de apoio até certo ponto. Nessa altura, ele recebeu uma Bíblia. "Gostei muito e eu a leio toda as noites. Nunca imaginei que alguém poderia aprender tanto com ela", escreveu.

Há muito tempo, os judeus voltaram para casa após anos de escravidão na Babilônia e descobriram que os seus problemas os acompanharam. Enquanto tentavam reconstruir os muros de Jerusalém, enfrentaram inimigos, fome e seu próprio pecado. Em meio aos problemas, se voltaram para a Palavra de Deus. Ficaram surpresos com o que aprenderam. Quando os sacerdotes liam o Livro da Lei de Deus, o povo chorava (v.9). No entanto, encontraram o consolo também. Neemias lhes disse: "Não fiquem tristes, pois a alegria do SENHOR é sua força" (v.10).

Não precisamos esperar pelos problemas para ouvir a voz de Deus. Na Bíblia, aprendemos sobre Ele, Seu perdão e consolo. Lendo-a, seremos surpreendidos com o que o Espírito de Deus nos mostrará em suas páginas. ◉   TLG

Senhor, obrigado por nos ensinares diariamente mais sobre ti.

A Bíblia nos ajuda a nos vermos como realmente somos e, também, a vermos o quanto Deus nos ama.

19 DE MARÇO

A BÍBLIA em UM ANO:
Josué 1–3; Marcos 16

A arte da gratidão

LEITURA: **Salmo 118:1-14, 26-29**

Deem graças ao SENHOR, porque ele é bom; seu amor dura para sempre! v.1

No dia de nosso casamento, Martie e eu fizemos os votos de sermos fiéis "na alegria e na tristeza, na saúde e na doença, na riqueza e na pobreza". De certa forma, pode parecer estranho incluir votos sobre a crua realidade da tristeza, doença e pobreza num alegre dia de casamento. Mas isso sublinha o fato de que a vida frequentemente tem tempos "ruins".

Então, o que devemos fazer quando enfrentamos as inevitáveis dificuldades da vida? Paulo nos exorta em nome de Cristo: "Sejam gratos em todas as circunstâncias" (1 TESSALONICENSES 5:18). Pode parecer difícil, mas há um bom motivo para Deus nos encorajar a adotar o espírito de gratidão. A gratidão é embasada na verdade de que nosso Senhor "é bom" e que Seu amor "dura para sempre" (SALMO 118:1). Ele está presente conosco e nos fortalece em meio aos problemas (HEBREUS 13:5,6) e, amorosamente, usa as nossas provações para deixar o nosso caráter à Sua semelhança (ROMANOS 5:3,4).

Quando os momentos difíceis nos ferem, escolher a gratidão concentra a nossa atenção na bondade de Deus e nos traz a força para enfrentarmos as nossas lutas. Com o salmista, podemos louvar. "Deem graças ao SENHOR, porque ele é bom; seu amor dura para sempre!" (SALMO 118:29).

JMS

> Senhor, percebo que concentrar-me em meus problemas me faz esquecer de que, mesmo em meio às provações, tu és bom. Ensina-me a arte de ter um coração grato.

A gratidão é uma virtude que cresce com a prática.

20 DE MARÇO

A BÍBLIA em UM ANO:
Josué 4-6; Lucas 1:1-20

Uma boa estação

LEITURA: **Eclesiastes 3:1-11**

Há um momento certo para tudo, um tempo para cada atividade debaixo do céu. v.1

Hoje é o primeiro dia da primavera no Hemisfério Norte. Se você vive na Austrália ou no Brasil, é o primeiro dia do outono — equinócio de primavera no Hemisfério Norte, e de outono, no Hemisfério Sul. Hoje, o sol brilha diretamente na linha do Equador, e a duração do dia e da noite é quase igual em todo o globo.

Para muitos, as novas estações são importantes. Uns contam os dias por causa do que esperam que a nova estação lhes traga. Talvez marquem a primavera no calendário no Norte para sinalizar o final de outro inverno. Ou quem sabe, no Sul, estão ansiosos para que o outono alivie o sol forte do verão.

Todos nós também atravessamos as estações da vida, mas que nada têm a ver com o clima. O autor de Eclesiastes nos diz que há um tempo para cada atividade sob o Sol — um tempo indicado por Deus, durante o qual vivemos o nosso dia a dia (vv.1-11).

Moisés falou de um novo tempo em sua vida após conduzir o povo de Israel através do deserto (DEUTERONÔMIO 31:2) e ele teve que entregar a sua liderança a Josué. Paulo enfrentou um tempo de solidão durante a sua prisão domiciliar em Roma — pedindo visitas, mas entendendo que Deus estava ao lado dele (2 TIMÓTEO 4:17).

Independentemente da estação da vida, agradeçamos a Deus por Sua grandeza, ajuda e companhia. JDB

> Obrigado, Pai, pela promessa do Teu cuidado nesse momento de minha vida. Ajuda-me a aprofundar minha confiança em ti.

Cada estação traz um motivo para nos alegrarmos no Senhor.

21 DE MARÇO

A BÍBLIA em UM ANO:
Josué 7–9; Lucas 1:21-38

Andando sobre a água

LEITURA: **Mateus 14:25-33**

Imediatamente, porém, Jesus lhes disse: "Não tenham medo! Coragem, sou eu!". v.27

Durante um inverno especialmente frio, aventurei-me até o Lago Michigan, o quinto maior lago do mundo, para vê-lo congelado. Agasalhada, na praia onde normalmente gosto de tomar sol, a vista era de tirar o fôlego. A água tinha congelado em ondas, criando uma obra de arte em gelo.

Como a água estava solidamente congelada próxima à margem, tive a oportunidade de "andar sobre a água". Mesmo sabendo que o gelo estava denso o suficiente para suportar o meu peso, dei os primeiros passos com cuidado. Tinha medo que o gelo quebrasse. Enquanto explorava aquele terreno desconhecido, só conseguia pensar em Jesus chamando Pedro a sair do barco no mar da Galileia.

Quando os discípulos o viram andando sobre a água, a reação deles foi também de medo. Mas Jesus respondeu: "Não tenham medo! Coragem, sou eu!" (vv.26,27). Pedro conseguiu superar o seu medo e sair para a água porque sabia que Jesus estava presente. Quando seus passos corajosos vacilaram por causa do vento e das ondas, Pedro clamou por Jesus. Ele ainda estava lá, perto o suficiente para simplesmente esticar a Sua mão e resgatá-lo.

Se você estiver enfrentando hoje uma situação em que Jesus o está chamando a fazer algo que pode lhe parecer impossível, como andar sobre as águas, tenha bom ânimo e encoraje-se. Aquele que o chama estará presente com você.

LMS

> Querido Senhor, obrigado pela certeza de que estás sempre conosco.

Quando clamamos a Deus, Ele nos ouve.

Edição letra gigante

22 DE MARÇO

A BÍBLIA em UM ANO:
Josué 10–12; Lucas 1:39-56

Transmitindo o legado

LEITURA: **Salmo 79:8-13**

Então nós, teu povo, [...] para sempre te daremos graças e louvaremos tua grandeza por todas as gerações. v.13

Meu celular apitou indicando o recebimento de mensagem. A minha filha queria a receita da torta de sorvete de menta da minha avó. Enquanto percorria os cartões amarelados da minha antiga caixa de receitas, meus olhos avistaram a letra peculiar de minha avó — e diversas anotações na letrinha da minha mãe. Ocorreu-me que, com o pedido de minha filha, a torta de sorvete de menta faria a sua estreia na quarta geração da família.

E pensei: Quais outras heranças de família que podem seguir de geração em geração? E quais escolhas com relação à fé? Além dessa torta, a fé que a minha avó professava — e a minha — fariam parte da vida de minha filha e de seus descendentes?

No Salmo 79, o salmista lamenta o Israel rebelde, que tinha perdido as bases de sua fé. Ele implora a Deus que resgate o Seu povo da iniquidade e restaure Jerusalém à segurança. Isso feito, ele promete um compromisso restaurado — e contínuo — com os caminhos de Deus: "...para sempre te daremos graças e louvaremos tua grandeza por todas as gerações" (v.13).

Prontamente, compartilhei a receita com expectativas, sabendo que o legado da sobremesa de minha avó seguiria por mais uma geração de nossa família. E orei sinceramente pela herança mais duradoura de todas: a influência da fé que nossa família transmite de geração em geração. ❂ ELM

Qual o seu legado para a próxima geração?

Compartilhar e viver pela nossa fé são as melhores formas de deixar um legado.

23 DE MARÇO

A BÍBLIA em UM ANO:
Josué 13-15; Lucas 1:57-80

Uma promessa dupla

LEITURA: **Isaías 25:1-9**

...Fazes coisas maravilhosas! Tu as planejaste há muito tempo e agora as realizaste. v.1

Rute não consegue comer, beber, ou mesmo engolir direito desde que teve câncer anos atrás. Ela também perdeu muito de sua força física, e inúmeros tratamentos e cirurgias a deixaram uma sombra do que costumava ser.

Ainda assim, ela é capaz de louvar a Deus; sua fé permanece forte, e sua alegria é contagiante. Rute confia diariamente em Deus e se firma na esperança de que um dia se recuperará plenamente. Ela ora pela cura e está confiante que Deus a responderá —cedo ou tarde. Que fé maravilhosa!

Rute explicou que a certeza de que Deus, não apenas cumprirá Suas promessas em Seu tempo, como também a sustentará até que isso aconteça, é o que mantém a sua fé forte. Essa era a mesma esperança que o povo de Deus tinha enquanto esperava que Ele completasse os Seus planos (v.1), os livrasse de seus inimigos (v.2), secasse as suas lágrimas, removesse a sua desgraça e tragasse "a morte para sempre" (v.8).

Nesse meio tempo, enquanto esperavam, Deus deu ao Seu povo o refúgio e a sombra (v.4). Ele os confortou em suas provações, deu-lhes força para resistir e a garantia da Sua presença com eles.

Esta é a dupla promessa que temos: a esperança de libertação futura, mais a provisão do Seu conforto, força e abrigo ao longo de nossa vida. ✿

LK

> Obrigado, Senhor, por Teu maravilhoso presente de esperança. Prometeste me salvar e andar comigo todos os dias de minha vida.

Confiar na fidelidade de Deus pode dissipar o nosso medo.

24 DE MARÇO

A BÍBLIA em UM ANO:
Josué 16-18; Lucas 2:1-24

O poder da demonstração

LEITURA: **2 Timóteo 3:10-17**

Toda a Escritura é inspirada por Deus e útil para nos ensinar o que é verdadeiro... v.16

Minhas tentativas de consertar coisas em casa, normalmente, me levam a pagar para alguém desfazer o dano que causei tentando resolver o problema original. Mas, recentemente, consegui consertar um eletrodoméstico, assistindo um tutorial no *YouTube*, no qual a pessoa demonstrava passo a passo, como fazer.

Paulo foi um poderoso exemplo para seu jovem pupilo Timóteo, que viajou com ele e o observou em ação. Da prisão em Roma, Paulo escreveu: "...Conhece minha fé, minha paciência, meu amor e minha perseverança" (vv.10,11). Além disso, ele pede a Timóteo a permanecer: "...fiel àquilo que lhe foi ensinado. Sabe que é a verdade, pois conhece aqueles de quem aprendeu" (vv.14,15).

A vida de Paulo demonstrou a necessidade de construir nossa vida sobre o alicerce da Palavra de Deus. Ele lembrou Timóteo de que a Bíblia é a fonte poderosa, dada por Deus, que precisamos para ensinar e demonstrar aos outros que querem seguir a Cristo.

Ao agradecermos ao Senhor pelas pessoas que nos ajudaram a crescer na fé, somos desafiados a seguir o exemplo deles de viver pela verdade enquanto ensinamos e encorajamos outros.

Este é o poder do testemunho. ❧

DCM

Senhor, assim como outros demonstraram a Tua verdade a nós, que possamos demonstrá-la às outras pessoas.

Somos convocados a praticar a Palavra de Deus, à medida que ensinamos e encorajamos outros.

25 DE MARÇO

A BÍBLIA em UM ANO:
Josué 19–21; Lucas 2:25-52

Quem é este?

LEITURA: **Lucas 19:28-40**

...Bendito é o Rei que vem em nome do Senhor!... v.38

Imagine ficar lado a lado com pessoas numa estrada de terra. A mulher atrás de você está na ponta dos pés tentando ver quem está chegando. Ao longe, você vislumbra um homem montado num jumentinho. Conforme Ele se aproxima, as pessoas jogam seus mantos na estrada. De repente, você ouve o estalo de uma árvore atrás. Um homem está cortando galhos de palmeira, e as pessoas os espalham à frente do jumentinho.

Os seguidores de Jesus o honraram zelosamente em Sua entrada em Jerusalém, alguns dias antes de Sua crucificação. A multidão jubilava e louvava a Deus "por todos os milagres maravilhosos que tinham visto" (v.37). Os devotos cercavam Jesus, dizendo: "Bendito é o Rei que vem em nome do Senhor!" (v.38). A honraria entusiasmada emocionou o povo. Quando, finalmente, "Jesus entrou em Jerusalém, toda a cidade estava em grande alvoroço. "Quem é este?", perguntavam" (MATEUS 21:10).

Hoje, as pessoas ainda estão curiosas sobre Jesus. Embora não possamos cobrir o Seu caminho com folhas de palmeiras ou gritar louvores a Ele em pessoa, ainda podemos honrá-lo. Podemos debater sobre as Suas obras notáveis, auxiliar as pessoas necessitadas, suportar insultos pacientemente e amar uns aos outros profundamente. E, também, devemos estar prontos para responder aos espectadores que nos perguntam: "Quem é Jesus?".

JBS

> Senhor, que a minha vida e as minhas palavras possam expressar o que sei sobre quem és. Quero que os outros te vejam em mim e também te conheçam.

Honramos o nome de Deus quando vivemos como Seus filhos.

26 DE MARÇO

A BÍBLIA em UM ANO:
Josué 22–24; Lucas 3

O sentido de estar vivo

LEITURA: **Lucas 12:22-34**

Guardem-se de todo tipo de ganância. A vida de uma pessoa não é definida pela quantidade de seus bens. v.15

Ao consultar livros sobre finanças, notei uma tendência interessante. Os conselhos são bons, porém muitos afirmam que a principal razão de cortar custos é viver melhor mais tarde. Mas um deles ofereceu uma perspectiva diferente e argumenta que o essencial é viver com *simplicidade* para se viver ricamente. E sugere que, se você precisa de mais bens para sentir alegria, "está perdendo o sentido de estar vivo".

Isso me lembrou o homem que pediu a Jesus que mandasse seu irmão dividir uma herança com ele. Jesus o repreendeu antes de adverti-lo a guardar-se de "todo tipo de ganância. A vida de uma pessoa não é definida pela quantidade de seus bens" (v.15). Em seguida, Ele descreveu os planos de uma pessoa para armazenar a colheita e ter vida luxuosa, com a forte conclusão: a riqueza não lhe trouxe qualquer bem, uma vez que ele morreria naquela noite (vv.16-20).

Somos responsáveis por usar nossos recursos com sabedoria e Jesus nos adverte sobre a nossa motivação. Nosso coração deve estar focado em buscar o reino de Deus — em conhecê-lo e em servir aos outros — não em garantir o próprio futuro (vv.29-31). Ao vivermos para Ele, e compartilharmos com os outros, podemos desfrutar de uma vida rica com Ele agora — no reino que dá sentido à toda a vida (vv.32-34). MRB

Senhor, obrigado por tudo o que tão generosamente proveste.

Não precisamos esperar para desfrutar uma vida rica no reino de Deus.

27 DE MARÇO

A BÍBLIA em UM ANO:
Juízes 1–3; Lucas 4:1-30

Glória ao produtor

LEITURA: **Marcos 4:26-29**

Não importa quem planta ou quem rega, mas sim Deus, que faz crescer. 1 Coríntios 3:7

Um dia notei uma mancha amarela à direita da entrada de casa. Seis talos de narcisos floresceram altos e brilhantes, apertados entre duas pedras. Como eu não os tinha plantado, fertilizado ou regado as sementes, não conseguia entender como ou por que as flores tinham brotado em nosso jardim.

Jesus ilustrou o mistério do crescimento espiritual em uma parábola sobre o brotar das sementes. Ele compara o reino de Deus a um fazendeiro que espalha as suas sementes no solo (v.26). Quem espalhou as sementes talvez tenha feito o que pôde para cuidar do solo. Mas Jesus disse que elas brotaram independentemente de o homem ter dormido, acordado ou entendido o processo (vv.27,28). O dono da terra se beneficiou da colheita (v.29) embora o crescimento dela não dependesse do que ele tivesse feito ou soubesse sobre o solo.

A maturação das sementes na parábola, como o brotar dos meus narcisos, ocorreu no tempo de Deus e por causa do Seu poder. Seja considerando o nosso crescimento espiritual ou o plano de Deus para a expansão da Igreja até que Jesus volte, os caminhos do Senhor não dependem de nossas habilidades ou compreensão de Suas obras. Ainda assim, Deus nos convida a conhecer, servir e louvar o Produtor, colhendo os benefícios da maturidade espiritual que Ele cultiva dentro de nós e por nosso intermédio.

XED

> Senhor, obrigado por nos amadureceres espiritualmente e nos usares para servir o Teu povo enquanto desenvolves o Teu reino.

Deus merece a glória pelo crescimento de Seu povo e de Seu reino.

28 DE MARÇO

A BÍBLIA em UM ANO:
Juízes 4–6; Lucas 4:31-44

Desprezado por tudo

LEITURA: **Isaías 53:3-12**

...levou sobre si a culpa de muitos e intercedeu pelos pecadores. v.12

Susannah Cibber foi famosa no século 18 por seu talento como cantora, mas também ficou conhecida pelos seus escandalosos problemas conjugais. Por isso, quando *O Messias*, de Handel, foi apresentado em Dublin, Irlanda pela primeira vez, em abril de 1742, muitos expectadores não aprovaram a solista.

Na estreia, ela cantou: "Foi desprezado e rejeitado, homem de dores, que conhece o sofrimento mais profundo" (v.3). As palavras tocaram o Rev. Patrick Delany de tal modo, que ele se levantou e disse: "Mulher, por isso, os teus pecados estão perdoados"!

A ligação entre Susannah e o tema de *O Messias* é evidente. O "homem de dores" — Jesus, o Messias — "foi desprezado e rejeitado" por causa do *pecado*. Isaías disse: "E, por causa de tudo que meu servo justo passou, ele fará que muitos sejam considerados justos" (v.11).

A ligação entre nós e o Messias não é menos evidente. Seja perante uma plateia crítica ou outra situação parecida, precisamos nos arrepender e receber o perdão de Deus. Jesus, por Sua vida, morte e ressurreição, restaurou o nosso relacionamento com Deus, o nosso Pai.

Por isso — por tudo o que *Jesus* fez — sejam perdoados todos os nossos pecados. TLG

> Pai, precisamos do Teu perdão. Maravilhamo-nos com Teu Filho, Jesus, que foi desprezado e rejeitado por nossos pecados. Obrigado por vires até nós em Jesus há 2.000 anos para que pudéssemos conhecer-te agora.

Aleluia! Porque o Senhor, nosso Deus, o Todo-poderoso, reina.
APOCALIPSE 19:6

29 DE MARÇO

A BÍBLIA em UM ANO:
Juízes 7–8; Lucas 5:1-16

Bacia de amor

LEITURA: **João 13:1-17**

Depois, derramou água numa bacia e começou a lavar os pés de seus discípulos... v.5

Muitos anos atrás, na aula de Física, nosso professor nos pediu para dizer — sem nos virarmos — a cor da parede dos fundos da sala de aula. Ninguém soube responder, porque ninguém tinha reparado.

Às vezes, perdemos ou negligenciamos as "coisas" da vida, simplesmente porque não conseguimos absorver tudo. Às vezes, não vemos o que sempre esteve ali.

Foi assim comigo quando reli recentemente o relato de Jesus lavando os pés de Seus discípulos. A história é conhecida, pois é lida com frequência na semana da Páscoa. Ficamos surpresos que o nosso Salvador e Rei se inclinasse para limpar os pés dos Seus discípulos. Nos tempos de Jesus, até os servos judeus eram poupados dessa tarefa, porque isso era visto como algo que os diminuía. Mas eu não tinha notado antes que Jesus, que era homem e Deus, tinha lavado os pés de Judas. Mesmo sabendo que este o trairia, como vemos em João 13:11, Jesus se humilhou e lavou os pés de Judas.

O amor transbordou daquela bacia de água — amor que Ele compartilhou até com aquele que o trairia. Ao pensarmos nos acontecimentos desta semana a qual leva à celebração da ressurreição de Jesus, que possamos também receber o dom da humildade, para que tenhamos a capacidade de estender o amor de Jesus aos nossos amigos e a qualquer inimigo. *ABP*

> Senhor Jesus, enche o meu coração de amor para que eu possa arregaçar minhas mangas e lavar os pés dos outros para a Tua glória.

Por amor, Jesus se humilhou e lavou os pés de Seus discípulos.

30 DE MARÇO

A BÍBLIA em UM ANO:
Juízes 9–10; Lucas 5:17-39

Somente pela oração

LEITURA: **Marcos 9:14-29**

..."Tudo é possível para aquele que crê." v.23

Minha amiga me ligou tarde da noite durante seu tratamento contra o câncer. Triste por seus soluços incontroláveis, minhas lágrimas rolaram e orei silenciosamente. *O que devo fazer, Senhor?*

Seus lamentos apertaram meu coração. Não podia deter sua dor, resolver a situação, ou encontrar uma boa palavra de encorajamento. Mas eu sabia quem podia ajudar. Enquanto chorava com ela, procurando palavras para orar, sussurrava repetidamente: "Jesus, Jesus, Jesus".

Seus lamentos se transformaram em fungação e choramingo, até sua respiração se acalmar. A voz de seu marido me assustou. "Ela adormeceu", disse. "Ligamos amanhã".

Desliguei, chorando orações em meu travesseiro.

O evangelista Marcos relata a história de outra pessoa que queria ajudar seu ente querido. Um pai desesperado trouxe o filho em sofrimento até Jesus (v.17). A dúvida juntava-se à súplica enquanto reiterava sobre a impossibilidade da situação (vv.20-22), reconhecendo a sua necessidade de que Jesus fortalecesse a sua fé (v.24). O pai e o filho experimentaram a liberdade, a esperança e a paz quando Jesus entrou em ação e assumiu o controle (vv.25-27).

Quando os entes queridos estão sofrendo, é natural querer fazer a coisa certa e dizer as palavras perfeitas. Mas Cristo é o único que realmente pode ajudar. Quando clamamos em nome de Jesus, podemos crer e confiar no poder de Sua presença. XED

Como precisamos de ti, Jesus!

O nome de Jesus é a poderosa oração que nos leva à Sua preciosa presença.

31 DE MARÇO

A BÍBLIA em UM ANO:
Juízes 11–12; Lucas 6:1-26

Até quando?

LEITURA: **Salmo 13**

Até quando, SENHOR, te esquecerás de mim? Será para sempre? Até quando esconderás de mim o teu rosto? v.1

Em *Alice no País das Maravilhas*, de Lewis Carroll, Alice pergunta "Até quando é para sempre?" O Coelho responde: "Às vezes, apenas um segundo."

Foi dessa forma que senti o tempo quando, de repente, o meu irmão Davi morreu. O dia de seu funeral se arrastou, intensificando a minha sensação de perda e dor. Cada segundo parecia durar uma eternidade.

Outro Davi ecoou esse mesmo sentimento, cantando: "Até quando, SENHOR, te esquecerás de mim? Será para sempre? Até quando esconderás de mim o teu rosto? Até quando terei de lutar com a angústia em minha alma, com a tristeza em meu coração a cada dia? Até quando meu inimigo terá vantagem sobre mim?" (vv.1,2). Em apenas dois versículos, ele pergunta quatro vezes a Deus "Até quando?". Às vezes, parece que as dores da vida nunca terão fim.

Nessa dor, entra a presença e o cuidado do nosso Pai celeste. Como o rei Davi, nós também podemos ir à presença dele honestamente com nossa dor e perda, sabendo que Ele jamais nos deixará ou abandonará (HEBREUS 13:5). O salmista também descobriu isso, permitindo que o seu lamento passasse da tristeza para uma declaração triunfante: "No tocante a mim, confio na tua graça; regozije-se o meu coração na tua salvação" (SALMO 13:5).

Nos momentos infindáveis de luta, o amor infalível do Senhor nos conduzirá. Alegremo-nos em Sua salvação. ● *WEC*

Em tempos de dor e perda, o Deus eterno é o nosso maior conforto.

Edição letra gigante

1.º DE ABRIL

A BÍBLIA em UM ANO:
Juízes 13–15; Lucas 6:27-49

Aprendendo com Pedro

LEITURA: **Lucas 5:1-11**

...por ser o senhor quem nos pede, vou lançar as redes novamente. v.5

Simão passara a noite no mar, sem pescar nada. Jesus entrou no seu barco e pediu que o afastasse da praia. Simão lavava as redes enquanto o Mestre pregava. O sermão de Jesus impactou Simão de tal forma que, quando Cristo lhe ordenou que voltasse a pescar, ele obedeceu. Então, o barco cheio de peixes ameaçava virar. Simão concluiu que Aquele que realizara esse milagre era Deus. Nisso, aprendemos que:

• *Deus nos encontra e nos sustenta em nossa rotina diária.* Simão obedeceu a Jesus e o fez sem reclamação ou preguiça.

• *Devemos "lavar nossas redes", em prontidão para Deus.* Precisamos estar preparados para as oportunidades que Ele nos dará.

• *A fé é generosa.* Simão disponibilizou o seu barco para Jesus. Ele poderia questionar: "Por que o meu?". O que Deus nos dá é para abençoar a nós, a nossa família e as nações!

• *Simão obedeceu a Jesus.* Comece a vida de fé fazendo o óbvio: o que Deus já falou.

• *Simão seguiu a Jesus.* Após viver 34 anos a serviço do Mestre, ele recomenda: "...cresçam na graça e no conhecimento de nosso Senhor e Salvador Jesus Cristo" (2 PEDRO 3:18). Ele ainda crescia em graça.

Viver por fé significa: "lançar as redes", ou seja, tentar de novo; renunciar ao que nos impede de prosseguir — Simão largou tudo, seguiu Jesus; e continuou a aprender, porque, na escola da fé, ninguém tira diploma. ❦

JPS

Senhor, ajuda-me a agir sempre com fé, independentemente das circunstâncias.

Quando Deus fala as coisas acontecem. Tenha fé!

2 DE ABRIL

A BÍBLIA em UM ANO:
Juízes 16–18; Lucas 7:1-30

Doação anônima

LEITURA: **Mateus 6:1-4**

...quando ajudarem alguém necessitado, não deixem que a mão esquerda saiba o que a direita está fazendo. v.3

Quando me formei na faculdade, precisei adotar um orçamento restrito para alimentação: R$ 80,00 por semana, para ser exata. Um dia, entrando na fila do caixa, suspeitei que as minhas compras custariam ligeiramente mais do que o dinheiro que eu tinha. "Pare quando chegarmos a R$ 80,00", disse ao caixa, e consegui comprar tudo, exceto um pacote de pimentas.

Quando estava me preparando para voltar para casa, um homem parou ao lado do meu carro. "Aqui estão suas pimentas, moça", disse, entregando-me o pacote. Antes que eu pudesse agradecer, ele foi embora.

Recordar esse simples gesto de bondade ainda aquece o meu coração e me traz à mente as palavras de Jesus em Mateus 6. Criticando os que se exibiam ao fazer doações (v.2), Jesus ensinou aos Seus discípulos um jeito diferente. Em vez de valorizar a si e à sua generosidade enquanto doavam, Ele insistiu que doar deveria ser feito tão secretamente como se a sua mão esquerda não soubesse o que a sua mão direita estivesse fazendo (v.3)!

Como aquele ato anônimo me lembrou, doar nunca deveria se tratar de nós. Somente doamos por causa do que nosso Deus tão generosamente nos deu (2 CORÍNTIOS 9:6-11). Ao doarmos discreta e generosamente, refletimos quem Ele é — e Deus recebe a gratidão que somente Ele merece (v.11). ❧   MRB

Pai, obrigado por Tua generosidade e amor.

Doar discreta e generosamente reflete a bondade de Deus.

3 DE ABRIL

A BÍBLIA em UM ANO:
Juízes 19–21; Lucas 7:31-50

Doce e amargo

LEITURA: **Salmo 119:65-72**

Tu és bom e fazes somente o bem; ensina-me teus decretos. v.68

Algumas pessoas gostam de chocolate amargo e outras preferem o doce. Os antigos Maias da América Central gostavam de beber chocolate e o temperavam com pimenta. Gostavam dessa "água amarga", como chamavam. Muitos anos mais tarde, o chocolate foi introduzido na Espanha, mas os espanhóis preferiram o doce, então acrescentaram açúcar e mel para neutralizar o amargor natural.

Como o sabor do chocolate, os dias podem ser amargos ou doces. Um monge francês do século 17, chamado Irmão Lawrence, escreveu: "Se soubéssemos o quanto Deus nos ama, estaríamos sempre prontos a receber de Sua mão, igualmente, o doce e o amargo". Aceitar igualmente o doce e o amargo? É difícil! Sobre o que o Irmão Lawrence estava falando? A chave está nos atributos de Deus. O salmista disse "Tu és bom e fazes somente o bem; ensina-me teus decretos" (v.68).

Os Maias também valorizavam o chocolate amargo por suas propriedades medicinais. Os dias amargos também têm o seu valor. Eles nos tornam cientes de nossas fraquezas e nos ajudam a depender mais de Deus. O salmista escreveu: "O sofrimento foi bom para mim, pois me ensinou a dar atenção a teus decretos" (v.71). Hoje, abracemos a vida com seus diferentes sabores — seguros da bondade de Deus. Que possamos dizer: "Muitas coisas boas me tens feito, SENHOR, como prometeste" (v.65).

KOH

Pai, ajuda-me a ver a Tua bondade, mesmo em momentos de provação.

Deus é bom em todo o tempo!

4 DE ABRIL

A BÍBLIA em UM ANO:
Rute 1–4; Lucas 8:1-25

Varanda de alívio

LEITURA: **Filipenses 4:10-20**

...Sei viver na necessidade e também na fartura. Aprendi o segredo de viver em qualquer situação. v.12

Era um dia particularmente quente, e Carmine McDaniel, de 8 anos, quis ter certeza de que o carteiro ficasse bem e hidratado. Ele deixou um isopor com energéticos e garrafas de água na entrada de casa. A câmera de segurança registrou a reação do carteiro: "Água e energéticos. Obrigado, Senhor, obrigado!"

A mãe do garoto disse: "Ele acha que é seu 'dever' refrescar o carteiro, mesmo quando não estamos em casa".

Isso aquece o coração e nos lembra de que há Alguém que "supre todas as nossas necessidades" como afirmou o apóstolo Paulo. Embora estivesse definhando na prisão e incerto sobre o seu futuro, Paulo se alegrou pelos cristãos de Filipos, pois Deus tinha suprido as necessidades financeiras do apóstolo por meio do apoio deles. A igreja não era rica, mas era generosa, doando a Paulo e a outros, em sua pobreza (2 CORÍNTIOS 8:1-4). Assim como os filipenses tinham suprido as necessidades de Paulo, da mesma maneira, Deus supriu o que eles necessitavam, "por meio das riquezas gloriosas que nos foram dadas em Cristo Jesus" (FILIPENSES 4:19).

Deus muitas vezes envia a ajuda vertical através de meios horizontais. Ou seja: envia o que precisamos através da ajuda de outros. Quando confiamos a Ele nossas necessidades, aprendemos, como Paulo, o segredo da verdadeira alegria (vv.12,13).

MLW

Deus pode usá-lo para suprir as necessidades de outros? Por meio de quem Ele supre as suas?

As provisões de Deus são sempre maiores do que as nossas necessidades.

5 DE ABRIL

A BÍBLIA em UM ANO:
1 Samuel 1–3; Lucas 8:26-56

O que queremos ouvir

LEITURA: **2 Crônicas 18:5-27**

...mas eu o odeio, pois nunca profetiza nada de bom a meu respeito, só coisas ruins! v.7

Somos humanos e tendemos a buscar dados que amparem as nossas opiniões. As pesquisas demonstram que somos duas vezes mais propensos a procurar informações que apoiem os nossos posicionamentos. Comprometidos com nossas próprias opiniões, evitamos pensar em questões colocadas por posições opostas.

Esse foi o caso do rei Acabe, de Israel. Quando ele e Josafá, rei de Judá, discutiram sobre ir ou não à guerra contra Ramote-Gileade, Acabe reuniu 400 profetas — indicados por ele e que, assim, diriam o que ele queria ouvir — para ajudá-lo a decidir. Cada um respondeu que sim, dizendo "Deus entregará o inimigo nas mãos do rei" (v.5). Josafá perguntou se havia um profeta escolhido por Deus, por meio de quem pudessem perguntar ao Senhor. Acabe foi relutante, pois o profeta de Deus, Micaías, "nunca profetiza nada de bom a meu respeito, só coisas ruins" (v.7). De fato, Micaías indicou que não seriam vitoriosos e que o povo seria "espalhado pelos montes" (v.16).

Lendo essa história, vejo que também tendo a evitar o conselho sábio se não for o que quero ouvir. No caso de Acabe, ouvir seus "homens sim" — 400 profetas — foi desastroso (v.34). Disponhamo-nos a buscar e ouvir a voz da verdade, as palavras de Deus na Bíblia, mesmo quando elas contrariam nossas preferências pessoais. ◐

KHH

Senhor, ajuda-me a buscar e a seguir o Teu conselho, mesmo se contrariarem meus desejos ou o senso comum.

O conselho de Deus é confiável e sábio.

6 DE ABRIL

A BÍBLIA em UM ANO:
1 Samuel 4–6; Lucas 9:1-17

Conforto compartilhado

LEITURA: **2 Coríntios 1:1-10**

...Paz seja com vocês! Assim como o Pai me enviou, eu os envio. João 20:21

"**D**eus o enviou a mim esta noite!". Essas foram as palavras de despedida da mulher à minha frente quando saímos do avião. Ela estava sentada no corredor ao meu lado e contou-me que seguia para casa após diversos voos de ida e volta naquele dia. "Posso perguntar-lhe o motivo?", disse. Ela baixou os olhos, dizendo: "Acabei de colocar minha filha em reabilitação por abuso de drogas".

Nos momentos seguintes, gentilmente, compartilhei a história da luta de meu filho contra o vício em heroína e como Jesus o tinha libertado. Conforme ouvia, um sorriso surgiu em meio às suas lágrimas. Após aterrissar, oramos juntos pedindo que Deus rompesse os grilhões de sua filha antes de nos despedirmos.

Naquela noite, pensei nas palavras de Paulo: "Louvado seja Deus, Pai de nosso Senhor Jesus Cristo, Pai misericordioso e Deus de todo encorajamento. Ele nos encoraja em todas as nossas aflições, para que, com o encorajamento que recebemos de Deus, possamos encorajar outros quando eles passarem por aflições" (2 CORÍNTIOS 1:3,4).

À nossa volta há pessoas que precisam do conforto que somente Deus pode dar. Ele quer que nós as alcancemos com compaixão para dividir o amor que Ele compartilhou conosco. Que Deus nos envie àqueles que precisam de Seu conforto hoje!

JBB

> Senhor, louvo-te por Tua compaixão conosco na cruz. Ajuda-me a confortar outros com a Tua bondade e amor.

A bondade de Deus supre a nossa necessidade mais profunda.

7 DE ABRIL

A BÍBLIA em UM ANO:
1 Samuel 7-9; Lucas 9:18-36

Jogo limpo

LEITURA: **Tito 2:7,8,11-14**

Você mesmo deve ser exemplo da prática de boas obras... v.7

Quando o corredor Ashley Liew se viu muito à frente do grupo na maratona dos Jogos do Sudeste Asiático, soube que havia algo estranho. Percebeu que os líderes tinham feito uma curva errada, ficando para trás. Ashley poderia tirar vantagem do erro deles, mas um forte senso desportivo lhe disse que não seria uma vitória genuína. Queria vencer por ser mais rápido, não pelo erro alheio. Respeitando as suas convicções, diminuiu o passo e deixou que se aproximassem.

Ao final, Ashley perdeu a corrida e a medalha. Mas venceu no coração dos conterrâneos e recebeu um prêmio internacional por *fair play*. Demonstrou a sua fé como cristão, e alguns devem ter questionado: "Por que ele fez aquilo?".

O que Ashley fez me desafia a compartilhar a minha fé através de minhas ações. Pequenos atos de consideração, bondade e perdão podem glorificar a Deus. Como Paulo nos desafia: "Tudo que fizer deve refletir a integridade e a seriedade de seu ensino" (vv.7,8).

Nossas ações positivas com relação aos outros podem mostrar ao mundo que somos capazes de viver de modo diferente, visto que o Espírito Santo age em nós. Ele nos dará a graça para rejeitar paixões mundanas e erradas e para levar uma vida correta que direcione as pessoas a Deus (vv.11,12). ● LK

Pai, que nosso agir motive os outros a questionar por que somos diferentes. Ajuda-nos a seguir a condução do Teu Espírito ao explicarmos a esperança que há em nós.

Viva de modo a encorajar que os outros reconheçam a necessidade de conhecer Jesus.

8 DE ABRIL

A BÍBLIA em UM ANO:
1 Samuel 10–12; Lucas 9:37-62

Força no sofrimento

LEITURA: **1 Pedro 2:11-23**

...Cristo sofreu por vocês. Ele é seu exemplo; sigam seus passos. v.21

Aos 18 anos, Samuel recebeu Jesus como Salvador e foi rejeitado pela família, que praticava uma fé diferente. Mas a comunidade cristã o recebeu, encorajando-o e também com recursos financeiros para sua educação. Mais tarde, quando o seu testemunho foi publicado numa revista, a perseguição se intensificou.

No entanto, Samuel não se afastou: visitava a família sempre que podia e falava com o pai, apesar de os irmãos o impedirem de participar dos assuntos familiares. Quando o pai adoeceu, Samuel ignorou o desprezo deles e cuidou do pai, orando por sua melhora. Quando Deus curou o pai de Samuel, a família tornou-se mais receptiva. O testemunho amoroso suavizou a postura dos familiares e alguns se dispuseram a ouvir sobre Jesus.

Seguir a Cristo pode nos causar problemas. Pedro escreveu: "Porque Deus se agrada de vocês quando, conscientes da vontade dele, suportam com paciência o tratamento injusto" (v.19). Quando passamos por incômodos ou sofrimentos por causa de nossa fé, o fazemos porque Cristo sofreu em nosso lugar, deixando-nos o exemplo para seguirmos os Seus passos (v.21).

Jesus é o nosso exemplo no sofrimento. "Não revidou quando foi insultado, nem ameaçou se vingar quando sofreu, mas deixou seu caso nas mãos de Deus, que sempre julga com justiça" (v.23). Podemos pedir-lhe forças para seguir em frente. LD

Senhor Jesus, ajuda-me a seguir o Teu exemplo.

Quando sofremos por Jesus, Ele nos sustenta na jornada.

9 DE ABRIL

A BÍBLIA em UM ANO:
1 Samuel 13-14; Lucas 10:1-24

Legado duradouro

LEITURA: **Isaías 49:14-16**

...foi escrito um livro memorial para registrar os nomes dos que o temiam e [...] honravam seu nome.
Malaquias 3:16

Anos atrás, meus filhos e eu passamos uma semana num rancho abandonado à beira de um rio chamado "Rio sem volta". Nas redondezas desse rancho, encontrei uma antiga lápide de madeira com a inscrição que há muito já estava apagada. Alguém viveu, morreu e agora estava esquecido. Isso me pareceu trágico. Ao retornar, li por horas sobre a história do rancho e da região, mas não encontrei qualquer informação sobre alguma pessoa enterrada ali.

Dizem que os melhores são lembrados por 100 anos, os outros são logo esquecidos. As memórias de gerações passadas, como as lápides, logo se apagam. Contudo, o nosso legado foi passado através da família de Deus. A maneira como amamos a Deus e aos outros durante a nossa vida, permanece. Em Malaquias 3:16,17 lemos que: "...Na presença dele, foi escrito um livro memorial para registrar os nomes dos que o temiam e que sempre honravam seu nome. 'Eles serão o meu povo', diz o SENHOR dos Exércitos. 'No dia em que eu agir, eles serão meu tesouro especial. Terei compaixão deles como o pai tem compaixão de seu filho obediente'".

Paulo disse que Davi, tendo feito "a vontade de Deus em sua geração, morreu..." (ATOS 13:36). Que possamos amar e servir ao Senhor em nossa geração e deixar um memorial a Ele. Deus diz: "eles serão meu tesouro especial".

DHR

> Que eu seja fiel a ti, Senhor, ao investir o meu tempo em amar os outros com o Teu amor.

Viver para o Senhor deixa um legado duradouro.

10 DE ABRIL

A BÍBLIA em UM ANO:
1 Samuel 15-16; Lucas 10:25-42

A Via Dolorosa

LEITURA: **Hebreus 10:1-10**

...a vontade de Deus era que fôssemos santificados pela oferta do corpo de Jesus Cristo, de uma vez... v.10

Durante a Semana Santa, lembramos os últimos dias antes da crucificação de Jesus. O caminho por onde Jesus seguiu pelas ruas de Jerusalém até a cruz é conhecido hoje como a Via Dolorosa.

Mas o escritor de Hebreus viu o caminho que Jesus percorreu como mais do que apenas um caminho de tristezas. O percurso de sofrimento que Jesus, de bom grado, fez até o Gólgota, criou "um caminho novo e vivo" até a presença de Deus (v.20).

Por séculos, o povo judeu buscou entrar na presença de Deus através de sacrifícios de animais e pelo respeito à Lei. Contudo, "A lei constitui apenas uma sombra, um vislumbre das coisas boas por vir, mas não as coisas boas em si mesmas [...]. Pois é impossível que o sangue de touros e bodes remova pecados" (vv.1,4).

A jornada de Jesus pela Via Dolorosa levou-o à Sua morte e ressurreição. Por causa do Seu sacrifício, podemos ser santificados quando confiamos nele para o perdão de nossos pecados. Mesmo não sendo capazes de seguir a Lei com perfeição, podemos nos aproximar de Deus sem medo, plenamente confiantes de que somos bem-vindos e amados (vv.10,22).

A Via Dolorosa de Cristo abriu para nós um caminho novo e vivo até Deus. ❧

ALP

> Jesus, obrigado por andares pela Via Dolorosa e fazeres para nós um caminho para nos reconciliarmos com Deus.

O sacrifício de Cristo foi o que Deus desejou e que o nosso pecado demandou.

11 DE ABRIL

A BÍBLIA em UM ANO:
1 Samuel 17-18; Lucas 11:1-28

A coroa do Rei

LEITURA: **Mateus 27:27-31**

Tiraram as roupas de Jesus e [...]. Teceram uma coroa de espinhos e a colocaram em sua cabeça... vv.28,29

Sentados ao redor da mesa, cada pessoa adicionou um palito de dente no disco de espuma à nossa frente. Nas semanas que antecedem a Páscoa, na hora do jantar, fazemos uma coroa de espinhos — cada palito significava algo que tínhamos feito durante o dia, que lamentávamos e pelo qual Cristo já pagou o preço. Noite após noite, o exercício nos fez perceber, através de nossos malfeitos, como éramos culpados e precisávamos de um Salvador. E como Jesus nos libertou através de Sua morte na cruz.

A coroa de espinhos que Jesus foi obrigado a usar era parte de um jogo cruel que os soldados romanos fizeram antes de Sua crucificação. Vestiram-no com um manto vermelho e lhe deram um caniço, como se fosse o cetro de um rei, que depois foi usado para espancá-lo. Eles zombaram dele, chamando-o de "rei dos judeus" (v.29), sem se darem conta de que essas ações seriam relembradas milhares de anos mais tarde. Não era um rei comum. Ele era o Rei dos reis, cuja morte, seguida por Sua ressurreição, nos concede a vida eterna.

Na manhã da Páscoa, celebramos o presente do perdão e da nova vida, substituindo os palitos por flores. Que alegria sentimos sabendo que Deus já apagou os nossos pecados dando-nos a liberdade e a vida eterna em Cristo! ABP

> Senhor Jesus Cristo, meu coração dói ao pensar em toda dor e sofrimento que enfrentaste por mim. Obrigado pelo Teu presente de amor que me liberta.

A coroa de espinhos de Cristo se tornou uma coroa de vida para nós.

12 DE ABRIL

A BÍBLIA em UM ANO:
1 Samuel 19–21; Lucas 11:29-54

Olhe e silencie

LEITURA: **Lucas 23:44-49**

...Olhem ao redor e vejam se há dor igual à minha...
Lamentações 1:12

Na música "*Mirenlo alli*" (Vejam-no ali), o compositor mexicano Ruben Sotelo descreve Jesus na cruz, e nos convida a olhar e silenciar, porque não há nada a dizer perante o amor que Ele demonstrou. Pela fé, podemos imaginar a cena descrita nos evangelhos: a cruz e o sangue, os pregos e a dor.

Quando Jesus deu o último suspiro, "...a multidão que tinha ido assistir à crucificação viu isso, voltou para casa entristecida e batendo no peito" (v.48). Outros "olhavam de longe" (v.49). Olharam e ficaram em silêncio. Apenas um centurião falou: "Sem dúvida este homem era inocente" (v.47).

Muitas canções e poemas foram escritos para descrever tão grande amor. Muitos anos antes, Jeremias descreveu a dor de Jerusalém depois da devastação. "Olhem ao redor e vejam se há dor igual à minha?" (LAMENTAÇÕES 1:12). Pedia ao povo para olhar e ver; e achava que não havia sofrimento maior do que o de Jerusalém. Entretanto, houve sofrimento como o de Jesus?

Todos nós estamos passando pela estrada da cruz. Olharemos e veremos o Seu amor? Nesta Páscoa, quando palavras e poemas não são suficientes para expressar a gratidão e descrever o amor de Deus, paremos um pouco para pensar na morte de Jesus; e na quietude de nosso coração, sussurremos a Ele nossa mais profunda devoção. KOH

> Querido Jesus, quando olho para a Tua cruz, não tenho palavras para expressar minha gratidão por Teu perfeito sacrifício.

Olhe para a cruz e adore a Jesus. Agradeça-lhe por Seu amor.

Edição letra gigante

13 DE ABRIL

A BÍBLIA em UM ANO:
1 Samuel 22–24; Lucas 12:1-31

Quando um sofre, todos sofrem

LEITURA: **1 Coríntios 12:14-26**

Se uma parte sofre, todas as outras sofrem [...], e se uma parte é honrada, todas as outras [...] se alegram. v.26

Quando um colega de trabalho faltou por sentir dores muito fortes, todos no escritório ficaram preocupados. Após um dia no hospital e outro de cama, ele retornou e nos mostrou a fonte de sua dor: pedra nos rins. Olhando aquela pedra de recordação, gemi em solidariedade, lembrando o cálculo biliar que sofrera anos antes. A dor tinha sido excruciante.

Não é curioso que algo tão pequeno possa causar tamanha agonia a todo o corpo? De certa forma, é disso que o apóstolo Paulo fala: "Se uma parte sofre, todas as outras sofrem com ela" (v.26). Ao longo do capítulo 12, Paulo usou a metáfora do corpo para descrever os cristãos ao redor do mundo. Quando disse: "Deus estruturou o corpo" (v.24), referia-se ao Corpo de Cristo — todos os cristãos. Todos nós temos dons e papéis diferentes. Mas, como somos parte do mesmo corpo, se uma pessoa sofre, todos sofrem. Quando um cristão enfrenta perseguição, dor ou provações, sofremos como se estivéssemos sentindo essa dor.

A dor de meu colega o levou a buscar a ajuda que o seu corpo precisava. No Corpo de Cristo, a dor de alguém inflama a nossa compaixão e nos leva à ação. Podemos orar, dar uma palavra de encorajamento ou fazer o necessário para ajudar no processo de cura. É assim que a Igreja funciona. ◉ *LMW*

> Senhor, por favor, concede a Tua paz àqueles que são perseguidos ou estão sofrendo. A Tua família é também a minha.

Como parte do Corpo de Cristo, quando um membro sofre — eu sofro também.

14 DE ABRIL

A BÍBLIA em UM ANO:
1 Samuel 25–26; Lucas 12:32-59

Em nossas tempestades

LEITURA: **Marcos 4:35-41**

Jesus [...] disse ao mar: "Silêncio! Aquiete-se!". De repente, o vento parou, e houve grande calmaria. v.39

O vento uivava, raios piscavam, ondas batiam. Achei que ia morrer. Meus avós e eu pescávamos no lago, mas ficamos tempo demais. Quando o Sol se pôs, uma rajada de vento balançou nosso pequeno barco. Vovô me mandou sentar na frente para evitar que o barco virasse. O terror inundou meu coração e comecei a orar. Eu tinha 14 anos.

Pedi a Deus por segurança e proteção. A tempestade não diminuiu, mas conseguimos chegar à margem. Até hoje, não sei se, alguma vez, senti uma certeza mais profunda da presença de Deus do que naquele entardecer na tempestade.

Jesus conhece as tempestades. Em Marcos 4:35-41, Ele disse a Seus discípulos "vamos atravessar para o outro lado do mar", pois logo viria o vento, e a água ficaria agitada. A tempestade daquela noite testou e venceu aqueles rudes pescadores. Eles também acharam que morreriam. Mas Jesus acalmou a água e, dessa maneira, fortaleceu a fé dos Seus discípulos.

Jesus nos convida a confiar nele em nossas tempestades. Às vezes, Ele acalma o vento e as ondas miraculosamente. Em outras, faz um milagre: acalma o nosso coração e nos ajuda a confiar nele. Pede-nos para descansar na certeza de que Ele tem o poder de dizer às ondas: "Silêncio! Aquiete-se!" ARH

> Senhor, às vezes parece que somos tragados pelas tempestades. Confiamos que és o Senhor das tempestades; ajuda-nos a colocar nossa fé em ti quando os ventos da vida sopram ferozmente.

Nenhum perigo pode chegar tão perto, que Deus não esteja mais perto ainda.

15 DE ABRIL

A BÍBLIA em UM ANO:
1 Samuel 27–29; Lucas 13:1-22

Razão para cantar

LEITURA: **Salmo 98**

Cantem ao SENHOR um cântico novo, porque ele fez maravilhas... v.1

Quando eu tinha 13 anos, minha escola exigia que os alunos fizessem quatro cursos extras, incluindo economia doméstica, arte, coral e marcenaria. Em meu primeiro dia no coral, a professora chamou um aluno por vez ao piano para ouvi-lo individualmente e separar cada um de acordo com seu alcance vocal. Na minha vez, cantei as notas diversas vezes, mas não fui direcionada a um grupo. Em vez disso, depois de repetidas tentativas, ela me mandou para a coordenação para escolher outro curso. A partir daquele momento, senti que não devia cantar, que minha voz não deveria ser ouvida numa música.

Guardei esse sentimento por mais de uma década, até ler o Salmo 98. O escritor abre com um convite: "Cantem ao SENHOR" (v.1). O motivo nada tem a ver com a qualidade de nossas vozes. Ele se alegra com todas as canções de gratidão e louvor dos Seus filhos. Somos convidados a cantar porque Deus "fez maravilhas" (v.1).

O salmista destaca duas razões maravilhosas para louvar alegremente a Deus em música e ações: Seu trabalho salvador em nossa vida e a contínua fidelidade dele para conosco. No coral de Deus, cada um tem um lugar para cantar as coisas maravilhosas que Ele tem feito. ❧   KHH

> Senhor, fizeste grandes coisas em minha vida. Mesmo que a minha voz não seja adequada para ser ouvida de um palco, quero me juntar ao coral dos Teus filhos para agradecer-te pelas maravilhosas coisas que tens feito.

Deus ama ouvir as vozes de Seus filhos.

16 DE ABRIL

A BÍBLIA em UM ANO:
1 Samuel 30-31; Lucas 13:23-35

Só um segundo

LEITURA: **Salmo 39:4-6**

Mostra-me, Senhor, como é breve meu tempo [...] que meus dias estão contados e que minha vida é passageira. v.4

Os cientistas são bem exigentes com o tempo. Ao final de 2016, eles adicionaram um segundo extra ao ano. Então, se você achou que o ano se arrastou um pouco mais do que o normal, estava certo.

Por que eles fizeram isso? Porque como a rotação da Terra desacelera ao longo do tempo, os anos ficam um pouquinho mais longos. Quando cientistas rastreiam objetos lançados no espaço, precisam ter precisão de milissegundos. Segundo um desses cientistas, isso é "a fim de assegurar que os nossos programas para evitar as colisões sejam bem precisos".

Para a maioria de nós, um segundo a mais ou a menos faz muito pouca diferença. Ainda assim, segundo as Escrituras, como usamos nosso tempo é importante. A propósito, Paulo nos lembra em 1 Coríntios 7:29 que "o tempo que resta é muito curto". O tempo que temos para servir a Deus é limitado, então precisamos usá-lo com sabedoria. Ele nos incita a aproveitar "...ao máximo todas as oportunidades nestes dias maus" (EFÉSIOS 5:16).

Isto não significa que devemos contar cada segundo, como fazem os cientistas, mas que, ao considerarmos a natureza frágil da vida (SALMO 39:4), possamos ser lembrados da importância de investir o nosso tempo para Ele. ❀

JDB

> Senhor, obrigado por cada momento que nos dás. Que possamos nos esforçar para honrar-te com esse presente, usando o nosso tempo com sabedoria para a Tua honra e glória.

Não desperdice o seu tempo – invista-o!

Edição letra gigante

17 DE ABRIL

A BÍBLIA em UM ANO:
2 Samuel 1–2; Lucas 14:1-24

Aprender a conhecer Deus

LEITURA: **João 6:16-21**

...mas ele lhes disse: "Sou eu! Não tenham medo." v.20

Até onde me lembro, sempre quis ser mãe. Sonhava em casar, ficar grávida e segurar o meu bebê pela primeira vez. Quando casei, meu marido e eu nunca pensamos em esperar para aumentar a família. Mas, a cada teste de gravidez negativo, percebíamos que estávamos lidando com a infertilidade. Foram meses de consultas, exames e lágrimas. Estávamos no meio de uma tempestade. A infertilidade era uma pílula amarga para engolir e me fez questionar a bondade e a fidelidade de Deus.

Quando reflito sobre a nossa jornada, penso na história dos discípulos surpreendidos pela tempestade no mar (JOÃO 6). Enquanto eles lutavam contra as ondas na escuridão, Jesus inesperadamente veio até eles andando sobre as águas revoltas. Ele os acalmou com a Sua presença, dizendo: "Sou eu! Não tenham medo" (v.20)!.

Como os discípulos, meu marido e eu não tínhamos ideia do que viria em nossa tempestade, mas encontramos conforto ao aprendermos a conhecer mais profundamente a Deus como Aquele que é sempre fiel e verdadeiro. Embora não fôssemos ter o filho com que sonháramos, aprendemos que, em todas as nossas lutas, podemos experimentar o poder da serena presença de Deus. Pelo fato de Ele estar agindo poderosamente em nossa vida, não precisamos ficar ansiosos. KAW

> Senhor, obrigado por não ter que enfrentar as tempestades desta vida sem a Tua presença. Obrigado por Teu poder conduzindo-me diante dos desafios.

Podemos sentir a poderosa presença de Deus até mesmo nas tempestades da nossa vida.

18 DE ABRIL

A BÍBLIA em UM ANO:
2 Samuel 3–5; Lucas 14:25-35

Julgando as origens

LEITURA: **Juízes 11:1-8, 29**

Então, o Espírito do SENHOR veio sobre Jefté... v.29

Para conhecer alguém melhor, costumamos perguntar: "De onde você é?". Porém, para muitos, a resposta é complicada. Nem sempre queremos dar os detalhes.

No livro de Juízes, Jefté talvez não desejasse responder essa pergunta. Seus meios-irmãos o tinham expulsado da cidade, Gileade, por causa de suas origens "questionáveis", "...pois é filho de outra mulher", declararam (v.2). O texto diz claramente: que "sua mãe era uma prostituta" (v.1).

Mas Jefté era um líder natural, e, quando uma tribo hostil iniciou uma briga com Gileade, quem o tinha expulsado, de repente, o queria de volta. "Venha e seja nosso comandante!", disseram (v.6). Mas Jefté lhes disse: "Não são vocês os mesmos que me odiavam e que me expulsaram da casa de meu pai?" (v.7). Após ter a garantia de que as coisas seriam diferentes, ele concordou em liderá-los. As Escrituras nos dizem: "Então, o Espírito do SENHOR veio sobre Jefté..." (v.29). Pela fé, Jefté os levou a uma grande vitória. O Novo Testamento o menciona em sua lista de heróis da fé (HEBREUS 11:32).

Com muita frequência, Deus parece escolher as pessoas mais improváveis para realizar o Seu trabalho, não é? Não importa de onde somos, como chegamos até aqui ou o que já fizemos. Importa que respondamos com fé ao Seu amor. TLG

> Senhor, que conforto saber que não demonstras favoritismo baseado em nossa origem. Nossa herança está em ti, pois fomos adotados em Tua família.

Contudo, muitos primeiros serão os últimos, e muitos últimos serão os primeiros. MATEUS 19:30

19 DE ABRIL

A BÍBLIA em UM ANO:
2 Samuel 6-8; Lucas 15:1-10

Sem pressa

LEITURA: **Isaías 26:1-4**

Tu guardarás em perfeita paz todos que em ti confiam, aqueles cujos propósitos estão firmes em ti. v.3

"Elimine implacavelmente a pressa." Quando dois amigos repetiram para mim essa sábia citação do filósofo cristão Dallas Willard, percebi que precisava considerá-la. Onde eu estava girando em círculos, perdendo tempo e energia? Mais importante, para onde eu estava indo tão apressado, sem buscar a orientação e ajuda de Deus? Nas semanas e meses que se seguiram, lembrei-me daquelas palavras e me reorientei de volta ao Senhor e Sua sabedoria. Lembrava-me de confiar nele ao invés de em meus próprios caminhos.

Afinal, correr freneticamente parece ser o oposto da "perfeita paz" da qual fala o profeta Isaías. O Senhor dá esse presente para "aqueles cujos propósitos estão firmes" nele (v.3). E Ele é digno de confiança hoje, amanhã e para sempre, "pois o SENHOR Deus é a Rocha eterna" (v.4). Confiar em Deus com nossa mente fixa nele é o antídoto para a vida apressada.

E nós? Sentimos que estamos apressados ou precipitados? Talvez, em contraste, experimentemos frequentemente uma sensação de paz. Ou, quiçá, estejamos em algum lugar entre dois extremos.

Onde quer que estejamos, hoje, oro para sermos capazes de colocar de lado qualquer pressa à medida que confiamos no Senhor, que jamais falhará conosco, e que nos traz a Sua paz.

ABP

Senhor Deus, só tu nos dás a paz que ultrapassa todo o entendimento. Obrigado por mais esse presente imerecido.

A paz de Deus nos ajuda a não agirmos com tanta pressa.

20 DE ABRIL

A BÍBLIA em UM ANO:
2 Samuel 9–11; Lucas 15:11-32

A arte do perdão

LEITURA: **Lucas 15:11-24**

...ele ainda estava longe, seu pai o viu. Cheio de compaixão, correu para o filho, o abraçou e o beijou. v.20

Certa tarde, passei duas horas em uma exposição de arte — *O Pai & Seus Dois Filhos: A Arte do Perdão* — na qual todas as peças eram focadas na parábola de Jesus sobre o filho pródigo (vv.11-32). Achei a pintura de Edward Riojas, *O Filho Pródigo*, particularmente forte. Ela retrata o filho, antes rebelde, voltando para casa, usando trapos e andando cabisbaixo. Deixando atrás de si a rebelião e morte, ele entra por um caminho onde o pai corre em sua direção. No rodapé da pintura, estão as palavras de Jesus: "Quando ele ainda estava longe, seu pai o viu. Cheio de compaixão, correu para o filho, o abraçou e o beijou" (v.20).

Fiquei profundamente tocado ao perceber, mais uma vez, como o imutável amor de Deus alterou a minha vida. Quando eu andava longe, Ele não me deu as costas, mas ficou vigiando, observando e esperando. Seu amor é imerecido, mas ainda assim, imutável; frequentemente ignorado, todavia, nunca retirado.

Todos somos culpados, ainda assim, nosso Pai celeste estende as Suas mãos para nos receber, como o pai nessa história abraça o seu filho rebelde. "Faremos um banquete e celebraremos", disse aos servos, "pois este meu filho estava morto e voltou à vida. Estava perdido e foi achado!" (vv.23,24).

Hoje, o Senhor ainda se alegra por aqueles que voltam para Ele — e isso vale a comemoração!

DCM

Pai, ao recebermos o Teu amor e perdão, que possamos estendê-los aos outros em Teu nome.

O amor de Deus por nós é imerecido e, também, imutável.

21 DE ABRIL

A BÍBLIA em UM ANO:
2 Samuel 12–13; Lucas 16

Qualquer lugar

LEITURA: **Jeremias 2:1-8; 3:14,15**

Lembro-me de como você desejava me agradar, [...] Você me amava e me seguia até mesmo no deserto. v.2

Mexendo numa caixa com as fotos de meu casamento, meus dedos pararam em um retrato meu e de meu cônjuge, recém-declarados "marido e mulher". Minha dedicação a ele estava óbvia em minha expressão. Eu iria para *qualquer lugar* com ele.

Quase quatro décadas mais tarde, nosso casamento segue firmemente entrelaçado com o amor e compromisso que tem nos sustentado através dos tempos bons e dos difíceis. Ano após ano, reafirmo minha declaração de ir para *qualquer lugar* com ele.

Em Jeremias 2:2, Deus anseia por sua amada, porém rebelde, Israel: "Lembro-me de como você desejava me agradar, quando era uma jovem noiva, muito tempo atrás. Você me amava e me seguia até mesmo no deserto". A palavra hebraica para *afeição* transmite a mais alta lealdade e compromisso possíveis. No início, Israel expressou essa inabalável afeição a Deus, mas, gradualmente, se afastou.

Apesar dos sentimentos dos primeiros estágios do compromisso, a complacência pode cegar o fio do amor, e a falta de zelo levar à infidelidade. Sabemos da importância de lutar contra isso no casamento. E, no fervor de nosso relacionamento amoroso com Deus, somos tão devotos a Ele hoje como éramos no início de nossa fé?

Deus fielmente permite que o Seu povo retorne (3:14,15). Por isso, hoje podemos renovar nossos votos de segui-lo para qualquer lugar. ❀

ELM

Querido Deus, ajuda-me a manter as promessas que fiz a ti.

Você não precisa saber para onde vai, basta saber que Deus o conduz.

22 DE ABRIL

A BÍBLIA em UM ANO:
2 Samuel 14–15; Lucas 17:1-19

Deus em detalhes

LEITURA: **Mateus 10:29-31**

O SENHOR é bom para todos; derrama misericórdia sobre toda a sua criação. Salmo 145:9

Quando o "Chocolate", meu filhote de labrador *retriever*, estava com três meses, nós o levamos para tomar vacinas e fazer exames. Enquanto a veterinária o examinava cuidadosamente, percebeu uma pequena mancha branca no pelo da pata esquerda. Ela sorriu e disse: "Olha só! Foi por aqui que Deus segurou você quando o mergulhou no chocolate".

Eu ri. Mas, sem querer, ela tinha colocado uma questão significativa sobre o interesse profundo e pessoal de Deus a respeito de Sua criação.

Jesus nos diz em Mateus 10:30 que: "...até os cabelos de sua cabeça estão contados". Deus é tão maravilhoso que é capaz de ter interesse infinito nos detalhes mais íntimos de nossa vida. Não há nada tão pequeno que escape à Sua percepção e não existe preocupação trivial demais a ser levada perante Ele. O Senhor simplesmente se preocupa a esse ponto!

Deus não apenas nos criou, Ele nos sustém e nos guarda a cada momento. Às vezes é dito que "o diabo está nos detalhes". Mas é muito melhor entender que Deus está neles, cuidando até das coisas que escapam à nossa percepção. Como é reconfortante saber que o nosso Pai celeste, perfeitamente sábio e cuidadoso, nos segura — com toda a criação — em Suas mãos fortes e amorosas. ❁

JBB

> Amoroso Senhor, eu te louvo pela maravilha de Tua criação. Ajuda-me a refletir a Tua compaixão, cuidando daquilo que criaste.

Deus preocupa-se com cada uma de nossas necessidades.

23 DE ABRIL

A BÍBLIA em UM ANO:
2 Samuel 16–18; Lucas 17:20-37

O segredo da paz

LEITURA: **2 Tessalonicenses 3:16-18**

Que o próprio Senhor da paz lhes dê paz em todos os momentos e situações. v.16

Graça é uma senhora especial. Quando penso nela, uma palavra me vem à mente: *paz*. A expressão tranquila e serena em seu rosto raramente mudou nesses seis meses desde que a conheço, mesmo quando o seu marido foi diagnosticado com uma doença rara e, em seguida, hospitalizado.

Quando perguntei a Graça o segredo de sua paz, ela respondeu: "Não é um segredo, é uma pessoa. É a presença de Jesus em mim. Não há outra maneira de explicar a tranquilidade que sinto em meio a essa tempestade".

O segredo da paz é o nosso relacionamento com Jesus Cristo. Ele é a nossa paz. Quando Jesus é o nosso Salvador e Senhor, à medida que nos tornamos mais semelhantes a Ele, a paz se torna real. Coisas como doenças, dificuldades financeiras ou perigos podem estar presentes, mas a paz nos assegura de que Deus está com nossa vida em Suas mãos (DANIEL 5:23), e que podemos confiar que tudo trabalhará conjuntamente para o bem.

Experimentamos essa paz que vai além da lógica e do entendimento? Temos a certeza íntima de que Deus está no controle? Meu desejo hoje para todos nós ecoa as palavras do apóstolo Paulo: "Que o próprio Senhor da paz lhes dê paz em todos os momentos e situações". E que a sintamos "...em todos os momentos e situações" (2 TESSALONICENSES 3:16). KOH

> Querido Senhor, por favor, concede-nos a Tua paz em todo o tempo e em todas as circunstâncias.

Confiar em Jesus é desfrutar da paz que excede todo o entendimento.

24 DE ABRIL

A BÍBLIA em UM ANO:
2 Samuel 19–20; Lucas 18:1-23

Lugar de espera

LEITURA: **Salmo 70**

Aquiete-se na presença do SENHOR espere nele com paciência... Salmo 37:7

"Esperar o peixe fisgar, ou esperar o vento a pipa levantar. Ou esperar a noite de sexta... Todos estão só esperando" — ou algo assim, diz o Dr. Seuss, autor de muitos livros infantis.

A vida é feita de esperas, porém Deus nunca está com pressa — ou assim parece. "Deus tem Seu tempo e hora", sugere um antigo ditado. Então esperamos.

Esperar é difícil. Torcemos os dedos, batemos os pés, sufocamos bocejos, damos longos suspiros e lidamos interiormente com a frustração. Por que tenho que viver com essa pessoa esquisita, esse emprego chato, essa conduta constrangedora, esse problema de saúde que não passa? Por que Deus não faz algo?

A resposta de Deus: "Espera um pouco e veja o que Eu farei".

Esperar é um dos melhores professores da vida, com o qual aprendemos a virtude de... bem, esperar — esperar enquanto Deus age em nós e por nós. É na espera que desenvolvemos perseverança, a habilidade de confiar no amor e bondade de Deus, mesmo quando as coisas não estão acontecendo do nosso jeito (v.5).

Mas esperar não é uma renúncia melancólica e rancorosa. Podemos nos alegrar no Senhor enquanto esperamos (v.4). Mantemo-nos com esperança, sabendo que Deus nos livrará no devido tempo — neste mundo ou no próximo. Deus nunca está com pressa e Ele é sempre pontual.

DHR

> Senhor, sou grato por Tua amorosa presença. Ajuda-nos a aproveitar ao máximo o tempo de espera, confiando em ti e servindo-te.

Deus está conosco enquanto aguardamos por Seu agir.

25 DE ABRIL

A BÍBLIA em UM ANO:
2 Samuel 21–22; Lucas 18:24-43

Amnésia

LEITURA: **Daniel 4:28-37**

...Minha sanidade voltou, louvei e adorei o Altíssimo... v.34

O **Serviço de Emergência** resgatou uma mulher com sotaque australiano que não se lembrava de quem era. Estava sofrendo de amnésia e não portava qualquer documento de identidade, por isso não soube informar seu nome nem de onde viera. Foi preciso a ajuda de médicos e da mídia internacional para recuperar sua saúde, contar sua história e reuni-la com sua família.

Nabucodonosor, rei da Babilônia, também perdeu a noção de quem ele era e de onde tinha vindo. Entretanto, sua "amnésia" foi espiritual. Assumindo o crédito pelo reinado que lhe fora dado, esqueceu-se de que Deus é o Rei dos reis e de que tudo o que tinha viera do Senhor (vv.17,28-30).

Deus alterou o estado mental do rei, levando-o a viver com animais selvagens e a pastar como os bois nos campos (vv.32,33). Por fim, após 7 anos, Nabucodonosor olhou para o céu e a lembrança de quem era e de quem lhe tinha dado seu reino, retornou. Com os sentidos restaurados, declarou "...eu, Nabucodonosor, olhei para o céu [...] adorei o Altíssimo e honrei aquele que vive para sempre..." (v.37).

E nós? Quem nós achamos que somos? De onde viemos? Como somos inclinados a esquecer, com quem podemos contar para nos ajudar a lembrar, além do Rei dos reis? MRD

> Pai, somos tão propensos a nos esquecermos de quem somos, de onde viemos e de que pertencemos a ti. Ajuda-nos a lembrar de que, em Cristo, somos Teus filhos — por ti conhecidos, amados, dotados e cuidados — agora e para sempre.

Deus nos lembra de que em Cristo somos Seus filhos.

26 DE ABRIL

A BÍBLIA em UM ANO:
2 Samuel 23-24; Lucas 19:1-27

A fé da viúva

LEITURA: **2 Reis 4:1-7**

Essas coisas ocupam o pensamento dos pagãos, mas seu Pai celestial já sabe do que vocês precisam.
Mateus 6:32

Ainda está escuro quando *Ah-pi* começa o seu dia. Logo, outros da vila acordarão para ir ao seringal. Coletar o látex é uma das principais fontes de renda para quem vive nessa parte da China. Para coletar a maior quantidade de látex possível, as árvores devem ser sangradas antes do amanhecer. *Ah-pi* estará entre os sangradores, mas, antes, passará um tempo em comunhão com Deus.

O pai, o marido e o único filho de *Ah-pi* faleceram, e ela e a nora sustentam a mãe idosa e dois netinhos. Sua história me lembra a de outra viúva na Bíblia, que confiava em Deus.

O marido dela tinha morrido e a deixara com uma dívida (v.1). Em sua angústia, ela buscou a ajuda de Deus através do profeta Eliseu. Essa mulher acreditava que Deus se importava com ela e que poderia fazer algo a respeito da situação. E Deus fez. Miraculosamente, proveu as necessidades daquela viúva (vv.5,6). O mesmo Deus também provê para *Ah-pi* — embora menos miraculosamente — através do trabalho de suas mãos, o produto da terra e doações de Seu povo.

Embora a vida possa colocar diversas demandas sobre nós, sempre podemos buscar o fortalecimento em Deus. Podemos confiar nossas preocupações a Ele, fazer tudo o que pudermos, e permitir que Ele nos surpreenda com o que Ele pode fazer com a nossa situação.

PFC

Enfrentamos situações que esgotam os nossos recursos, mas que jamais esgotam os recursos de Deus.

27 DE ABRIL

A BÍBLIA em UM ANO:
1 Reis 1-2; Lucas 19:28-48

Excelência da sabedoria

LEITURA: **Provérbios 8:10-21**

Pois a sabedoria vale muito mais que rubis; nada do que você deseja se compara a ela. v.11

Malcolm Muggeridge, conhecido jornalista e crítico social britânico, conheceu a fé em Cristo aos 60 anos. Em seu 75.º aniversário, ele publicou 25 observações muito inspiradas sobre a vida. Uma dizia: "Nunca conheci um homem rico que estivesse feliz, mas apenas muito ocasionalmente conheci um homem pobre que não quisesse se tornar rico".

A maioria de nós concordaria que dinheiro não nos deixa felizes, mas gostaríamos de ter mais só para ter certeza.

O patrimônio líquido do rei Salomão foi estimado em mais de dois trilhões de dólares. Apesar de ter sido muito rico, ele sabia que o dinheiro tinha grandes limitações. Provérbios 8 é baseado em sua experiência e oferece a "Excelência da Sabedoria" para todos. "...Levanto minha voz para todo o povo [...] pois falo a verdade, e toda espécie de engano é detestável para mim" (vv.4-7). "Escolham minha instrução em vez da prata e o conhecimento em vez do ouro puro. Pois a sabedoria vale muito mais que rubis; nada do que você deseja se compara a ela" (vv.10,11).

A Sabedoria diz: "Minha dádiva vale mais que ouro, mais que ouro puro; meu rendimento é melhor que a fina prata. Ando em retidão, nos caminhos da justiça. Os que me amam recebem riquezas como herança; sim, encherei seus tesouros" (vv.19-21).

Essas são riquezas verdadeiras! ◆   DCM

Deus oferece a verdadeira riqueza da sabedoria aos que o buscam e o seguem.

28 DE ABRIL

A BÍBLIA em UM ANO:
1 Reis 3–5; Lucas 20:1-26

Treinamento prático

LEITURA: **2 Timóteo 1:6-14**

...por meio das boas-novas, das quais Deus me escolheu para ser pregador, apóstolo e mestre. vv.10,11

Quando a professora de meu filho me pediu para supervisionar no acampamento, hesitei. Como poderia ser exemplo, se tinha erros em meu passado, se ainda lutava, tropeçava e escorregava em antigos maus hábitos? Deus me ajudou a amar e educar meu filho, mas, muitas vezes, duvidei que Ele pudesse me usar para servir aos outros.

Às vezes, ainda não reconheço que Deus — o único perfeito e capaz de mudar corações e vidas — nos transforma com o tempo. Então o Espírito Santo me lembra de como Paulo encorajou Timóteo a adotar o treinamento prático, perseverar na fé e usar os dons que Deus lhe tinha dado (v.6). Timóteo poderia ser corajoso porque Deus, sua fonte de poder, o ajudaria a amar e ser disciplinado à medida que ele continuasse a crescer e a servir àqueles em sua esfera de influência (v.7).

Cristo nos salva e dá poder para honrá-lo com nossa vida, não por termos qualificações distintas, mas porque cada um é um membro valioso de Sua família (v.9).

Perseveremos confiantes sabendo que o nosso papel é simplesmente amar a Deus e aos outros. O de Cristo é nos salvar e nos dar um propósito que vai além de nossa pequena visão do mundo. Ao seguirmos Jesus dia a dia, Ele nos transforma *enquanto* nos usa para encorajar os outros ao partilharmos Seu amor e verdade onde quer que Ele nos mande. ❦   XED

Senhor, obrigado por podermos depender de ti ao compartilharmos o Teu amor com alegria, confiança e coragem.

Conhecer pessoalmente nossa fonte de poder, nos dá confiança em nossa função como servos do Rei.

29 DE ABRIL

A BÍBLIA em UM ANO:
1 Reis 6–7; Lucas 20:27-47

Outro olhar para Jesus!

LEITURA: **Hebreus 3:1-6**

...nós somos a casa de Deus, se nos mantivermos corajosos e firmes em nossa esperança gloriosa. v.6

Se houve uma pessoa fiel, foi o irmão Justino. Ele era comprometido com o seu casamento, dedicado ao seu trabalho nos correios e, todos os domingos, estava em seu posto como líder em nossa igreja local. Recentemente visitei a igreja de minha infância, e, acima do piano, estava o sino que ele tocava para avisar que o tempo do estudo bíblico estava acabando. O sino resistiu ao teste do tempo. E, embora esse irmão já esteja com o Senhor há anos, seu legado de fidelidade ainda resiste.

Hebreus 3 traz à atenção dos leitores um servo e Filho fiel. Embora seja inegável a fidelidade de Moisés como "servo" de Deus, é em Jesus que somos ensinados a nos concentrar. "Portanto, irmãos santos [...] considerem atentamente a Jesus, que declaramos ser Apóstolo e Sumo Sacerdote" (v.1). Esse era o encorajamento a todos os que enfrentavam tentação (2:18). Seu legado somente poderia vir de seguir a Jesus, O único fiel.

O que você faz quando os ventos da tentação sopram ao seu redor? Quando está cansado, desgastado e quer desistir? O texto nos convida a considerar atentamente a Jesus. Olhe novamente para Ele — e de novo, e de novo. Quando reexaminamos Jesus, descobrimos o confiável Filho de Deus, que nos dá coragem para viver em Sua família.

ALJ

> Pai, através de Teu Espírito, dá-nos poder para amarmos, honrarmos e seguirmos o Senhor Jesus Cristo corajosamente.

Olhar para Jesus nos dá coragem para enfrentarmos os desafios da nossa vida.

30 DE ABRIL

A BÍBLIA em UM ANO:
1 Reis 8–9; Lucas 21:1-19

Rompendo correntes

LEITURA: **Efésios 1:3-14**

Ele é tão rico em graça que comprou nossa liberdade com o sangue de seu Filho e perdoou nossos pecados. v.7

Nossa visita à Catedral *Christ Church*, na Cidade de Pedra, em Zamzibar, foi profundamente tocante, pois ela fica em um lugar onde antes ficava o maior mercado de escravos da África Oriental. Os arquitetos dessa catedral queriam mostrar, através de um símbolo físico, como o evangelho rompe as correntes da escravidão. O lugar não seria mais um espaço de obras malignas e terríveis atrocidades, mas da graça encarnada de Deus.

Os que construíram a catedral queriam expressar como a morte de Jesus na cruz concede a liberdade do pecado — a liberdade da qual o apóstolo Paulo fala em sua carta à igreja em Éfeso: nele temos a "liberdade com o sangue de seu Filho" (v.7). Nesta passagem, a palavra *liberdade* [na NVI] alude à noção de mercado do Antigo Testamento, com alguém comprando de volta uma pessoa ou coisa. Jesus compra de volta uma pessoa de uma vida de escravidão do pecado e do erro.

Nas palavras de abertura dessa carta (vv.3-14), Paulo transborda de alegria ao pensar em sua liberdade em Cristo. Ele destaca, em diversas camadas de louvor, a ação da graça de Deus por nós por meio da morte de Jesus, que nos liberta dos grilhões do pecado. Não precisamos mais ser escravos do pecado, pois fomos libertos para viver para Deus e Sua glória. ABP

> Senhor Deus, pela morte de Teu Filho, deste-nos a vida eterna. Ajuda-me a compartilhar esse presente da Tua graça com alguém hoje.

Jesus nos resgata da escravidão do pecado.

1.º DE MAIO

A BÍBLIA em UM ANO:
1 Reis 10–11; Lucas 21:20-38

Expectativa da espera

LEITURA: **Salmo 130:1-6**

Anseio pelo Senhor, mais que as sentinelas anseiam pelo amanhecer... v.6

Todos os dias 1.º de maio, no Brasil e em Portugal, todos se alegram por ter um feriado a mais para descansar. Ao romper da manhã, muitos reúnem-se para participar de caminhadas e manifestações em favor dos trabalhadores e lutar por seus direitos na esperança de obter melhores condições de trabalho e salários.

Eu também costumo esperar por respostas às orações, ou pela orientação do Senhor. Embora não saiba quando a espera acabará, aprendo a aguardar esperançosamente. No Salmo 130, o autor escreve sobre estar em profunda angústia, numa situação que parece a mais escura das noites. Em meio aos seus problemas, ele decide confiar em Deus e se manter alerta como um guarda encarregado de anunciar a alvorada. "Anseio pelo Senhor, mais que as sentinelas anseiam pelo amanhecer..." (v.6).

A expectativa da fidelidade de Deus rompendo a escuridão dá ao salmista a esperança para resistir até mesmo em meio ao seu sofrimento. Baseado nas promessas de Deus encontradas nas Escrituras, aquela esperança lhe permite que continue esperando mesmo ainda não tendo visto os primeiros raios de luz.

Sinta-se encorajado se você estiver em meio a uma noite escura. O amanhecer está vindo — nesta vida ou no Céu! Enquanto isso, não perca a esperança, mantenha-se vigilante pela libertação que virá do Senhor. Ele é fiel. LMS

Senhor, abre os meus olhos para ver o Teu agir e para confiar em ti.

Você pode confiar em Deus em todas as circunstâncias.

2 DE MAIO

A BÍBLIA em UM ANO:
1 Reis 12–13; Lucas 22:1-20

Anseio por Deus

LEITURA: **1 João 4:13-16**

...Com todo o meu coração e todo o meu ser, aclamarei ao Deus vivo. Salmo 84:2

Um dia, minha filha e o nosso neto de um ano vieram nos visitar. Estava me preparando para sair de casa para um compromisso, mas, assim que fiz um movimento para sair da sala, meu neto começou a chorar. Isso aconteceu duas vezes e, cada vez, voltei atrás e passei mais um tempo com ele. Quando segui para a porta pela terceira vez, seus lábios começaram novamente a tremer. Nessa hora, minha filha disse: "Pai, por que você não o leva junto?".

Qualquer avô poderia dizer o que aconteceu na sequência. Meu neto foi junto comigo pelo simples fato de eu amá-lo.

Como é bom saber que os anseios do nosso coração por Deus também são correspondidos com amor. A Bíblia nos assegura de que podemos conhecer e crer "...no amor que Deus tem por nós..." (1 JOÃO 4:16). Deus não nos ama por algo que tenhamos ou não tenhamos feito. O amor dele não se baseia em nosso merecimento, mas em Sua bondade e fidelidade. Quando o mundo ao nosso redor é cruel e sem amor, podemos confiar no amor imutável de Deus como nossa fonte de esperança e paz.

O coração de nosso Pai celeste tem se derramado por nós através do presente de Seu Filho e de Seu Espírito. Como é confortante a garantia de que Deus nos ama com amor infinito!

JBB

Amoroso Senhor, obrigado por Tua compaixão por mim, provada na cruz. Por favor, ajuda-me a te obedecer e amar.

Deus anseia que desejemos ardentemente pela presença dele em nossa vida.

3 DE MAIO

A BÍBLIA em UM ANO:
1 Reis 14–15; Lucas 22:21-46

Mudança de perspectiva

LEITURA: **Salmo 73:12-28**

...que tarefa difícil! Então, entrei em teu santuário, ó Deus... vv.16,17

Em minha cidade tivemos o pior inverno dos últimos 30 anos. Após horas retirando a neve, meus músculos doíam. Entrei em casa depois do que me pareceu um esforço infrutífero. Cansada, tirei as botas e fui recebida pelo calor do fogo na lareira e por meus filhos ao seu redor. Ao olhar pela janela do abrigo de meu lar, minha perspectiva sobre a temperatura lá fora mudou completamente. Em vez de ver mais trabalho, apreciei com prazer ainda maior a beleza dos galhos congelados e a forma como a neve cobria a paisagem incolor do inverno.

Vejo mudanças semelhantes, porém muito mais acentuadas, em Asafe, quando leio suas palavras no Salmo 73. No início, ele lamenta como o mundo parece funcionar, como os erros parecem ser recompensados. Duvida do valor de ser diferente da multidão e de viver pelo bem dos outros (v.13). Mas, ao entrar no santuário de Deus, seu olhar é diferente (vv.16,17): lembra-se de que Deus lidará com o mundo e seus problemas de maneira perfeita e, mais importante, de que é bom estar com o Senhor (v.28).

Quando nos sentimos abatidos por problemas intermináveis, podemos entrar no santuário de Deus, em oração, e sermos completamente fortalecidos pela verdade transformadora, que alinha a nossa perspectiva, de que o Seu julgamento é melhor do que o nosso. Embora as circunstâncias ao nosso redor possam não mudar, a nossa perspectiva pode. ❀ KHH

Senhor, ajuda-me a ver como tu vês.

Deus nos dá a perspectiva certa.

4 DE MAIO

A BÍBLIA em UM ANO:
1 Reis 16–18; Lucas 22:47-71

Antes do começo

LEITURA: **Mateus 3:13-17**

...porque me amaste antes mesmo do princípio do mundo. João 17:24

"**Mas, se** Deus não tem início nem fim e sempre existiu, o que Ele fazia antes de nos criar? Como investia o Seu tempo?" Alguns alunos precoces da Escola Dominical sempre fazem essa pergunta quando falamos sobre a natureza eterna de Deus. Eu costumava responder que isso era um mistério. Mas, recentemente descobri que a Bíblia nos dá uma resposta a essa pergunta.

Quando Jesus ora ao Seu Pai em João 17, diz: "Pai, [...] porque me amaste antes mesmo do princípio do mundo" (v.24). Este é Deus, como Jesus nos revelou: antes de o mundo ter sido criado, Deus era a Trindade (Pai, Filho e Espírito Santo) — todos amando um ao outro e sendo amados. Quando Jesus foi batizado, Deus enviou o Seu Espírito na forma de uma pomba e disse: "Este é meu Filho amado, que me dá grande alegria" (MATEUS 3:17). O aspecto mais fundamental da identidade de Deus é este amor, amplo e vivo.

Que verdade amorosa e encorajadora sobre o nosso Deus! O amor mútuo e amplo expresso por cada membro da Trindade — Pai, Filho e Espírito Santo — é a chave para entender a natureza de Deus. O que Deus, o Pai, estava fazendo antes do início dos tempos? O que Ele sempre faz; Ele estava amando porque Ele é amor (1 JOÃO 4:8), e essa imagem nos ajuda a entender o que isso significa.

ALP

Deus, obrigado por Teu amor transbordante e de autoentrega.

Somos criados à imagem do Deus que nos ama e se relaciona conosco.

5 DE MAIO

A BÍBLIA em UM ANO:
1 Reis 19–20; Lucas 23:1-25

Ficando próximo

LEITURA: **Deuteronômio 6:1-9**

Amarre-as às mãos e prenda-as à testa como lembrança. v.8

Minha caminhada de 1,5 km de volta para casa, após deixar minha filha na escola, dá-me a oportunidade de memorizar alguns versículos da Bíblia — se eu assim me propuser. Quando uso esses minutos para meditar na Palavra de Deus em minha mente, com frequência vejo esses versículos voltarem para mim, mais tarde, durante o dia, trazendo-me consolo e sabedoria.

Quando Moisés preparou os israelitas para entrar na Terra Prometida, ele os incitou a se manterem próximos aos mandamentos e decretos de Deus (vv.1,2). Querendo que prosperassem, disse que deveriam incutir aquelas instruções em sua mente e discuti-las com seus filhos (vv.6,7). Ele também disse que deveriam amarrá-las aos punhos e pendurá-las na testa (v.8). Moisés não queria que eles esquecessem as ordens de Deus para viverem como um povo que honrava ao Senhor e desfrutava de Suas bênçãos.

De que maneira você pode considerar as palavras de Deus hoje? Uma ideia é escrever um versículo das Escrituras e, cada vez que lavar as suas mãos ou beber alguma coisa, ler essas palavras e incuti-las em sua mente. Ou, antes de ir dormir, como último ato do dia, invista algum tempo na leitura de uma pequena passagem da Bíblia. São muitas as maneiras de manter a Palavra de Deus em nosso coração! ● ABP

> Senhor Deus, obrigado por nos dares a Bíblia, que é um manancial para a vida. Ajuda-nos a lê-la e digeri-la todos os dias.

Cerque-se da Palavra de Deus.

6 DE MAIO

A BÍBLIA em UM ANO:
1 Reis 21–22; Lucas 23:26-56

Firmando-se nas promessas

LEITURA: **João 15:5-8**

...pedirão o que quiserem, e isso lhes será concedido! v.7

Quando uma de minhas amigas e seu irmão eram crianças, ele a convenceu de que um guarda-chuva poderia fazê-la voar se ela apenas "acreditasse". Então "pela fé" ela pulou do telhado de um celeiro e se esborrachou no chão, sofrendo uma pequena concussão.

O que Deus prometeu, Ele fará. Mas devemos ter certeza de estar de acordo com a *verdadeira* palavra de Deus quando reivindicamos uma promessa, pois somente assim temos a garantia de que o Senhor fará ou dará o que prometeu. A fé não tem poder em si mesma. Só é válida quando está firmada numa promessa clara e inequívoca de Deus. Qualquer outra coisa, não passa de pura ilusão.

Deus prometeu: "...pedirão o que quiserem, e isso lhes será concedido! Quando vocês produzem muitos frutos, trazem grande glória a meu Pai..." (vv.7,8). Esses versículos não são uma promessa de que Deus responderá cada oração que fizermos, mas de que Ele responderá a cada anseio por justiça pessoal, o que Paulo chama de "o fruto do Espírito" (GÁLATAS 5:22,23 ARA). Se tivermos fome e sede de santidade e pedirmos a Deus, Ele começará a nos satisfazer. Levará tempo, pois o crescimento espiritual, como o físico, é gradual. Não desista. Continue pedindo que Deus o santifique. Em Seu tempo e ritmo, "isso lhes será concedido", pois Deus não faz promessas que não cumpre.

DHR

Senhor, obrigado por Tuas muitas promessas em Tua Palavra. E obrigado por enviares Teu Santo Espírito, que nos concede o discernimento.

Servimos ao Deus que cumpre as Suas promessas.

7 DE MAIO

A BÍBLIA em UM ANO:
2 Reis 1–3; Lucas 24:1-35

A digital de Deus

LEITURA: **Efésios 2:1-10**

Pois somos obra-prima de Deus, criados em Cristo Jesus a fim de realizar as boas obras que ele de antemão planejou para nós. v.10

Lygon Stevens amava escalar as montanhas com seu irmão Nick. Eles eram alpinistas experientes, e ambos tinham subido o cume mais alto da América do Norte. Em janeiro de 2008, eles foram atingidos por uma avalanche numa montanha a qual feriu Nick e matou Lygon, aos 20 anos. Mais tarde, quando Nick descobriu o diário da sua irmã em uma de suas mochilas, sentiu-se profundamente consolado com o conteúdo dele. Era repleto de reflexões, orações e louvores a Deus, como nessa anotação: "Sou uma obra-prima, uma obra de arte assinada por Deus. Mas Ele não terminou; na verdade, apenas começou... Tenho em mim a digital de Deus. Jamais haverá outra pessoa como eu... Tenho uma tarefa a realizar nesta vida que ninguém mais pode fazer".

Embora Lygon não esteja mais entre nós fisicamente, através do legado de sua vida e do seu diário, essa jovem inspira e desafia aqueles que permanecem aqui.

Como somos feitos à imagem de Deus (GÊNESIS 1:26), cada pessoa é uma "obra de arte assinada por Deus". Como diz o apóstolo Paulo: "somos obra-prima de Deus, criados em Cristo Jesus a fim de realizar as boas obras" (EFÉSIOS 2:10).

Louvado seja Deus que usa cada um de nós, em Seu próprio tempo e maneira, para ajudar outros. HDF

Como queres me usar, Senhor? Estou disponível e disposto.

Cada pessoa é uma expressão única do propósito amoroso de Deus.

8 DE MAIO

A BÍBLIA em UM ANO:
2 Reis 4–6; Lucas 24:36-53

Respondendo à direção de Deus

LEITURA: **Êxodo 3:7-14**

Então, eles deixaram imediatamente as redes e o seguiram. Mateus 4:20

Enquanto me preparava para ir para uma universidade que ficava a algumas horas distante de casa, percebi que possivelmente não voltaria a morar no mesmo local após a graduação. Minha mente não parou: *Como posso sair de casa? Da família? Da igreja? E se depois Deus me chamar para outro estado ou país?*

Como Moisés, quando Deus lhe disse: "Agora vá, pois eu o envio ao faraó. Você deve tirar meu povo, Israel, do Egito" (ÊXODO 3:10), tive medo. Não queria sair da minha zona de conforto. Sim, Moisés obedeceu e seguiu a Deus, mas não sem antes questioná-lo e pedir-lhe que enviasse outra pessoa (vv.11-13; 4:13).

Nesse fato, podemos ver o que não devemos fazer quando sentimos um chamado tão claro. Devemos, em vez disso, esforçar-nos para ser como os discípulos. Quando Jesus os chamou, eles deixaram tudo e o seguiram (MATEUS 4:20-22; LUCAS 5:28). O medo é natural, todavia podemos confiar no plano de Deus.

Ainda é difícil estar longe de casa. Porém, à medida que busco a Deus, Ele abre as portas que confirmam que estou onde devo estar.

Quando somos retirados de nossa zona de conforto, podemos ir relutantemente, como Moisés, ou prontamente, como os discípulos que seguiram Jesus aonde Ele os levou. Às vezes, isso significa deixar o conforto, a centenas ou até milhares de quilômetros. Mas não importa o quão difícil possa ser, seguir a Jesus vale a pena. ✿

JS

Senhor, ajuda-me a seguir-te para onde me levares.

Não somos chamados a permanecer em nossa zona de conforto.

Edição letra gigante

9 DE MAIO

A BÍBLIA em UM ANO:
2 Reis 7–9; João 1:1-28

Ponto sem volta

LEITURA: **Tiago 3:1-12**

...a língua é uma chama de fogo. É um mundo de maldade que corrompe todo o corpo... v.6

Não era tão simples como cruzar outro rio qualquer. Por lei, um general não podia entrar em Roma conduzindo tropas armadas. Quando Julius César atravessou o rio Rubicão com a 13.ª Legião e entrou na Itália, em 49 a.C., foi um ato de traição. O impacto foi irreversível, gerando anos de guerra civil até o general se tornar governante absoluto. Ainda hoje, "cruzar o Rubicão" é uma metáfora para "caminho sem volta".

Às vezes podemos cruzar o Rubicão relacional com as palavras que proferimos. Uma vez ditas, elas não podem ser retiradas. Elas podem oferecer ajuda e consolo ou causar danos tão irreversíveis quanto a marcha de César em Roma. Tiago nos deu outra imagem: "E, entre todas as partes do corpo, a língua é uma chama de fogo. É um mundo de maldade que corrompe todo o corpo. Ateia fogo a uma vida inteira, pois o próprio inferno a acende" (v.6).

Quando tememos ter cruzado o Rubicão com alguém, podemos buscar o seu perdão — e o de Deus (MATEUS 5:23,24; 1 JOÃO 1:9). Porém, melhor ainda é descansar diariamente no Espírito de Deus, ouvindo o desafio de Paulo: "Que suas conversas sejam amistosas e agradáveis..." (COLOSSENSES 4:6), assim, elas honrarão nosso Senhor, e animarão e encorajarão quem está ao nosso redor.

WEC

> Senhor, guarda o meu coração e palavras hoje. Que eu te agrade e leve saúde e cura aos outros.

Quando as palavras se tornam armas, nossos relacionamentos logo se tornam vítimas.

10 DE MAIO

A BÍBLIA em UM ANO:
2 Reis 10–12; João 1:29-51

Tesouro no céu

LEITURA: **Mateus 6:19-21**

Onde seu tesouro estiver, ali também estará seu coração. v.21

Quando criança, eu e minhas duas irmãs gostávamos de sentar lado a lado em cima do grande baú revestido de cedro da mamãe. Minha mãe guardava ali nossos suéteres de lã e peças bordadas ou de crochê feitas por minha avó. Ela valorizava o conteúdo do baú e confiava no forte odor do cedro para evitar que insetos danificassem o que estava ali dentro.

A maioria dos bens terrenos podem ser facilmente destruídos por insetos ou ferrugem ou até serem roubados. Em Mateus 6 somos encorajados a colocar um foco especial — não no que têm a vida útil limitada, mas naquilo que têm valor *eterno*. Quando minha mãe faleceu aos 57 anos, ela não tinha acumulado muitos bens terrenos, mas gosto de pensar sobre o tesouro que ela já tinha acumulado no Céu (vv.19,20).

Lembro-me do quanto ela amava a Deus e o servia de maneira discreta: cuidando fielmente de sua família, ensinando crianças na Escola Dominical, sendo amiga de uma mulher abandonada pelo marido, confortando uma jovem mãe que tinha perdido o bebê. E ela *orava...* Mesmo após perder a visão e ficar confinada a uma cadeira de rodas, continuou a amar e a orar pelos outros.

Nosso verdadeiro tesouro não é medido pelas coisas que acumulamos — mas no que ou em quem investimos nosso tempo e paixões. Que "tesouros" estamos acumulando no Céu ao servirmos e seguirmos a Jesus?

CHK

Nossa verdadeira riqueza está no que investimos para a eternidade.

11 DE MAIO

A BÍBLIA em UM ANO:
2 Reis 13–14; João 2

Perseverando com paz

LEITURA: **Salmo 3**

Mas tu, SENHOR, és um escudo ao meu redor; és minha glória e manténs minha cabeça erguida. v.3

À medida que sigo confiando em Deus em minhas lutas contra a dor crônica, o menor recuo pode parecer um feroz ataque. Problema 1: acerta-me de direita; 2: ataca-me pelas costas; 3: dá-me um soco no nariz. Nesses períodos, quando minha força diminui e foge o alívio imediato, esconder-me parece ser uma boa ideia. Porém, como não posso fugir da dor, mudar as circunstâncias ou ignorar minhas emoções, estou aprendendo lentamente a confiar que Deus me sustenta.

Quando preciso de incentivo, conforto e coragem, oro os cânticos dos salmistas que, com sinceridade, levam a situação deles a Deus. Em um dos meus salmos favoritos, o rei Davi foge de seu filho Absalão, que queria matá-lo e tomar-lhe o reino. Embora Davi lamentasse a dolorosa situação (vv.1,2), ele confiou na proteção de Deus e esperou por Sua resposta às orações dele (vv.3,4). O rei não perdeu o sono se preocupando ou temendo com o que poderia acontecer porque confiou em Deus para o sustentar e salvar (vv.5-8).

Com frequência, a dor física e emocional podem parecer adversárias cruéis. Podemos ser tentados a desistir ou desejar fugir quando estamos cansados e não conseguimos ver o fim da batalha atual. Porém, como Davi, podemos aprender a confiar que Deus nos amparará e nos ajudará a descansar em Sua constante e amorosa presença. XED

> Senhor, obrigado por nos dares descanso na paz da Tua constante presença e nos garantir a vitória que já conquistaste.

Deus nos oferece paz quando nos ampara e nos sustenta em meio a cada provação.

12 DE MAIO

A BÍBLIA em UM ANO:
2 Reis 15–16; João 3:1-18

Tenha tempo

LEITURA: **Lucas 19:1-10**

...Zaqueu, desça depressa! Hoje devo hospedar-me em sua casa. v.5

Rima é síria e recém-chegada ao país. Ela tentou explicar ao seu mantenedor, com mímica e poucas palavras, o porquê de estar chateada. As lágrimas corriam enquanto segurava um belo prato de *fatayer* (torta com carne, queijo e espinafre) que tinha feito. E disse: "Um homem", e apontou para a porta da frente, até a sala e de volta à porta da frente. O mantenedor entendeu que pessoas de uma igreja próxima deveriam visitar Rima e sua família e trazer alguns presentes. No entanto, somente um homem tinha aparecido. Ele tinha entrado rapidamente, deixado a caixa de coisas e saído com pressa. Estava ocupado cuidando dessa tarefa, enquanto Rima e a família estavam solitários e ansiosos por comunhão e por compartilhar seu *prato típico* com os novos amigos.

Jesus tinha tempo para as pessoas. Ele ia a jantares, ensinava multidões e interagia individualmente. Ele até mesmo se convidou para ir à casa de Zaqueu, o coletor de impostos, que subiu numa árvore para ver o Mestre passar. Quando Jesus o viu, disse: "desça depressa! Hoje devo hospedar-me em sua casa" (vv.1-9). E a vida de Zaqueu mudou para sempre.

Por causa de outras responsabilidades, nem sempre poderemos dispor de nosso tempo. Mas quando o fazemos, temos o maravilhoso privilégio de estar com os outros e ver o Senhor trabalhar por nosso intermédio. ●

AMC

Como outros investiram tempo com você? Como você pode demonstrar o amor de Jesus a alguém esta semana?

Às vezes, o melhor presente que você pode dar aos outros é o seu tempo.

13 DE MAIO

A BÍBLIA em UM ANO:
2 Reis 17–18; João 3:19-36

As terras ao longe

LEITURA: **Isaías 33:17-22**

Seus olhos verão o rei em todo o seu esplendor, verão uma terra que se estende para longe. v.17

Amy Carmichael (1867-1951) é conhecida pelo resgate de meninas órfãs na Índia e por dar a elas novo começo. Em meio ao seu exaustivo trabalho, houve momentos que ela chamava de "momentos de visão". Em seu livro *Gold by Moonlight* (Ouro ao luar), ela escreveu: "Em meio a um dia atarefado, nos foi dado quase um vislumbre das terras que se estendem para longe e permanecemos parados, presos na estrada".

O profeta Isaías falou de um tempo quando o povo rebelado de Deus voltaria para Ele. "Seus olhos verão o rei em todo o seu esplendor, verão uma terra que se estende para longe" (v.17). Ver essa "terra ao longe" é ser levado acima das circunstâncias do presente imediato e ganhar uma perspectiva eterna. Em tempos difíceis, Deus nos permite ver nossa vida do Seu ponto de vista e a readquirir esperança. "Pois o SENHOR é nosso juiz, nosso comandante e nosso rei; ele nos livrará" (v.22).

A cada dia, podemos escolher baixar o olhar em desânimo, ou elevar os nossos olhos para a "terra que se estende para longe", para o Senhor que é o "nosso Poderoso" (v.21).

Amy Carmichael passou 55 anos na Índia ajudando garotas necessitadas. Como fez? A cada dia ela fixava o seu olhar em Jesus e colocava a vida dela aos cuidados do Senhor. E nós também podemos fazer o mesmo.

DCM

> Senhor, elevamos o nosso olhar acima das circunstâncias que nos desencorajam para ver o Teu esplendor e encontrar paz.

Fixe os seus olhos em Jesus, o Mestre. Contemple-o.

14 DE MAIO

A BÍBLIA em UM ANO:
2 Reis 19–21; João 4:1-30

Não é o que parece

LEITURA: **2 Reis 19:29-37**

...não acreditem em todo espírito, mas ponham-no à prova para ter a certeza de que o espírito vem de Deus... 1 João 4:1

"**Ouça!**", **minha** esposa disse ao telefone. "Há um macaco em nosso quintal!" E levantou o fone para eu ouvir. Sim, parecia um macaco. Porém o macaco selvagem mais próximo está a mais de 3.000 quilômetros.

Mais tarde, meu sogro revelou o mistério. "É uma coruja", explicou. A realidade não era o que parecia.

Quando os exércitos do rei Senaqueribe cercaram o rei Ezequias, de Judá, dentro dos muros de Jerusalém, os assírios acharam que tinham a vitória. A realidade se mostrou diferente. Embora o comandante assírio tenha fingido falar por Deus, o Senhor tinha Sua mão sobre o Seu povo.

"Além disso, imaginam que invadimos sua terra sem a direção do SENHOR? Foi o próprio SENHOR que nos disse..." (2 REIS 18:25). Tentando convencer Jerusalém a se render, falou: "...Escolham a vida, e não a morte!" (v.32).

Isso parece algo que Deus diria. Mas o profeta Isaías disse as verdadeiras palavras do Senhor: "...[Senaqueribe] Seus exércitos não entrarão em Jerusalém, nem dispararão contra ela uma só flecha [...] defenderei esta cidade e a libertarei" (2 REIS 19:32-34; ISAÍAS 37:35). Naquela noite, "o Anjo do SENHOR" destruiu os assírios (v.35).

De tempos em tempos, encontraremos pessoas de fala mansa que nos "aconselham" e negam o poder de Deus. Isso não é a voz de Deus. Ele fala conosco através de Sua Palavra. Ele nos guia com Seu Espírito. Sua mão está sobre aqueles que o seguem e Ele nunca nos abandonará. ❧

TLG

Deus sempre é fiel.

15 DE MAIO

A BÍBLIA em UM ANO:
2 Reis 22–23; João 4:31-54

O agir de Deus

LEITURA: **Hebreus 13:20,21**

...Que ele produza em vocês, mediante o poder de Jesus Cristo, tudo que é agradável a ele... v.21

"**Como vocês** viram Deus agir ultimamente?", perguntei a alguns amigos. Um respondeu: "Eu o vejo agir quando leio as Escrituras a cada manhã; o vejo em ação quando Ele me ajuda a enfrentar cada novo dia; o vejo agir quando sei que Ele está comigo a cada passo — percebo como Ele me ajudou a enfrentar desafios e me dar alegria". Amo essa resposta porque reflete como, através da Palavra de Deus e da presença íntima do Espírito Santo, Deus está perto e age naqueles que o amam.

O agir de Deus em Seus seguidores é um mistério maravilhoso ao qual o escritor de Hebreus se refere ao aproximar-se do término da sua carta e que conhecemos como uma bênção: "...Que ele produza em vocês, mediante o poder de Jesus Cristo, tudo que é agradável a ele..." (v.21). Com esta conclusão, o escritor reforça a mensagem essencial de sua carta, de que Deus equipará o Seu povo para segui-lo e que operará neles e por meio deles para a Sua glória.

O dom de Deus agindo em nós pode nos surpreender; talvez perdoemos alguém que errou conosco ou sejamos pacientes com alguém difícil. Nosso "Deus da paz" (v.20) espalha o Seu amor e paz em e através de nós. De que maneira você tem visto Deus agir ultimamente?

ABP

Senhor, equipaste-me para fazer as Tuas obras
para a Tua glória. Abre os meus olhos hoje para que eu possa
entender como estás me chamando para seguir-te.

Deus age na vida dos Seus seguidores e por meio deles.

16 DE MAIO

A BÍBLIA em UM ANO:
2 Reis 24–25; João 5:1-24

Livre para seguir

LEITURA: **Mateus 11:25-30**

Tomem sobre vocês o meu jugo. [...] e encontrarão descanso para a alma. v.29

Na escola, o treinador de *cross-country* me aconselhou: "Não tente assumir a liderança. Quase sempre os líderes se cansam rápido". Ao invés disso, sugeriu que eu ficasse próxima aos corredores mais rápidos. Permitindo que estabelecessem o ritmo, eu conservaria a força mental e física que são tão necessárias para terminar bem a corrida.

Liderar pode ser exaustivo; seguir pode ser libertador. Saber isso melhorou minha corrida, porém levei mais tempo para entender como isso se aplica ao discipulado cristão. Em minha vida, tendia a pensar que ser crente em Jesus significava tentar *duramente*. Mas, em busca de minhas expectativas sobre como um cristão deve ser, estava perdendo, inadvertidamente, a alegria e a liberdade que temos em simplesmente seguir a Jesus Cristo (JOÃO 8:32,36).

Não somos feitos para guiar nossa própria vida, e Jesus não começou um programa de autoajuda. Ele prometeu que, buscando-o, encontraremos o descanso desejado (MATEUS 11:25-28). Diferentemente da ênfase no estudo rigoroso das Escrituras, ou num elaborado conjunto de regras, Jesus ensinou que, se conhecermos a Ele, conheceremos a Deus (v.27). Ao buscá-lo, vemos nossos pesados fardos aliviados (vv.28-30) e a nossa vida transformada.

Seguir o nosso Líder — manso e humilde (v.29), nunca é pesado — é o caminho de esperança e cura. Descansando em Seu amor, somos livres. ✦

MRB

Senhor, ajuda-me a descansar em ti.

Encontramos a verdadeira liberdade quando seguimos a Cristo.

17 DE MAIO

A BÍBLIA em UM ANO:
1 Crônicas 1–3; João 5:25-47

Louvando a bondade de Deus

LEITURA: **Salmo 136:1-15**

Deem graças ao SENHOR, porque ele é bom. *Seu amor dura para sempre!* v.1

Alguém em nosso grupo de estudo bíblico sugeriu: "Vamos escrever nossos salmos!". No início, alguém disse não ter jeito para escrever, mas, com um pouco de incentivo, cada um compôs uma canção poética narrando como Deus tinha agido em sua vida. Das provações, proteção, provisão e até da dor e das lágrimas, surgiram mensagens provendo aos nossos salmos temas fascinantes. Como no Salmo 136, cada texto revelou que *o amor de Deus dura para sempre!*

Todos nós temos uma história sobre o amor de Deus para contar, escrever ou cantar. Para alguns, as experiências podem ser dramáticas ou intensas — como o escritor do Salmo 136, que relatou como Deus libertou o Seu povo do cativeiro e conquistou Seus inimigos (vv.10-15). Outros podem descrever a maravilhosa criação de Deus: "àquele que com entendimento fez os céus [...] que estendeu a terra sobre as águas [...] que fez os grandes luminares [...] o sol para presidir o dia [...] a lua e as estrelas para presidirem a noite..." (vv.5-9).

Lembrar quem é Deus e o que Ele fez inspira louvores e graças que o glorificam. Podemos louvar "...com salmos, [...] hinos e cânticos espirituais" (EFÉSIOS 5:19) sobre a bondade do Senhor cujo *amor dura para sempre*! Transforme sua experiência sobre o amor de Deus em cântico de louvor e desfrute o transbordar de Sua infindável bondade.

LD

> Senhor, enche o meu coração de gratidão,
> de reconhecimento e louvor a ti.

Por toda a eternidade, o amor de Deus dura para sempre.

18 DE MAIO

A BÍBLIA em UM ANO:
1 Crônicas 4–6; João 6:1-21

Transbordando

LEITURA: **Romanos 15:4-13**

Que Deus, a fonte de esperança, os encha inteiramente de alegria e paz, em vista da fé que vocês depositam nele... v.13

"**Não! Não! NÃO!**", gritei. Não ajudou. Nem um pouco. Minha brilhante solução para o entupimento, que jorrou novamente, teve o resultado exatamente oposto ao que eu pretendia. Soube que tinha cometido um erro no segundo em que apertei a descarga. Fiquei parado, impotente, enquanto a água transbordava.

Quantas vezes nossas crianças tentam servir-se de leite, calculam mal, e o líquido branco derrama para todo lado. Ou então esquecemos que a garrafa de 2 litros de refrigerante sacudiu na mala do carro... com resultados explosivos.

Não, quase nunca o *derramar* é bom. Mas pode haver *uma* exceção. O apóstolo Paulo usa essa imagem do *transbordar* para descrever pessoas plenas do Espírito de Deus, a ponto de elas transbordarem de *esperança* (v.13). Amo a imagem de estar cheio, até a borda, de alegria, paz e fé, por causa da presença poderosa de Deus em nossa vida. Tanto que não podemos evitar exalar e expressar a alegre confiança em nosso Pai celestial. Isso pode ser durante os momentos belos e ensolarados da vida ou quando o copo de nossa vida entornar. De uma forma ou de outra, o que transborda é a esperança aos que estão ao nosso redor e que são "encharcados" por ela. ◉

ARH

> Senhor, quando acontecerem transbordamentos, ajuda-nos a estar tão cheios de Teu Espírito, que transborde de nós a esperança. Senhor, que os outros a percebam e sejam abençoados.

O Pai nos deu o Espírito Santo para nos fazer parecidos com o Seu Filho Jesus.

19 DE MAIO

A BÍBLIA em UM ANO:
1 Crônicas 7–9; João 6:22-44

Ainda que...

LEITURA: **Daniel 3:8-18**

...Deus [...] pode nos salvar [...] Mas, ainda que ele não nos livre [...] jamais serviremos seus deuses... vv.17,18

À s vezes, a vida nos atinge com um tremendo golpe. Outras, o milagre acontece.

Três jovens, cativos na Babilônia, ficaram diante do temido rei daquela terra e, corajosamente, declararam que sob nenhuma circunstância adorariam a gigantesca imagem de ouro perante eles. Juntos, declararam: "Se formos lançados na fornalha ardente, o Deus a quem servimos pode nos salvar. Sim, ele nos livrará de suas mãos, ó rei. Mas, ainda que ele não nos livre, queremos deixar claro, ó rei, que jamais serviremos seus deuses..." (vv.17,18).

Os três homens — Sadraque, Mesaque e Abede-Nego — foram jogados na fornalha ardente; e, miraculosamente, Deus os livrou de tal modo que nem um fio de cabelo ficou queimado, nem suas roupas tinham cheiro de fumaça (vv.19-27). Eles foram preparados para morrer, mas sua confiança em Deus era inabalável "ainda que" Ele não os salvasse.

Deus deseja que sejamos fiéis a Ele — *ainda que* nosso ente querido não seja curado, *ainda que* percamos nosso emprego, *ainda que* sejamos perseguidos. Às vezes, Deus nos resgata do perigo nesta vida, mas, às vezes, não. Porém a verdade na qual podemos nos agarrar firmemente é esta: "O Deus a quem servimos pode", nos ama, e está conosco em cada terrível provação, em cada *ainda que...* ADK

Querido Senhor, amamos-te! Por favor, dá-nos fé inabalável, força e esperança a cada dia, não importa as circunstâncias.

Deus é capaz.

20 DE MAIO

A BÍBLIA em UM ANO:
1 Crônicas 10-12; João 6:45-71

Uma nova comunidade

LEITURA: **Atos 2:1-12,42-47**

Os que criam se reuniam num só lugar e compartilhavam tudo que possuíam. v.44

Maira, a filha de 5 anos de minha amiga Carmem, tem um jeito curioso de brincar. Ela mistura bonecas de tipos diferentes para formar uma nova comunidade. Em sua imaginação, devem estar juntas. Esse é o seu povo. Ela acredita que, quando elas estão juntas, são mais felizes, apesar dos diferentes tamanhos e formatos.

A criatividade dela me lembra o propósito de Deus para a Igreja. No dia de Pentecostes, Lucas nos diz: "Naquela época, judeus devotos de todas as nações viviam em Jerusalém" (v.5). Embora fossem de diferentes culturas e falassem idiomas diversos, a chegada do Espírito Santo fez daquelas pessoas uma nova comunidade: a Igreja. A partir de então, seriam considerados um corpo, unificado pela morte e ressurreição de Jesus.

Os líderes desse novo corpo eram homens que Jesus reuniu durante Seu tempo na Terra — Seus discípulos. Se Jesus não os tivesse unido, possivelmente jamais se juntariam. E, agora, mais pessoas — "...cerca de três mil..." (v.41) — tinham se tornado seguidores de Cristo. Graças ao Espírito Santo, "compartilhavam tudo que possuíam" (v.44). Estavam dispostos a compartilhar o que tinham entre si.

O Espírito Santo continua a unir os grupos de pessoas. Talvez, nem sempre nos entendamos bem, nem entendamos de imediato uns aos outros. Mas, como cristãos, pertencemos um ao outro.

LMW

Jesus, obrigado por morreres por nós e nos unir como um só povo na Tua Igreja.

O Espírito Santo transforma "nós" e "eles" em "um só Corpo".

21 DE MAIO

A BÍBLIA em UM ANO:
1 Crônicas 13-15; João 7:1-27

Uma oração de perdão

LEITURA: **Lucas 6:27-36**

...amem os seus inimigos [...] abençoem quem os amaldiçoa, orem por quem os maltratam. vv.27,28

Em 1960, Ruby Bridges, de 6 anos, foi a primeira afro-americana a frequentar uma escola pública só para brancos no sul dos EUA. Durante meses, policiais federais escoltaram Ruby todos os dias ao passar pelos pais raivosos que gritavam maldições, ameaças e insultos. Lá dentro, ela sentava-se na sala com a professora Barbara Henry, a única disposta a dar-lhe aulas, enquanto outros pais não deixavam seus filhos frequentarem a escola com Ruby.

O conhecido psiquiatra infantil Robert Coles acompanhou Ruby durante meses para ajudá-la a lidar com o medo e o estresse. Ele surpreendeu-se com a oração que Ruby fazia todos os dias ao ir e voltar da escola. Por favor, "Pai, perdoa-lhes, pois não sabem o que fazem" (LUCAS 23:34).

Essas palavras de Jesus na cruz eram mais fortes do que o ódio e os insultos contra Ele. Nas horas mais agonizantes de Sua vida, o nosso Senhor demonstrou a reação radical que ensinou aos Seus seguidores: "...amem os seus inimigos, façam o bem a quem os odeia; abençoem quem os amaldiçoa, orem por quem os maltratam [...]. Sejam misericordiosos, assim como seu Pai é misericordioso" (6:27,28,36).

Esta postura só é possível ao considerarmos o poderoso amor que Jesus nos concedeu — amor mais forte do que o mais profundo ódio. Ruby Bridges ajudou a nos mostrar o caminho.

DCM

Pai, tão graciosamente nos perdoaste. Ajuda-nos hoje a perdoar quem nos fez mal.

Abençoe a quem o amaldiçoa, e ore por quem o maltrata.

22 DE MAIO

A BÍBLIA em UM ANO:
1 Crônicas 16–18; João 7:28-53

Em cima de uma árvore

LEITURA: **Jonas 2:1-10**

...**Em minha angústia, clamei ao Senhor, e ele me respondeu. Gritei da terra dos mortos, e tu me ouviste...** v.2

Minha mãe encontrou minha gatinha "Vívida" em cima da bancada da cozinha devorando o pão caseiro. Bufando de frustração, ela a expulsou porta afora. Horas mais tarde, procuramos em nosso jardim pela gatinha perdida, sem sucesso. Um miado fraco sussurrou ao vento, e olhei para o alto de uma árvore, onde uma mancha negra pendia num galho.

Em sua ânsia de fugir da frustração de minha mãe por causa de seu comportamento, Vívida escolheu uma situação mais precária. Você não acha que às vezes temos atitude semelhante ao fugir de nossos erros e nos colocar em perigo? E, mesmo assim, Deus vem em nosso resgate.

O profeta Jonas fugiu em desobediência ao chamado de Deus para pregar em Nínive e foi engolido por um grande peixe. "Em minha angústia, clamei ao Senhor, e ele me respondeu. Gritei da terra dos mortos, e tu me ouviste..." (vv.1,2). Deus ouviu o clamor de Jonas e "...ordenou que o peixe vomitasse Jonas na praia" (v.10). Na sequência, Deus concedeu outra chance a Jonas.

Após exaurir os nossos esforços para atrair Vívida para o solo, chamamos os bombeiros. Com a enorme escada totalmente aberta, um bom homem subiu e retirou nossa gatinha do galho em que estava e a colocou em segurança em meus braços.

Nas alturas e nas profundezas, Deus vai nos resgatar de nossa desobediência com Seu amor redentor! ◉

ELM

A morte de Jesus na cruz nos resgatou de nossos pecados.

23 DE MAIO

A BÍBLIA em UM ANO:
1 Crônicas 19–21; João 8:1-27

Lady Babushka

LEITURA: **Atos 2:22-36**

Portanto, saibam com certeza todos em Israel que a esse Jesus, que vocês crucificaram, Deus fez Senhor e Cristo! v.36

"Lady Babushka" é um dos mistérios que cercam o assassinato do presidente americano John F. Kennedy, em 1963. Fotografada registrando os eventos com sua câmera, ela se mostrou evasiva. Essa mulher misteriosa, usando sobretudo e lenço (lembrando uma avó russa), nunca foi identificada, e seu filme jamais foi visto. Por décadas, historiadores e acadêmicos especulam que o medo impediu "Lady Babushka" de contar sua versão daquele terrível dia.

Não é preciso especular para entender porque os discípulos de Jesus se esconderam. Eles tinham medo das autoridades que haviam matado o seu Mestre (JOÃO 20:19) e relutavam em se apresentar e declarar sua experiência. Mas Jesus ressurgiu do túmulo. Logo, o Espírito Santo chegou e não era mais possível manter os seguidores de Cristo, antes tímidos, em silêncio! No dia do Pentecostes, Simão Pedro, pelo poder do Espírito, declarou: "...saibam com certeza, [...] de que a esse Jesus, que vocês crucificaram, Deus fez Senhor e Cristo" (v.36).

A chance de falar corajosamente em nome de Jesus não está limitada àqueles com personalidades ousadas ou treinamento no ministério. É o Espírito habitando dentro de nós que nos habilita a falar as boas-novas de Jesus. Por Sua força, podemos experimentar a coragem de compartilhar nosso Salvador com outras pessoas.

WEC

Senhor, por favor, dá-me a força e a coragem para falar sobre ti aos outros.

Fale do incomparável amor de Cristo aos que precisam ouvir.

24 DE MAIO

A BÍBLIA em UM ANO:
1 Crônicas 22–24; João 8:28-59

Virar e revirar

LEITURA: **Salmo 4**

Em paz me deitarei e dormirei, pois somente tu, SENHOR, me guardas em segurança. v.8

O que o faz ficar acordado à noite? Ultimamente, perco o sono, revirando-me na cama, tentando descobrir a solução para um problema. Por fim, preocupo-me por não descansar o suficiente para encarar os desafios do dia seguinte.

Parece familiar? Relações complicadas, futuro incerto, seja o que for, todos nós nos entregamos à preocupação num momento ou outro.

O rei Davi estava visivelmente aflito ao escrever o Salmo 4. A reputação dele estava sendo arruinada com acusações infundadas (v.2). Alguns questionavam a sua competência para governar (v.6). Talvez Davi sentisse raiva pelo tratamento tão injusto. Com certeza, ele poderia ter passado noites remoendo isso. No entanto, lemos essas belas palavras: "Em paz me deitarei e dormirei" (v.8).

Charles Spurgeon explica bem esse texto ao escrever: "Deitando-se... [Davi] entregou-se totalmente às mãos de outro; e na ausência de todo cuidado, ele dormia; havia ali perfeita confiança". O que inspirou tal confiança? Desde o início, Davi confiava que Deus responderia as suas orações (v.3). E tinha a certeza de que, como Deus escolhera amá-lo, amorosamente supriria as suas necessidades.

Que Deus nos ajude a descansar em Seu poder e presença quando as preocupações nos ameaçam. Em Seus braços soberanos e amorosos, podemos "deitar e dormir". PFC

> Pai, obrigado por me ouvires quando te chamo. Entrego a ti minhas preocupações e descanso em Teu poder e presença.

Podemos entregar as nossas inquietações a Deus, pois Ele é totalmente confiável.

25 DE MAIO

A BÍBLIA em UM ANO:
1 Crônicas 25-27; João 9:1-23

Sabedoria ocasional

LEITURA: **Filipenses 4:4-9**

Concentrem-se em tudo que é verdadeiro, tudo que é nobre, tudo que é correto, tudo que é puro, tudo que é amável e tudo que é admirável... v.8

Alguns anos atrás, uma mulher me contou uma história: tinha encontrado seu filho pré-adolescente assistindo o noticiário sobre um fato violento. Instintivamente, ela pegou o controle remoto e mudou o canal. "Você não precisa assistir isso", disse abruptamente. Seguiu-se uma discussão e, por fim, ela disse que ele precisava encher sua mente com "...tudo que é nobre, tudo que é correto, tudo que é puro, tudo que é amável..." (v.8). Depois do jantar, ela e o marido estavam assistindo o noticiário, quando, de repente, sua filha de 5 anos entrou e desligou a televisão. "Vocês não precisam ver isso", declarou, imitando a voz da mãe. "Agora, pensem naquelas coisas da Bíblia!".

Como adultos, podemos absorver e processar melhor as notícias do que os nossos filhos. Ainda assim, a filha do casal foi divertida e sábia quando imitou as instruções anteriores da mãe. Até mesmo os adultos mais sensatos podem ser afetados ao se expor continuamente ao lado mais obscuro da vida. Meditar sobre os tipos de coisas que Paulo lista em Filipenses 4:8 é um poderoso antídoto contra a tristeza que às vezes se instala em nós quando vemos a condição de nosso mundo.

Tomar decisões cuidadosas sobre o que preenche a nossa mente é uma forma excelente de honrar a Deus e também de guardar o nosso coração. RKK

Pai, abre hoje os nossos olhos para o que é belo. Ensina-nos a meditar em ti.

O que permitimos entrar em nossa mente molda o estado de nossa alma.

26 DE MAIO

A BÍBLIA em UM ANO:
1 Crônicas 28–29; João 9:24-41

Ninguém gosta de mim

LEITURA: **Salmo 142**

...ninguém sequer lembra que eu existo. Não tenho onde me abrigar, ninguém se importa com o que acontece comigo. v.4

Quando criança, toda vez que me sentia sozinha, rejeitada ou com pena de mim mesma, minha mãe, às vezes, tentava me animar com uma cantiga popular da época: "Ninguém me ama, todos me detestam. Vou ao jardim comer minhocas!". Eu abria um sorriso em meu rosto tristonho, e ela me ajudava a ver os relacionamentos especiais e motivos de gratidão que eu realmente tinha.

Quando li que Davi sentia que ninguém se importava com ele, aquela música voltou a soar em meus ouvidos. A dor dele não era nada exagerada. Eu tinha sentimentos de solidão típicos da minha idade, mas Davi, realmente, tinha bons motivos para sentir-se abandonado. Ele escreveu essas palavras nas profundezas escuras de uma gruta, onde se escondia de Saul, que o perseguia com planos sanguinários (1 SAMUEL 22:1; 24:3-10). Davi tinha sido ungido como futuro rei de Israel (16:13), passado anos a serviço de Saul, mas agora vivia "fugindo", temendo por sua vida. Em meio à solidão, clamou a Deus como seu "refúgio" e "és tudo que desejo na vida" (SALMO 142:5).

Como Davi, podemos clamar a Deus quando nos sentimos solitários, dando voz aos nossos anseios na segurança de Seu amor. Deus nunca minimiza nossa solidão. Ele quer ser nosso companheiro nas grutas escuras de nossa vida. Mesmo quando achamos que ninguém se importa conosco, Deus se importa!

KHH

Deus é nosso amigo em todo o tempo, mesmo quando nos sentimos sozinhos.

27 DE MAIO

A BÍBLIA em UM ANO:
2 Crônicas 1–3; João 10:1-23

Testemunhando o amor de Deus

LEITURA: **Romanos 12:9-18**

...ajudem com prontidão. Estejam sempre dispostos a praticar a hospitalidade. v.13

Meu marido saiu para uma viagem de um mês e, quase imediatamente, senti-me sobrecarregada com o meu trabalho, a casa e nossos filhos. O prazo para entregar um artigo. O cortador de grama quebrado. Meus filhos em férias e entediados. Como cuidaria de tudo sozinha?

Logo percebi que não estava só. Amigos da igreja vieram ajudar. Josué consertou o cortador de grama. João trouxe o almoço. Cássia me ajudou com as roupas. Ana levou meus filhos para brincar com os dela para que eu pudesse trabalhar. Deus agiu através de cada um desses amigos para me ajudar. Foram um retrato vivo do tipo de comunidade que Paulo descreve em Romanos 12. Eles amaram sinceramente (v.9), pensaram nas necessidades dos outros ao invés de somente nas próprias (v.10), compartilharam comigo quando precisei e demonstraram hospitalidade (v.13).

Por causa do amor que meus amigos demonstraram por mim, fiquei alegre "na esperança" e paciente "nas dificuldades" (v.12) mesmo em meio à aflição de fazer o papel de pai e mãe durante um mês. Meus irmãos em Cristo se tornaram o que um amigo chama de "cuidado de Deus por mim". Eles me mostraram o tipo de amor sincero que devemos demonstrar a todos, especialmente àqueles em nossa comunidade da fé (GÁLATAS 6:10). Espero ser mais parecida com eles. ALP

> Deus, obrigado por nos colocares em comunidades. Ajuda-me a cuidar das necessidades dos outros e a demonstrar hospitalidade.

Para quem, hoje, preciso ser "o cuidado de Deus"?

28 DE MAIO

A BÍBLIA em UM ANO:
2 Crônicas 4–6; João 10:24-42

A última chamada

LEITURA: **2 Samuel 1:17-27**

Como caíram os valentes!... v.27

Depois de servir o país como piloto de helicópteros por duas décadas, Tiago voltou para casa para servir em sua comunidade como professor. Mas sentia falta dos helicópteros e, por isso, aceitou um emprego de piloto de resgate no hospital local. E fez isso até o final de sua vida.

Agora era hora de dizer adeus. Amigos, família e colegas de trabalho estavam no cemitério quando um colega chamou uma última missão pelo rádio. O som das hélices pôde ser ouvido, e um helicóptero circulou sobre o jardim, pairou brevemente para fazer sua homenagem e voltou para o hospital. Nem mesmo os militares presentes conseguiram conter as lágrimas.

Quando o rei Saul e seu filho, Jônatas, morreram em batalha, Davi escreveu uma canção fúnebre chamada "Cântico do Arco" (v.18). "A tua glória, ó Israel, foi morta sobre os teus altos!", cantou. "Como caíram os valentes!" (v.19). Jônatas era o melhor amigo e irmão de armas de Davi. E, embora Davi e Saul tenham sido inimigos, Davi honrou aos dois. "...chorem por Saul", escreveu. "Como choro por você, meu irmão Jônatas..." (vv.24,26).

Até mesmo as melhores despedidas são... difíceis. Mas, para os que confiam no Senhor, a memória é muito mais doce, pois nunca é para sempre. Como é bom quando podemos honrar aqueles que serviram aos outros!

TLG

> Senhor, agradecemos-te por aqueles que servem suas comunidades como socorristas. Humildemente pedimos-te pela segurança deles.

Honramos o Criador quando honramos a memória de Seus servos.

29 DE MAIO

A BÍBLIA em UM ANO:
2 Crônicas 7–9; João 11:1-29

Olhando para o futuro

LEITURA: **Hebreus 11:8-16**

Pois não temos neste mundo uma cidade permanente; aguardamos a cidade por vir. 13:14

Tão logo a barca começou a se mover, minha filhinha disse que estava passando mal. O enjoo já começava a afetá-la. Pouco depois, eu também sentia náuseas. "Olhe fixo para o horizonte", lembrei-me. Os marinheiros dizem que isso ajuda a recobrar a sensação de perspectiva.

O Criador do horizonte (JÓ 26:10) sabe que, na vida, às vezes, podemos nos sentir temerosos e inquietos. Podemos recobrar a perspectiva nos focando no ponto distante, mas firme, de nosso destino.

O escritor de Hebreus entendeu isso. Ele sentiu o desânimo em seus leitores. A perseguição tinha afastado muitos de suas casas. Então os lembrou de que outras pessoas de fé tinham enfrentado provações extremas e tinham ficado sem lar. Tinham enfrentado tudo isso porque tinham a expectativa de algo melhor.

Como exilados, esses leitores poderiam olhar para frente, para a cidade cujo arquiteto é Deus, o país celestial, a cidade que Deus preparou para eles (11:10,14,16). Então, em suas exortações finais, o escritor pediu aos leitores que focassem nas promessas de Deus: "...não temos neste mundo uma cidade permanente; aguardamos a cidade por vir" (13:14).

Nossos problemas atuais são temporários. Somos "...estrangeiros e peregrinos neste mundo" (11:13), mas olhar para o horizonte das promessas de Deus nos dá o ponto de referência que precisamos. ●

KOH

Pai, em meio aos problemas, ajuda-me a permanecer em
Tuas promessas.

Busque a Deus e recobre a perspectiva.

30 DE MAIO

A BÍBLIA em UM ANO:
2 Crônicas 10–12; João 11:30-57

Quando as palavras falham

LEITURA: **Romanos 8:22-27**

Que o teu amor nos cerque, SENHOR, pois só em ti temos esperança. Salmo 33:22

Há pouco tempo, enviei uma mensagem de texto para minha esposa, Cari, usando apenas um recurso de gravação de voz. Estava a caminho da porta para buscá-la no trabalho, e pretendia enviar as seguintes palavras: "Onde você quer que eu te pegue, minha velha?".

Cari não se incomoda que eu a chame de "minha velha" — é um daqueles apelidos carinhosos que usamos em casa. Mas meu celular não "entendeu" a frase, e, no lugar, enviou "minha vaca".

Felizmente, para mim, na mesma hora Cari entendeu o que tinha acontecido e achou graça. Mais tarde, ela postou minha mensagem de texto numa mídia social e perguntou: "Eu deveria me ofender?". Nós dois rimos do ocorrido.

A reação amorosa de minha esposa às minhas palavras esquisitas naquele dia me faz pensar sobre o entendimento amoroso de Deus em relação às nossas orações. Podemos não saber o que dizer ou o que pedir quando oramos, mas, quando pertencemos a Cristo, Seu Espírito dentro de nós "...intercede por nós com gemidos que não podem ser expressos em palavras" (ROMANOS 8:26), e amorosamente nos ajuda a articular nossas profundas necessidades perante Ele.

Nosso Pai celestial não se mantém à distância esperando que digamos as palavras certas. Podemos ir a Ele com cada necessidade, seguros de que Ele compreende e nos recebe com amor.

JBB

Aba, Pai, obrigado por podermos ir a Tua presença sem medo de nos expressarmos.

O amor de Deus alcança muito além das palavras.

31 DE MAIO

A BÍBLIA em UM ANO:
2 Crônicas 13-14; João 12:1-26

Comunhão interrompida

LEITURA: **Mateus 27:32-50**

...Deus meu, Deus meu, por que me abandonaste? v.46

O **grito alto** e doloroso rasgou o ar da tarde escura. Eu imagino o som abafando o choro do lamento dos amigos e amados reunidos aos pés de Jesus. Deve ter encoberto os gritos dos criminosos que morriam ao Seu lado e, certamente, assustado a todos.

"Eli, Eli, lamá sabactâni?" Jesus bradou em agonia e absoluta prostração, pregado na cruz da vergonha, no Gólgota (vv.45,46).

"Deus meu", Ele disse, "Deus meu, por que me abandonaste?".

Não consigo pensar em palavras mais angustiantes. Desde a eternidade, Jesus estivera em perfeita comunhão com Deus, o Pai. Juntos, criaram o Universo, fizeram a humanidade à Sua imagem e planejaram a salvação. Jamais, em toda a eternidade, tinha lhes faltado a mútua comunhão.

E agora, com a angústia da cruz infligindo dor tão devastadora sobre Jesus — Ele, pela primeira vez, perdeu a consciência da presença de Deus enquanto levava o fardo dos pecados do mundo.

Era a única forma. Somente através desse momento de comunhão interrompida, poderia acontecer nossa salvação. E foi apenas porque Jesus se dispôs a experimentar a sensação de ser abandonado na cruz, que nós humanos podemos ganhar comunhão com Deus. Somos gratos a Jesus por experimentar tal dor para que fôssemos perdoados. ❂   JDB

A cruz revela o amor de Deus pelos pecadores.

1.º DE JUNHO

A BÍBLIA em UM ANO:
2 Crônicas 15–16; João 12:27-50

Marcas inesquecíveis de um inverno

LEITURA: **Atos 27:1-26**

...tenham bom ânimo! Creio em Deus; tudo ocorrerá exatamente como ele disse. v.25

O inverno é, figurativamente, uma referência a tempos críticos, a horas amargas, a momentos de dor. Nossa leitura refere-se à viagem de Paulo a Roma, durante o inverno, para ser julgado diante de César. As embarcações da época não possuíam os instrumentos precisos que nossos navios modernos têm. Os ventos eram contrários (vv.4,7), o que exigia "grande esforço" (v.8), a navegação era perigosa (v.9), havia risco de "grande prejuízo" (v.10). Tudo isso ilustra os penosos invernos na vida. Como enfrentá-los?

Devemos cuidar com as aparências! Os marinheiros julgaram que o "vento leve" (v.11) os levaria a viajar a salvo. Desprezaram o inverno e as dificuldades que ele traz, julgando apenas o momento favorável. É perigoso julgar as coisas apenas por nossas impressões superficiais.

Precisamos estar sempre preparados para as tempestades da vida, pois os ventos mudam rapidamente (v.14). Podemos nos precaver delas buscando bons conselhos (vv.9,10) na Palavra de Deus para nossa vida em família e em sociedade.

Por último, temos de confiar no Senhor. Os detalhes da viagem de Paulo são dramáticos (v.20). Não havia mais esperança de salvamento. Mas, em meio a tudo isso, receberam a mensagem: "Tenham bom ânimo!" (v.25). Tudo o que o Senhor prometeu é verdade. Precisamos confiar nele e andar em Seus caminhos. ●

JMF

> Senhor, ajuda-me a estar sempre firme em ti para suportar os invernos da vida.

Não confie em sua experiência, dinheiro ou contatos. Confie em Deus!

2 DE JUNHO

A BÍBLIA em UM ANO:
2 Crônicas 17–18; João 13:1-20

Anos de "mastigação"

LEITURA: 1 Pedro 2:1-11

Felizes os que têm fome e sede de justiça, pois serão saciados. Mateus 5:6

Recentemente, minha esposa me deu um filhote de labrador *retriever* que recebeu o nome de Max. Certo dia, Max estava comigo no escritório, e, eu, concentrado em minha escrivaninha, ouvi o som de papel rasgando. Virei-me e encontrei um filhote com olhar culpado, um livro aberto e com uma página pendurada em sua boca.

O veterinário diz que Max está em sua "fase de mastigação". Conforme os filhotes perdem os dentes de leite e os permanentes crescem, eles acalmam as gengivas mastigando quase tudo. Temos que vigiar Max para garantir que não roa algo que possa lhe fazer mal e, por isso, o conduzimos a alternativas mais saudáveis.

A necessidade de mastigar de Max e a minha responsabilidade de vigiá-lo me fizeram pensar sobre o que "ruminamos" em nossa mente e coração. Consideramos cuidadosamente com o que alimentamos a nossa alma eterna quando lemos, surfamos na web ou assistimos TV? A Bíblia nos encoraja: "Como bebês recém-nascidos, desejem intensamente o puro leite espiritual, para que, por meio dele, cresçam e experimentem plenamente a salvação, agora que provaram da bondade do Senhor" (1 PEDRO 2:2,3). Precisamos nos preencher diariamente com a Palavra de Deus e a verdade se quisermos crescer como cristãos. Somente assim podemos amadurecer nele.

JBB

Amado Senhor, ajuda-me a ter fome de ti e de Tua Palavra, e me manter longe do que me prejudica. Enche-me de Tua bondade hoje.

Quando Cristo voltar, nos encontrará desejando o quê?

3 DE JUNHO

A BÍBLIA em UM ANO:
2 Crônicas 19–20; João 13:21-38

Relógios e calendários

LEITURA: **Salmo 62**

Ó meu povo, confie nele em todo tempo; derrame o coração diante dele, pois Deus é nosso refúgio. v.8

Meu pai faleceu aos 58 anos. Desde então, na data de sua morte, eu paro para me lembrar dele e refletir sobre sua influência em minha vida. Quando percebi que tinha vivido mais sem o meu pai do que com ele, comecei a ponderar sobre a brevidade de minha própria vida.

Ao refletir, podemos lutar tanto com um acontecimento, quanto com os sentimentos que provocam em nós. Embora meçamos o tempo com relógios e calendários, lembramos de momentos por causa dos acontecimentos. Nas circunstâncias da vida que desencadeiam as nossas emoções mais profundas, podemos experimentar alegria, perda, bênção, dor, sucesso, fracasso.

As Escrituras nos encorajam: "Ó meu povo, confie nele em todo tempo; derrame o coração diante dele, pois Deus é nosso refúgio" (v.8). Essa declaração de confiança não aconteceu num momento tranquilo. Davi escreveu essas palavras enquanto estava cercado por inimigos (vv.3,4). Ainda assim, ele esperou tranquilamente diante de Deus (vv.1,5) nos lembrando de que o Seu amor infalível (v.12) é maior do que qualquer tempo de lutas que possamos enfrentar.

Em cada ocasião, temos essa confiança: Nosso Deus está conosco, e Ele é mais do que suficiente para nos levar por todos os momentos da vida. Quando certas ocasiões ameaçam nos sufocar, a ajuda de Deus chegará na hora certa. ❂ WEC

Pai, somos gratos porque sempre és e sempre serás fiel a nós.

Nosso Deus está conosco em todos os momentos da vida.

4 DE JUNHO

A BÍBLIA em UM ANO:
2 Crônicas 21-22; João 14

Desvende os meus olhos

LEITURA: **João 14:23-31**

...o Espírito Santo, como meu representante, ele lhes ensinará todas as coisas... v.26

Na primeira vez em que visitei a linda Igreja de Chora, em Istambul, consegui reconhecer algumas histórias bíblicas nos afrescos e mosaicos bizantinos do teto. Mas perdi muita coisa. Na segunda vez, entretanto, tive um guia que destacou todos os detalhes que eu tinha perdido anteriormente e, de repente, tudo fez sentido! O primeiro corredor, por exemplo, descreve a vida de Jesus como os registros no evangelho de Lucas.

Às vezes, quando lemos a Bíblia, entendemos as histórias básicas, mas, e as conexões — aqueles detalhes que tecem as Escrituras numa única história perfeita? Temos ferramentas como comentários e estudos bíblicos, mas também precisamos de um guia — alguém que abra os nossos olhos e nos ajude a ver as maravilhas da revelação escrita de Deus. Nosso guia é o Espírito Santo, que nos ensina "todas as coisas" (v.26). Paulo escreveu que Ele explica "...não com palavras vindas da sabedoria humana, mas palavras que nos foram ensinadas pelo Espírito..." (1 CORÍNTIOS 2:13).

Como é maravilhoso ter o Autor do Livro para nos mostrar as maravilhas dele! Deus não nos deu apenas a Sua Palavra escrita e Sua revelação. Ele também nos ajuda a entendê-la e aprender com ela. Portanto, oremos com o salmista: "Abre meus olhos, para que eu veja as maravilhas de tua lei" (SALMO 119:18).

KOH

Senhor, quero descobrir as maravilhas da Tua revelação em Tua Palavra.

Precisamos de Deus para entender as Escrituras.

5 DE JUNHO

A BÍBLIA em UM ANO:
2 Crônicas 23-24; João 15

O apelo de um cego

LEITURA: **Lucas 18:35-43**

...Jesus, Filho de Davi, tenha misericórdia de mim! v.38

Alguns anos atrás, um amigo notou que eu estava com dificuldades de ver objetos à distância. O que ele fez em seguida mudou minha vida. Tirou seus óculos e disse: "Experimente". Coloquei e, surpreendentemente, minha visão embaçada clareou. Por fim, fui a um oftalmologista que receitou óculos para corrigir meu problema de visão.

A leitura de hoje, em Lucas 18, traz um homem que não enxergava e que vivia em total escuridão, o que o obrigava a mendigar para viver. As notícias sobre Jesus, o Mestre popular e milagreiro, chegaram aos ouvidos do mendigo cego. Então, quando as viagens de Jesus o levaram para onde estava o cego, a esperança despontou em seu coração. "Jesus, Filho de Davi, tenha misericórdia de mim!" (v.38), começou a gritar. Embora não tivesse visão física, o homem possuía visão espiritual sobre a identidade de Jesus e fé que Ele supriria sua necessidade. Compelido por esta fé, "...gritava ainda mais alto: 'Filho de Davi, tenha misericórdia de mim!'" (v.39). O resultado? A cegueira foi curada, ele deixou de mendigar e passou a viver glorificando a Deus por poder ver (v.43).

Em períodos de escuridão, para onde você se volta? Ao que ou a quem você chama? O uso de óculos ajudam a melhorar a visão, mas é o misericordioso toque de Jesus, o Filho de Deus, que tira as pessoas da escuridão espiritual para a luz. ALJ

> Pai, abre os olhos do meu coração para ver claramente quem é Jesus e o que Ele pode fazer.

A alegria do Pai é conceder visão àqueles que lhe pedirem.

6 DE JUNHO

A BÍBLIA em UM ANO:
2 Crônicas 25–27; João 16

Lado a lado

LEITURA: **Neemias 3:1-12**

É melhor serem dois que um, pois um ajuda o outro a alcançar o sucesso. Eclesiastes 4:9

Antigamente, uma cidade com os muros derrubados revelava um povo derrotado, exposto ao perigo e vergonha. Por isso, os judeus reconstruíram os muros de Jerusalém, trabalhando lado a lado, como lemos em Neemias 3.

Num primeiro olhar, o capítulo pode parecer um relato cansativo sobre quem fez o quê na reconstrução. Porém, uma leitura mais atenta destaca como as pessoas trabalharam juntas. Sacerdotes ao lado de governantes. Perfumistas ajudando tanto quanto ourives. Quem vivia em cidades vizinhas veio ajudar. Outros fizeram reparos em frente às suas casas. As filhas de Salum trabalharam ao lado dos homens (v.12), e pessoas consertaram dois espaços, como os homens de Tecoa (vv.5,27).

Duas coisas se destacam. Primeiro: todos trabalharam por um objetivo comum. Segundo: todos foram elogiados por participarem, não pelo muito ou pouco que tinham feito comparado aos outros.

Hoje vemos famílias arruinadas e uma sociedade doente. Mas Jesus veio para construir o reino de Deus através da transformação de vidas. Podemos ajudar a reconstruir nossa vizinhança mostrando aos outros que podem achar esperança e vida nova em Jesus. Todos nós temos algo a fazer. Então, lado a lado, façamos a nossa parte — grande ou pequena — para criarmos uma comunidade de amor onde as pessoas podem encontrar Jesus.

KOH

Senhor, ajuda-me a trabalhar com os outros, lado a lado, demonstrando amor e levando-os a Jesus.

Trabalhemos juntos na edificação do reino de Deus.

7 DE JUNHO

A BÍBLIA em UM ANO:
2 Crônicas 28-29; João 17

E na verdade

LEITURA: **Sofonias 1:1-6; 2:1-3**

...com amor; ele se alegrará em vocês com gritos de alegria! 3:17

Anos atrás fui a um casamento entre pessoas de países diferentes. A mescla de culturas pode ser linda, mas essa cerimônia incluiu tradições cristãs e rituais de uma fé que adorava diversos deuses.

O profeta Sofonias condenou a mistura de outras religiões com a fé no verdadeiro Deus (chamada de sincretismo). Judá tinha se tornado um povo que se curvava em adoração ao verdadeiro Deus, mas que também confiava no deus Moloque (1:5). Sofonias descreveu a adoção da cultura pagã (v.8) e alertou que, por isso, Deus tiraria o povo de Judá de sua terra natal.

Porém Deus jamais deixou de amar o Seu povo. O Seu julgamento foi para mostrar-lhes que precisavam se voltar para Ele. Sofonias encorajou-os a buscar a justiça e viver com humildade (2:3). E o Senhor prometeu-lhes a restauração futura: "Naquele dia, reunirei vocês e os trarei para casa..." (3:20).

É fácil condenar exemplos de óbvio sincretismo como o casamento que assisti. Mas, na realidade, todos mesclamos facilmente a verdade de Deus com premissas de nossa cultura. Precisamos da orientação do Espírito Santo para confrontar nossas crenças com a Palavra de Deus e, então, firmar-nos nessa verdade com confiança e dedicação. Nosso Pai carinhosamente abraça quem o adora em espírito e em verdade (JOÃO 4:23,24).

TLG

Quando estou com problemas, para onde me volto? Minha fé está somente em Deus? O que eu preciso entregar-lhe hoje?

Deus está sempre pronto a perdoar e restaurar.

8 DE JUNHO

A BÍBLIA em UM ANO:
2 Crônicas 30–31; João 18:1-18

Rostos

LEITURA: **Gálatas 5:22-26**

...e o Senhor, que é o Espírito, nos transforma gradativamente à sua imagem gloriosa... 2 Coríntios 3:18

Quando nossa neta Sarah era bem pequena, explicou-me que, quando a pessoa morre, "Só o seu rosto vai para o céu, não o corpo. Você ganha um corpo novo, mas fica com o mesmo rosto."

O conceito de Sarah sobre nosso estado eterno era um entendimento infantil, é claro, mas ela percebeu uma verdade essencial. De certo modo, nosso rosto é um reflexo visível de nossa alma invisível.

Minha mãe costumava dizer que, um dia, um olhar zangado poderia congelar em meu rosto. Ela era mais sábia do que pensava. Um semblante preocupado, boca raivosa, olhares maldosos podem revelar uma alma miserável. Por outro lado, olhares bondosos, expressão gentil, sorriso caloroso e acolhedor — apesar das rugas, manchas ou outros defeitos — se tornam marcas de transformação interna.

Não podemos fazer muito com relação ao rosto com o qual nascemos, mas podemos fazer algo sobre o tipo de pessoa que nos tornamos. Podemos orar por humildade, paciência, bondade, tolerância, gratidão, perdão, paz e amor (vv.22-26).

Pela graça de Deus, e a Seu tempo, que você e eu possamos amadurecer para alcançarmos a semelhança interna com nosso Senhor, uma semelhança refletida em um rosto bondoso. Como disse o poeta inglês John Donne (1572–1631), a idade se torna "mais adorável no último dia".

DHR

> Senhor Jesus, a cada dia quero parecer mais contigo. Ajuda-me a cooperar com a obra que queres realizar em meu coração.

Não há nada igual à beleza de um coração amoroso.

9 DE JUNHO

A BÍBLIA em UM ANO:
2 Crônicas 32–33; João 18:19-40

O Pai perfeito

LEITURA: **Salmo 27**

Mesmo que meu pai e minha mãe me abandonem, o SENHOR me acolherá. v.10

No corredor cheio da loja, eu tentava achar o cartão ideal para o Dia dos Pais. Embora tivéssemos nos reconciliado após anos de tensão, nunca me senti próxima ao meu pai.

A mulher ao meu lado reclamou e recolocou no mostrador o cartão que estava lendo. "Por que não fazem cartões para quem não tem boas relações com seu pai, mas está tentando acertar as coisas?"

E saiu antes que eu pudesse respondê-la. Então, orei por ela. Agradecendo a Deus por afirmar que somente Ele poderia ser o Pai perfeito, pedi que fortalecesse o meu relacionamento com meu pai.

Eu também desejo profunda intimidade com o meu Pai celeste. Quero ter a mesma confiança de Davi na constante presença, poder e proteção de Deus (vv.1-6).

Quando Davi clamou por socorro, esperou a resposta de Deus (vv.7-9). Embora pais terrenos pudessem rejeitar, abandonar ou negligenciar seus filhos, Davi declarou a aceitação incondicional de Deus (v.10). Ele viveu na segurança da bondade do Senhor (vv.11-13). Como a maioria de nós, às vezes Davi lutava, mas o Espírito Santo o ajudava a perseverar na confiança e dependência do Senhor (v.14).

Nós, como aquela senhora, encontraremos relacionamentos difíceis neste lado da eternidade. Mas, mesmo quando as pessoas nos faltam, falham conosco ou nos magoam, ainda somos completamente amados e protegidos pelo único Pai Perfeito. ❧

XED

Deus — o Pai Perfeito — nunca nos decepcionará, abandonará ou deixará de nos amar.

Edição letra gigante

10 DE JUNHO

A BÍBLIA em UM ANO:
2 Crônicas 34-36; João 19:1-22

Uma recepção calorosa

LEITURA: **1 Pedro 4:7-11**

Abram sua casa de bom grado para os que necessitam de um lugar para se hospedar. v.9

Quem vai abraçar todo mundo? Essa foi uma das perguntas que o nosso amigo Estêvão fez depois que recebeu a notícia de que tinha câncer e percebeu que ficaria longe da igreja por um tempo. Estêvão é o tipo de pessoa que faz todo mundo sentir-se bem-vindo — com uma saudação amigável, um caloroso aperto de mãos e até um "abraço santo" em alguns — adaptando a colocação de Romanos 16:16, que diz: "Saúdem uns aos outros com beijo santo".

E agora, enquanto oramos para que Deus cure o nosso amigo, ele está preocupado que, durante o tempo da cirurgia e do tratamento — e longe da igreja local por um tempo, sentiremos falta daquelas recepções calorosas.

Talvez nem todos sejamos talhados para saudar os outros tão calorosamente como ele o faz, mas o seu exemplo de cuidado é um bom lembrete a nós. Lemos na Bíblia para abrirmos nossa "casa de bom grado para os que necessitam de um lugar para se hospedar" ou de forma centrada no amor (1 PEDRO 4:9; FILIPENSES 2:14). A hospitalidade no primeiro século incluía oferecer acomodações aos viajantes — e até isso sempre começa com uma saudação calorosa.

Ao interagirmos com os outros em amor, seja com um abraço ou apenas com um sorriso amigável, isso "...trará glória a Deus por meio de Jesus Cristo..." (v.11). JDB

Quando praticamos a hospitalidade, compartilhamos a bondade de Deus.

11 DE JUNHO

A BÍBLIA em UM ANO:
Esdras 1–2; João 19:23-42

Conselho de meu pai

LEITURA: **Provérbios 3:1-7**

Confie no SENHOR de todo o coração; não dependa de seu próprio entendimento. v.5

F**ui demitida** e orei a Deus pedindo ajuda para encontrar um novo emprego. Porém, quando as semanas passaram e nada surgiu de minhas tentativas entre conhecidos e dos envios de currículos, comecei a torcer o nariz. "O Senhor não sabe como é importante eu ter um emprego?", perguntei a Deus, cruzando os braços em protesto pela oração aparentemente sem resposta.

Meu pai sempre me lembrava de que eu devia crer nas promessas de Deus. E, quando falei sobre a minha situação, ele me disse: "Quero que chegue ao ponto de acreditar no que Deus diz".

O conselho de meu pai me lembra dos sábios conselhos de um pai a um filho amado em Provérbios 3. Essa passagem estava relacionada especialmente à minha situação: "Confie no SENHOR de todo o coração; não dependa de seu próprio entendimento. Busque a vontade dele em tudo que fizer, e ele lhe mostrará o caminho que deve seguir" (vv.5,6). "Mostrará o caminho" significa que Deus nos guiará segundo Seu objetivo para nosso crescimento. Seu objetivo principal é que eu me torne mais semelhante a Ele.

Isso não garante que os caminhos que Ele mostrar serão fáceis. Mas posso escolher confiar que a Sua direção e o Seu tempo são, principalmente, para o meu bem.

Você está esperando por uma resposta de Deus? Escolha aproximar-se dele e confiar que Ele o guiará. ❧

LMW

Senhor, obrigado por nos guiares e cuidares de nós em cada passo do caminho. Ajuda-nos a confiar em ti diariamente.

O seu Pai do céu sabe o que é melhor para você.

12 DE JUNHO

A BÍBLIA em UM ANO:
Esdras 3–5; João 20

Chamado pelo nome

LEITURA: **João 20:11-18**

"Maria!", disse Jesus. Ela se voltou para ele e exclamou: "Rabôni!" (que, em aramaico, quer dizer "Mestre!"). v.16

Os **publicitários** concluíram que a palavra que chama mais atenção e que provoca mais reações dos espectadores é o seu próprio nome. Assim, um canal de TV britânico introduziu anúncios personalizados nos serviços de transmissão ao vivo.

Podemos gostar de ouvir o nosso nome na televisão, mas isso pouco significa, pois não tem a intimidade que acompanha quando alguém que nos ama diz o nosso nome.

Jesus capturou a atenção de Maria Madalena quando, no túmulo onde fora colocado o Seu corpo após a crucificação, Ele a chamou pelo seu nome (v.16). Com aquela única palavra, ela reconheceu o Mestre que tinha amado e seguido e, imagino, com um ímpeto de incredulidade e alegria. A familiaridade com que Ele disse seu nome confirmou a ela que, sem dúvida, Aquele que a conhecia perfeitamente estava vivo e não morto.

Embora Maria tenha compartilhado um momento único e especial com Jesus, nós também somos individualmente amados por Deus. Jesus disse a Maria que Ele subiria para Seu Pai (v.17), mas também dissera aos Seus discípulos que não os deixaria sozinhos (14:15-18). Deus enviaria o Espírito Santo para viver e habitar em Seus filhos (ATOS 2:1-13).

A história de Deus não muda. Naquela época ou agora, Ele conhece aqueles a quem ama (JOÃO 10:14,15). Ele nos chama pelo nome.

ABP

> Amado Pai, Cristo vivo, Espírito Santo consolador, obrigado por me conhecerdes totalmente e me amardes incessantemente.

O Deus criador do cosmos também o criou, e o chama pelo nome.

13 DE JUNHO

A BÍBLIA em UM ANO:
Esdras 6-8; João 21

Amor humilde

LEITURA: **Filipenses 2:1-11**

O mais importante entre vocês deve ser servo dos outros. Mateus 23:11

Quando Benjamin Franklin era jovem, fez uma lista das 12 virtudes que desejava desenvolver ao longo da vida. Ele a mostrou a um amigo que sugeriu que adicionasse "humildade". Franklin gostou da ideia. Na sequência, ele acrescentou algumas orientações para ajudá-lo com cada item. Entre seus ideais sobre humildade, Franklin destacou Jesus como um exemplo a ser seguido.

Jesus nos revela o maior exemplo de humildade. A Palavra de Deus nos diz: "Tenham a mesma atitude demonstrada por Cristo Jesus. Embora sendo Deus, não considerou que ser igual a Deus fosse algo a que devesse se apegar. Em vez disso, esvaziou a si mesmo; assumiu a posição de escravo e nasceu como ser humano" (vv.5-7).

Jesus demonstrou a maior humildade de todas. Apesar de eternamente com o Pai, escolheu submeter-se à cruz em amor, para que, através da Sua morte, pudesse alçar à alegria de Sua presença, qualquer um que o receba.

Imitamos a humildade de Jesus quando buscamos servir ao nosso Pai celeste, servindo aos outros. A bondade de Jesus nos ajuda a ter uma visão impressionante da beleza de nos colocar de lado para atender às necessidades dos outros. Não é fácil ter a humildade como objetivo em nosso mundo "individualista". Mas, ao descansarmos seguros no amor de nosso Salvador, Ele nos dará tudo o que precisamos para segui-lo. JBB

> Lindo Salvador, sou Teu servo. Por favor, ajuda-me a viver em Teu amor e ser uma benção para alguém hoje.

Podemos servir porque somos amados.

14 DE JUNHO

A BÍBLIA em UM ANO:
Esdras 9–10; Atos 1

Acalmando a crítica

LEITURA: **Neemias 4:1-6**

Então orei: "Ouve-nos, nosso Deus, pois estamos sendo ridicularizados...". v.4

Participo de uma equipe que realiza um evento anual. Durante 11 meses, revemos detalhes: escolhemos data, local; fixamos o valor do ingresso; selecionamos desde vendedores de alimentos a técnicos de som. Com a proximidade do evento, respondemos as perguntas da comunidade e damos orientações. Depois, coletamos opiniões. Algumas boas, outras difíceis de ouvir. Recebemos elogios e reclamações. As reações negativas podem ser desanimadoras e, às vezes, nos tentam a desistir.

Neemias também recebeu críticas durante a reconstrução dos muros de Jerusalém. Zombaram dele e de sua equipe, dizendo: "Basta uma raposa subir lá, e esse muro de pedra desaba" (v.3). A reação dele às críticas ajudam-me a lidar com a minha situação: em vez de ele sentir-se abatido ou refutar os comentários, orou a Deus. Em vez de rebater as críticas, buscou a Deus. Não lhes respondeu diretamente, mas pediu a Deus que ouvisse como o Seu povo estava sendo tratado e o defendesse (v.4). Após confiar suas preocupações a Deus, eles continuaram a reconstruir o muro "com entusiasmo" (v.6).

Podemos aprender com Neemias a não nos distrairmos com a crítica ao nosso trabalho. Ao sermos criticados ou ridicularizados, em vez de reagirmos com mágoa ou raiva, peçamos a Deus que nos defenda do desânimo, de modo a continuarmos a trabalhar com entusiasmo. ❂

KHH

Senhor, ajuda-me a avaliar as críticas, a confiar em ti e a continuar meu trabalho com entusiasmo.

Deus é a nossa melhor defesa contra a crítica.

15 DE JUNHO

A BÍBLIA em UM ANO:
Neemias 1–3; Atos 2:1-21

"Amável!"

LEITURA: **Jeremias 31:1-6**

Eu amei você com amor eterno, com amor leal a atraí para mim. v.3

"Amável!" A exclamação veio de minha filha. Eu não sabia o que ela queria dizer. Então ela bateu em sua camiseta, herança de uma prima. Na frente, a palavra: "Amável." Abracei-a com força, e ela sorriu. "Você é amável!", retribuí. Seu sorriso ficou ainda maior, se é que isso era possível, enquanto se soltava e repetia a palavra.

Não sou um pai perfeito, mas aquele momento foi. Naquela interação espontânea e linda, vislumbrei no rosto radiante de minha menina o que é receber o amor incondicional: foi um retrato de prazer. Ela compreendeu que a palavra em sua camiseta correspondia exatamente a como seu pai se sentia em relação a ela.

Quantos de nós sabemos, no fundo do coração, que somos amados por um Pai cuja afeição é ilimitada? Às vezes, lutamos com isso. Os israelitas lutaram. Questionavam se as provações significavam que Deus não os amava mais. Porém, em Jeremias 31:3, o profeta os lembra do que Deus dissera: "amei você com amor eterno". Nós também desejamos esse amor incondicional. Embora as feridas, decepções e erros que experimentamos possam nos fazer sentir que não somos amáveis, Deus abre os Seus braços — os braços de um Pai perfeito — e nos convida a experimentar o Seu amor e descansar nele.

ARH

> Senhor, as dificuldades da vida podem nos fazer crer que não somos amáveis. Por favor, ajuda-nos a receber o Teu amor eterno, que transforma a nossa vida.

Ninguém nos ama tanto quanto Deus, o nosso Pai celeste.

16 DE JUNHO

A BÍBLIA em UM ANO:
Neemias 4–6; Atos 2:22-47

Como anunciado

LEITURA: **João 16:25-33**

...Aqui no mundo vocês terão aflições, mas animem-se, pois eu venci o mundo. v.33

Durante umas férias, meu marido e eu nos inscrevemos para um passeio de barco. Usando chinelos, vestido e chapéu, lamentei ao descobrir que — diferentemente do anunciado — a viagem incluía corredeiras leves. Felizmente, estávamos com um casal que tinha experiência em corredeiras. Ensinaram meu marido sobre o manejo do remo e prometeram que navegaríamos juntos com segurança até o destino. Grata pelo colete salva-vidas, gritei e agarrei a alça de plástico do barco até o fim do passeio. Saí do barco e derramei a água da bolsa enquanto meu marido me ajudava a torcer a barra do vestido ensopado. Rimos muito apesar de a viagem não ter sido como o anunciado.

O folheto turístico deixou de fora um detalhe importante da viagem, porém, Jesus alertou explicitamente os Seus discípulos sobre as águas agitadas pela frente. Disse-lhes que seriam perseguidos e martirizados e que Ele morreria e ressuscitaria. Jesus também garantiu Sua confiabilidade, afirmando que os guiaria rumo ao inegável triunfo e esperança eterna (vv.16-33).

Embora fosse bom se a vida fosse mais fácil quando seguimos a Jesus, Ele deixou claro que Seus discípulos teriam problemas, mas prometeu estar conosco. As provações não definem, limitam ou destroem os planos de Deus para nós porque a ressurreição de Jesus já nos impulsionou para a vitória eterna. ◊

XED

Senhor, obrigado por Tuas promessas de que permaneces ao nosso lado.

Jesus promete estar conosco nas águas mais bravias.

17 DE JUNHO

A BÍBLIA em UM ANO:
Neemias 7–9; Atos 3

Nosso lugar seguro

LEITURA: **Salmo 91**

Isto eu declaro a respeito do Senhor: ele é meu refúgio, meu lugar seguro, ele é meu Deus e nele confio. v.2

Meu primeiro emprego foi em uma lanchonete. Um sábado à noite, um rapaz ficou rondando, perguntando a que horas eu sairia do trabalho. Isso me incomodou. Conforme a hora passava, ele pedia batatas fritas, depois uma bebida, assim o gerente não o mandava sair. Embora eu não morasse longe, estava com medo de andar sozinha por alguns estacionamentos e um trecho de terreno arenoso. Por fim, à meia-noite, fui ao escritório fazer um telefonema.

A pessoa que atendeu — meu pai — sem pensar duas vezes, saiu de sua cama quentinha e, cinco minutos depois, estava lá para me levar para casa.

O tipo de certeza que eu tinha de que meu pai viria em meu socorro naquela noite me lembra a segurança que lemos no Salmo 91. Nosso Pai celeste está sempre conosco, nos protegendo e cuidando quando estamos confusos, com medo ou necessitados. Ele declara: "Quando clamar por mim, eu responderei..." (v.15). Ele não é apenas um lugar para onde podemos correr em busca de segurança. Ele é nosso abrigo (v.1). Ele é o nosso refúgio onde podemos estar seguros (v.2).

Em momentos de medo, perigo ou incerteza, podemos confiar na promessa de Deus de que, quando o chamarmos, Ele nos ouvirá e estará conosco em nossos problemas (vv.14,15). Deus é o nosso lugar seguro. CHK

Querido Pai, obrigado por seres o meu refúgio e lugar seguro.

O Deus vivo será sempre o nosso abrigo.

18 DE JUNHO

A BÍBLIA em UM ANO:
Neemias 10–11; Atos 4:1-22

Abençoando na bagunça

LEITURA: **Gênesis 28:10-22**

...aquele que começou a boa obra em vocês irá completá-la até o dia em que Cristo Jesus voltar.
Filipenses 1:6

À s vezes penso, *meti-me nessa confusão, e é melhor dar um jeito de sair*. Embora creia no Deus da graça, ainda tendo a agir como se a ajuda dele estivesse disponível apenas quando eu a mereço. O primeiro encontro de Deus com Jacó é uma bela ilustração dessa inverdade.

Jacó tinha passado a vida inteira tentando mudar o seu destino. Fora o segundo a nascer num tempo em que primogênitos recebiam a bênção paterna. Acredita-se que, para garantir prosperidade, ele decidiu fazer qualquer coisa para consegui-la. Por fim, mentindo, obteve a bênção destinada ao irmão (27:19-29).

Mas o preço foi a família dividida, e Jacó fugindo do irmão enfurecido (vv.41-43). Ao anoitecer (22:11), Jacó deve ter se sentido muito distante de uma vida abençoada.

Porém, foi ali, deixando para trás o rastro da decepção, que ele encontrou Deus. O Senhor lhe mostrou que ele não precisava de esquemas para ser abençoado; Jacó já era abençoado. Seu destino — um propósito maior do que prosperidade material (v.14) — estava assegurado por Aquele que jamais o deixaria (v.15). Jacó passaria a vida inteira aprendendo essa lição.

E nós também passaremos. Não importa quantos são os nossos arrependimentos ou quão distante Deus parecer, Ele ainda está ali — bondosamente nos afastando de nossa bagunça à Sua bênção.

MRB

Deus nunca desiste do Seu amor e propósito para a nossa vida.

19 DE JUNHO

A BÍBLIA em UM ANO:
Neemias 12-13; Atos 4:23-37

Julgamento danoso

LEITURA: **Mateus 7:1-6**

Não julguem para não serem julgados. v.1

Tenho sido rápida em julgar quem vejo andando na rua olhando para um celular. *Como podem estar tão alheios aos carros prestes a atingi-los?* Digo a mim mesma. *Não se importam com a própria segurança?* Mas, um dia, atravessando a entrada de um beco, eu estava tão absorta numa mensagem de texto, que não vi um carro à minha esquerda. Felizmente, o motorista me viu e freou bruscamente. Senti-me envergonhada. Todos os meus julgamentos voltavam-se contra mim. Eu tinha julgado os outros e fizera exatamente a mesma coisa.

No Sermão do Monte, Jesus abordou esse tipo de hipocrisia: "Primeiro, livre-se do tronco em seu olho; então você verá o suficiente para tirar o cisco do olho de seu amigo" (v.5). Eu tinha um enorme "tronco" — um ponto cego pelo qual media os outros com meu próprio julgamento danoso.

O Senhor também disse: "O padrão de medida que adotarem será usado para medi-los" (v.2). Relembrando o olhar aborrecido no rosto do motorista naquele dia, depois de ter que frear bruscamente quando entrei na frente do carro dele, lembro-me do jeito aborrecido com que eu olhara para os outros absortos em seus celulares.

Nenhum de nós é perfeito. Mas, às vezes, me esqueço disso em minha ânsia de julgar os outros. Todos nós precisamos da graça de Deus.

LMW

Pai celeste, por favor, ajude-me a ser rápido em consolar e encorajar e, também, a ser lento em julgar.

Não se apresse em julgar os outros.

20 DE JUNHO

A BÍBLIA em UM ANO:
Ester 1–2; Atos 5:1-21

Cada momento importa

LEITURA: **Filipenses 1:12-24**

Pois, para mim, o viver é Cristo, e o morrer é lucro. v.21

Quando conheci Ada, ela era a única sobrevivente de todo o seu grupo de amigos e família e morava numa casa de repouso. "A pior parte de envelhecer é ver todo mundo seguir em frente e deixar você para trás", disse-me. Um dia, eu lhe perguntei sobre o que lhe capturava o interesse e como passava o seu tempo. Ela respondeu com uma passagem das Escrituras, do apóstolo Paulo (FILIPENSES 1:21): "...para mim, o viver é Cristo, e o morrer é lucro". E acrescentou: "Enquanto estiver por aqui, tenho trabalho a fazer. Nos meus bons dias, falo às pessoas daqui sobre Jesus; nos dias difíceis, ainda posso orar".

É significativo que Paulo, na prisão, tenha escrito a carta aos filipenses. Ele reconheceu o que muitos cristãos entendem quando enfrentam sua mortalidade: apesar de o Céu parecer tão convidativo, o restante do tempo que temos na Terra importa para Deus.

Como Paulo, Ada reconhecia que cada respiro que dava era uma oportunidade de servir e glorificar a Deus. Portanto, ela passava os seus dias amando os outros e apresentando-os ao seu Salvador.

Mesmo em nossos momentos mais sombrios, os cristãos podem se agarrar à promessa de alegria permanente na companhia de Deus. E, enquanto vivemos, desfrutamos um relacionamento com Ele. O Senhor preenche os nossos momentos com significado. ◆

RKK

Senhor, fortalece-me para servir-te, para que os dias que me restam importem para o Teu reino.

Quando Deus nos chamar para o lar, que Ele possa nos encontrar servindo-o.

21 DE JUNHO

A BÍBLIA em UM ANO:
Ester 3–5; Atos 5:22-42

Contando o tempo

LEITURA: **Salmo 90:9-17**

Aproveitem ao máximo todas as oportunidades nestes dias maus. Efésios 5:16

Citando um provérbio africano em seu livro *Impossible People* (Pessoas impossíveis), Os Guinness disse: "Os ocidentais têm relógios, os africanos têm tempo". Isso me fez pensar nas vezes em que respondi a um pedido com "Não tenho tempo". Pensei na tirania da urgência e como os compromissos e prazos dominam minha vida.

Moisés orou no Salmo 90: "Ajuda-nos a entender como a vida é breve, para que vivamos com sabedoria" (v.12). E Paulo escreveu: "...sejam cuidadosos em seu modo de vida [...] aproveitem ao máximo todas as oportunidades nestes dias maus" (vv.15,16).

Suspeito que Paulo e Moisés concordariam que nosso uso sábio do tempo não é apenas uma questão de olhar o relógio. A situação pode nos exigir ter uma agenda apertada ou nos compelir a dar a alguém o precioso presente de nosso tempo.

Temos apenas um breve momento para fazer a diferença por Cristo em nosso mundo e precisamos maximizar essa oportunidade. Isso pode significar ignorar um pouco os nossos relógios e agendas enquanto mostramos o amor paciente de Cristo àqueles que Ele coloca em nossa vida.

À medida que vivemos na força e sob a graça do Cristo eterno, impactamos nosso tempo para a eternidade. Administrar o tempo não é olhar o relógio, é aproveitar ao máximo o tempo que temos. 🌿

WEC

Pai, tens nos dado todo o tempo que precisamos para realizar o que nos dás para fazer. Que o usemos de forma a honrar-te.

O tempo é aquilo que você faz dele.

22 DE JUNHO

A BÍBLIA em UM ANO:
Ester 6–8; Atos 6

Amizade com Jesus

LEITURA: **Filipenses 3:7-14**

...todas as outras coisas são insignificantes comparadas ao ganho inestimável de conhecer a Cristo... v.8

Jamais esquecerei o dia em que tive o privilégio de me sentar próximo a Billy Graham em um jantar. Sentia-me honrado, mas, de certa forma, nervoso sobre o que deveria dizer. Achei que seria um quebra-gelo interessante perguntar o que ele mais amava sobre os seus anos de ministério. Então, estranhamente comecei a sugerir respostas possíveis. Seria conhecer presidentes, reis e rainhas? Ou pregar o evangelho a milhões de pessoas pelo mundo?

Antes que eu pudesse terminar, Rev. Graham me deteve. Sem hesitação, disse: "A minha maior alegria é ter comunhão com Jesus, sentir Sua presença, aprender a Sua sabedoria e receber Sua orientação e direção". Instantaneamente senti-me culpado e desafiado. Culpado porque não tenho certeza de que a resposta dele teria sido a minha, e desafiado porque gostaria que fosse.

Era isso que Paulo tinha em mente quando relatou que suas grandes realizações não tinham qualquer valor comparadas "...ao ganho inestimável de conhecer a Cristo Jesus..." (v.8). Pense em quão rica seria a vida se Jesus e nossa amizade com Ele fosse a nossa maior busca. ❧

JMS

> Senhor, perdoa-me por correr atrás de coisas que importam bem menos do que a minha amizade contigo. Obrigado por estares pronto a enriquecer minha vida com a Tua presença e poder.

Para permanecer fiel onde Deus o colocou, coloque Cristo em primeiro lugar em seu coração.

23 DE JUNHO

A BÍBLIA em UM ANO:
Ester 9–10; Atos 7:1-21

Pertencendo

LEITURA: **Isaías 44:1-5**

O Senhor, que o criou e que o ajuda, diz: Não tema... v.2

Eu tinha ficado na rua até tarde na noite anterior, como fazia todos os sábados. Com apenas 20 anos, estava fugindo de Deus o quanto podia. Porém, de repente, senti-me compelido a ir à igreja que meu pai pastoreava. Vesti os jeans desbotados e a camiseta amarrotada e atravessei a cidade.

Não lembro o sermão daquela noite, mas não esqueço como meu pai ficou feliz em me ver. Com o braço sobre meus ombros, apresentou-me a todos. "É o meu filho!", declarava orgulhosamente. A alegria dele se tornou uma imagem do amor de Deus, que está comigo há décadas.

A imagem de Deus como Pai amoroso ocorre por toda a Bíblia. Em Isaías 44, o profeta interrompe uma série de alertas para proclamar a mensagem divina de amor familiar. "Não tema [...] ó querido Israel, [...] meu escolhido. Pois [...] Derramarei meu Espírito sobre seus descendentes e minha bênção sobre suas futuras gerações" (vv.2,3). Isaías registrou como a reação dos descendentes demonstraria o orgulho da família. "Alguns afirmarão: 'Pertenço ao Senhor'" e acrescentou: "Alguns escreverão nas mãos o nome do Senhor..." (v.5).

A instável Israel pertencia a Deus, assim como eu pertencia ao meu pai adotivo. Nada do que eu fizesse o faria perder o seu amor por mim. Ele deu-me um vislumbre do amor de nosso Pai celeste por nós. ❧

TLG

Pai, viemos de famílias despedaçadas de alguma forma. Obrigado por nos amares e nos mostrares como é o verdadeiro amor.

O amor de Deus nos dá a sensação de pertencimento e identidade que todos precisamos.

24 DE JUNHO

A BÍBLIA em UM ANO:
Jó 1–2; Atos 7:22-43

Consolo de um amigo

LEITURA: **Jó 2:7-13**

Não disseram nada, pois viram que o sofrimento de Jó era grande demais. v.13

Li sobre uma mãe que ficou surpresa ao ver a filha chegar da escola enlameada da cintura para baixo. A menina explicou que uma amiga tinha escorregado e caído em uma poça de lama. Enquanto outra colega correu para buscar ajuda, a garota ficou com pena da amiga sozinha segurando a perna machucada e resolveu sentar-se na poça de lama com a menina até que um professor chegasse.

Quando Jó experimentou a perda devastadora de seus filhos e foi afetado por dolorosas feridas em todo o corpo, o sofrimento foi monstruoso. A Bíblia relata que três de seus amigos queriam consolá-lo. "Quando viram Jó de longe, mal o reconheceram. Choraram alto, rasgaram seus mantos e jogaram terra ao ar, sobre a cabeça. Depois, sentaram-se no chão com ele durante sete dias e sete noites. Não disseram nada, pois viram que o sofrimento de Jó era grande demais" (vv.12,13).

No início, os amigos de Jó demonstraram compreensão. Perceberam que Jó precisava simplesmente de alguém para sentar-se ao lado dele e chorar. Os três homens começam a falar nos capítulos seguintes. A ironia é que, ao falarem, deram maus conselhos a Jó (16:1-4).

Com frequência, o melhor que podemos fazer para consolar um amigo é permanecer ao seu lado em seus sofrimentos.

LMS

> Pai celeste, ajuda-me a ser um bom amigo aos que sofrem. Obrigado por Tua promessa de estar perto de quem sofre e trazer encorajamento através de Teu Santo Espírito.

A presença de um amigo em meio ao sofrimento traz grande consolo.

25 DE JUNHO

A BÍBLIA em UM ANO:
Jó 3–4; Atos 7:44-60

Dar graças

LEITURA: **Colossenses 3:12-17**

E tudo que fizerem ou disserem, façam em nome do Senhor Jesus, dando graças a Deus, o Pai, por meio dele. v.17

Há muitos anos, gosto dos escritos do autor britânico G. K. Chesterton. Seu humor e observações normalmente me fazem rir e, na sequência, parar para refletir mais seriamente. Por exemplo, ele escreveu: "Você dá graças antes das refeições. Tudo bem. Mas eu dou graças antes da peça e da ópera, antes do concerto e da comédia, agradeço antes de abrir um livro, e antes de rascunhar, pintar, nadar, consertar a cerca, lutar boxe, tocar, dançar; e dou graças antes de mergulhar a caneta no tinteiro".

É bom agradecermos ao Senhor por cada refeição, mas não deveria ficar só nisso. O apóstolo Paulo via cada atividade, cada esforço como algo pelo qual devemos agradecer a Deus e que deve ser feito para Sua glória. "E tudo que fizerem ou disserem, façam em nome do Senhor Jesus, dando graças a Deus, o Pai, por meio dele" (v.17). Recreação, trabalho e educação são oportunidades nas quais podemos honrar ao Senhor e expressar-lhe a nossa gratidão.

Paulo também encorajou os cristãos em Colossos: "Permitam que a paz de Cristo governe o seu coração, pois, como membros do mesmo corpo, vocês são chamados a viver em paz. E sejam sempre agradecidos " (v.15).

O melhor lugar para "dar graças" é em qualquer lugar e a qualquer momento em que quisermos agradecer ao Senhor e honrá-lo. ❖

DCM

Em tudo o que fizermos ou dissermos, vamos dar graças a Deus e honrá-lo.

26 DE JUNHO

A BÍBLIA em UM ANO:
Jó 5–7; Atos 8:1-25

Libertado

LEITURA: **Romanos 8:1,2,15-17**

Agora, portanto, já não há nenhuma condenação para os que estão em Cristo Jesus. v.1

Quando eu era menino no interior, algo nas galinhas me fascinava. Sempre que pegava uma, a segurava por uns instantes e depois, gentilmente, a soltava. Achando que eu ainda a estava segurando, a galinha permanecia quieta; mesmo estando livre para fugir, sentia-se acuada.

Quando colocamos nossa fé em Jesus, graciosamente Ele nos livra do pecado e das garras de Satanás. Entretanto, como pode levar um tempo para mudarmos nossos hábitos e comportamentos pecaminosos, Satanás pode nos fazer sentir acuados. Mas o Espírito de Deus nos libertou; Ele não nos escraviza. Paulo disse aos romanos: "Agora, portanto, já não há nenhuma condenação para os que estão em Cristo Jesus. Pois em Cristo Jesus a lei do Espírito que dá vida os libertou da lei do pecado, que leva à morte" (vv.1,2).

Através da leitura da Bíblia, da oração e do poder do Espírito Santo, Deus age em nós para nos purificar e nos ajudar a viver para Ele. A Bíblia nos encoraja a sermos confiantes em nossa caminhada com Jesus, sem nos sentir como se não tivéssemos sido libertados.

Jesus disse: "...se o Filho os libertar, vocês serão livres de fato" (JOÃO 8:36). Que a liberdade que temos em Cristo nos estimule a amá-lo e servi-lo. LD

> Senhor, perdoa-me por, às vezes, revisitar meu passado e esquecer-me de que lavaste os meus pecados. Obrigado por assumires o meu fardo e me libertares para desfrutar a vida contigo.

Minhas correntes caíram, meu coração foi liberto, levantei-me, dispus-me e o segui. CHARLES WESLEY

27 DE JUNHO

A BÍBLIA em UM ANO:
Jó 8–10; Atos 8:26-40

Desbloqueado

LEITURA: **Colossenses 1:13-23**

Agora, porém, ele os reconciliou consigo por meio da morte do Filho no corpo físico... v.22

Um **menino** nasceu com paralisia cerebral e era incapaz de se comunicar. Mas sua mãe jamais desistiu e, quando o filho tinha 10 anos, ela descobriu como se comunicar com ele através dos olhos e de um quadro. Ela disse: "Ele foi desbloqueado e podemos perguntar qualquer coisa". Agora Jonathan Bryan lê e escreve, incluindo poesia, e comunica-se através dos olhos. Quando lhe perguntaram como era "falar" com sua família e amigos, respondeu: "É maravilhoso dizer que os amo".

A história de Jonathan é profundamente tocante e me faz considerar como Deus nos desbloqueia da prisão do pecado. Como escreveu o apóstolo Paulo aos cristãos em Colossos, quando éramos "inimigos" (v.21), nosso comportamento maligno nos fazia inimigos de Deus, mas, através da morte de Cristo na cruz, somos apresentados a Deus como "livres de qualquer acusação" (v.22). Agora podemos viver "...de modo a sempre honrar e agradar ao Senhor..." na medida em que damos frutos, crescemos no conhecimento de Deus e somos fortalecidos por Seu poder (vv.10,11).

Podemos usar nossa voz desbloqueada para louvar a Deus e compartilhar Suas boas-novas de que não estamos mais presos a uma vida de pecado. Ao seguirmos na fé, podemos nos segurar firmes em nossa esperança em Cristo. ABP

> Senhor Deus, libertaste-nos das correntes da incredulidade e nos concedeste palavras para te louvar. Que possamos compartilhar essa liberdade com outros para a Tua glória.

O Senhor nos liberta da prisão do pecado.

28 DE JUNHO

A BÍBLIA em UM ANO:
Jó 11–13; Atos 9:1-21

Anel no lixo

LEITURA: **Mateus 13:44-46**

Peçam, e receberão. Procurem, e encontrarão. Batam, e a porta lhes será aberta. 7:7

Certa manhã, na faculdade, acordei e encontrei Carol, minha colega de quarto, em pânico. Seu anel de monograma tinha sumido. Procuramos por todos os cantos. Na manhã seguinte, reviramos até um latão de lixo. Rasguei um saco e disse: "Você está tão empenhada em achar isso!" "Não vou perder um anel de 600 reais!", ela respondeu.

A determinação de Carol me lembra a parábola que Jesus contou sobre o reino do Céu, que é "...como um tesouro escondido que um homem descobriu num campo. Em seu entusiasmo, ele o escondeu novamente, vendeu tudo que tinha e, com o dinheiro da venda, comprou aquele campo" (v.44). Para encontrar certas coisas, o esforço vale a pena.

Ao longo da Bíblia, Deus promete que aqueles que o buscarem o acharão. Em Deuteronômio, Ele explicou aos israelitas que o encontrariam caso se afastassem do pecado e o buscassem de todo o coração (4:28,29). Em 2 Crônicas, o rei Asa foi encorajado por promessa semelhante (15:2). E em Jeremias, Deus fez a mesma promessa aos exilados, dizendo que os tiraria do cativeiro (29:13,14).

Se buscarmos a Deus através de Sua Palavra, adoração e em nossa vida diária, o encontraremos. Ao longo do tempo, o conheceremos de modo mais profundo. Isso será muito melhor do que o doce momento em que Carol achou seu anel e o tirou de dentro de um daqueles sacos de lixo! JS

Senhor, ajuda-me a te buscar com todo o meu coração.

Para encontrar Deus, precisamos estar dispostos a buscá-lo.

29 DE JUNHO

A BÍBLIA em UM ANO:
Jó 14–16; Atos 9:22-43

Retratos de amor

LEITURA: **2 João 1:1-6**

Agora, senhora, peço-lhe que amemos uns aos outros. Não se trata de um novo mandamento; nós o temos desde o princípio. v.5

Meus filhos e eu começamos uma nova rotina. Todas as noites, antes de dormir, juntamos os lápis de cor e acendemos uma vela. Pedimos a Deus que nos ilumine, abrimos nossos diários e desenhamos ou escrevemos respostas a duas perguntas: "Quando demonstrei amor hoje?" e "Quando eu recusei amor hoje?".

Amar nosso próximo tem sido uma parte importante da vida cristã "desde o princípio" (v.5). É o que João escreve em sua segunda carta, pedindo que as pessoas amassem uns aos outros em obediência a Deus (vv.5,6). O amor é um dos assuntos favoritos das cartas dele. João afirma que praticar o amor verdadeiro é uma forma de saber que "...pertencemos à verdade", que estamos vivendo na presença de Deus (1 JOÃO 3:18,19). Quando meus filhos e eu refletimos sobre isso, descobrimos que o amor toma a forma de atos simples da vida: compartilhar um guarda-chuva, animar alguém triste ou fazer uma comida. Os momentos em que recusamos amor são igualmente práticos: fofocamos, nos recusamos a compartilhar, ou satisfazemos nossos próprios desejos sem pensar nas necessidades dos outros.

Prestar atenção todas as noites nos ajuda a ter mais consciência cada dia, a estar mais sintonizados no que o Espírito pode nos mostrar em nossa caminhada diária. Com a ajuda do Espírito Santo, estamos aprendendo a andar em amor (2 JOÃO 1:6).

ALP

Como posso demonstrar amor hoje?

30 DE JUNHO

A BÍBLIA em UM ANO:
Jó 17–19; Atos 10:1-23

Luz do mundo

LEITURA: **Apocalipse 3:14-22**

Estou à porta e bato. Se você ouvir minha voz e abrir a porta, entrarei... v.20

Uma das minhas obras de arte prediletas está na capela de uma universidade inglesa. A pintura *A Luz do Mundo*, do artista inglês William Holman Hunt, mostra Jesus segurando uma lanterna e batendo à porta de uma casa.

Algo intrigante na pintura é a porta não ter maçaneta. Quando questionado sobre a falta dela para abrir a porta, Hunt explicou que queria representar a imagem de Apocalipse 3:20: "Estou à porta e bato. Se você ouvir minha voz e abrir a porta, entrarei...".

As palavras do apóstolo João e a pintura ilustram a bondade de Jesus. Ele bate gentilmente à porta de nossa alma com a Sua oferta de paz. Jesus espera pacientemente que o respondamos. Ele não abre essa porta, nem força a Sua entrada em nossa vida. Jesus não nos impõe a Sua vontade. Em vez disso, Ele oferece a todos o presente da salvação e Sua luz para nos guiar.

A qualquer um que abrir a porta, Ele promete entrar. Não há quaisquer outras condições ou pré-requisitos.

Se ouvir a voz de Jesus e Seu suave bater à porta de sua alma, encoraje-se, saiba que Ele espera pacientemente e entrará se você o receber. ❧

LMS

> Senhor, obrigado pelo presente da salvação e por Tua promessa de entrar quando abrimos a porta. Por favor, ajuda-me a responder a esse chamado e abrir hoje a porta para ti.

Abra a porta para Jesus; Ele está esperando, pacientemente, por você.

Para viver plenamente

A lguns anos atrás, minha esposa, minha irmã, meu cunhado e eu decidimos fazer uma caminhada de ponta a ponta do *Grand Canyon* no Arizona, EUA. Essa foi a minha segunda caminhada nesse cânion, uma paisagem espetacularmente bela e acidentada de 446 km de comprimento e 1,6 km de profundidade. A caminhada de um extremo ao outro do cânion é de 34 km.

No início da nossa caminhada, percebi que tínhamos feito vários cálculos errados. Estávamos no final do verão, a época mais quente do ano. Havíamos iniciado a trilha tarde demais naquela manhã e ingerido pouca água.

Depois de poucas horas, minha irmã sentiu-se mal, desmaiou e ficou desorientada. Insisti para que fôssemos em frente, coloquei a mochila dela, com 23 quilos, sobre os meus ombros adicionando este peso à minha que já pesava 32 quilos. O dia foi passando e a temperatura subiu muito. Quando finalmente chegamos à área de deserto, o termômetro num poste ao lado da trilha indicava 53º Celsius. Na verdade, essa era a temperatura máxima que o termômetro conseguia registrar, portanto, não consigo nem mensurar o quanto o sol estava escaldante.

No restante daquela tarde, derretemos de suor, debatendo-nos entre as opções que tínhamos. Minha irmã sentia-se doente, e eu, desidratado. Estava severamente exausto e com náuseas. Nosso plano era caminhar por mais dois dias, até atingir a borda norte, mas, em nossas condições, as chances de atravessarmos com sucesso o terreno crepitante e acidentado eram mínimas. Era óbvio que tínhamos de alterar nosso plano inicial. Precisávamos sair do cânion, refazendo os quilômetros brutais que tínhamos acabado de trilhar para fazer o retorno.

Para tomar a decisão certa, eu teria que abrir mão de minhas expectativas e do meu "equipamento". Porém decidir isso não era fácil. Minha esposa e eu tínhamos sonhado em fazer essa aventura, organizar a nossa agenda de viagem exigira complexo planejamento e estratégia. Se desistíssemos agora, será que teríamos outra oportunidade para isso? Além disso, no estado em que eu estava, não poderia sair do cânion carregando duas mochilas; uma delas teria que deixar para trás. Eu tinha emprestado os equipamentos para a minha irmã, e, assim, uma das mochilas representava um bom investimento e a outra tinha valor sentimental. Eu não queria deixar nenhuma delas para trás. Teria de dar meia-volta e deixar algumas coisas para trás. Teria que me lembrar do que era melhor: a segurança das pessoas que amava (e a minha).

O que nos impede de buscar o que é bom para nós? De quais expectativas precisamos abrir mão quando enfrentamos as circunstâncias ao nosso redor? Precisamos seguir numa direção diferente? Se sim, quais "equipamentos" devemos abandonar?.

Ao olharmos as realidades que nos cercam, alguns de nossos maiores questionamentos têm a ver com Deus. *Se cremos que Deus é real, como lidamos com o mal, a guerra e a violência?* O mundo que conhecemos parece estar em desacordo com o conceito de um Deus amoroso. Alguns anos atrás, enfrentei um longo período obscuro durante o qual uma batalha implacável contra o medo ameaçou me desequilibrar. Certa madrugada, sentei-me num sofá de couro, gelado, enquanto minha família dormia. Orei entre lágrimas e raiva: *Algum dia isso vai acabar? Deus está em algum lugar? O que há de errado comigo?* Existe realmente um Deus que fará qualquer coisa para nos salvar, nos resgatar? Precisamos realmente de resgate.

A maioria de nós está dolorosa e tristemente ciente de que algo está terrivelmente errado em nosso mundo. Sabemos que as injustiças, a solidão e as divisões sociais são males contra os quais devemos lutar. Muitos de nós podemos nem saber o que pensamos sobre Deus ou a eternidade, mas sabemos que encontramos o mal em todos os lugares — em todos os lugares — em campos de refugiados, em terríveis atos de terror, em centros urbanos onde as vizinhanças são destroçadas e jovens são forçadas a vender seus corpos nas ruas.

E sabemos — de alguma forma, apenas sabemos — que não era para ser assim. Mas como sabemos disso? Meu palpite é de que temos essa intuição básica porque somos seres humanos criados à imagem de Deus.

Fomos criados para um mundo perfeito como o Éden, aquele maravilhoso cenário onde Deus soprou vida em Adão e Eva. Se fomos destinados a um mundo repleto de amor, de bondade e de Deus, faz sentido que suspiremos frente à beleza e que fiquemos furiosos com o mal. Talvez a história de Jesus — Deus se tornando humano, morrendo como um ato de amor sacrificial e então saindo de Seu túmulo como sinal da intenção de Deus de ressuscitar tudo o que a morte arruinou — nos diga o que nosso coração já sabe: somos destinados a ser pessoas de vida, não de morte.

Uma revista americana tem uma coluna fixa, chamada o "Questionário Proust", na qual as celebridades respondem a 21 perguntas sobre diversos assuntos. Numa de suas edições antigas, entrevistaram o ator e diretor Dennis Hopper e lhe perguntaram: "Qual é o seu maior medo?". Ele respondeu com uma única palavra: "Morte". Quando lhe pediram para citar seu maior pesar, Hopper respondeu: "Mortalidade — não viver para sempre". Esse tema sombrio reapareceu no final da entrevista, embora com um tom mais humorado: Como gostaria de morrer? "Calçado com minhas botas". Qual o lema de sua vida? "Nunca usar botas".

Queiramos ou não reconhecer, o triste fato é que algum dia cada um de nós dará seu último suspiro. Uma lápide marcará o lugar onde nossa família e amigos depositarão o nosso corpo para o descanso. E muitos se perguntam se isso será o final. No entanto, não precisamos esperar pelo túmulo para lidar com o aperto ameaçador da morte. A violência que aparece 24 horas por dia nos noticiários nos lembra de que nada está bem. Certamente há muita alegria neste mundo. Mas também, em muitos dias, vivemos no limite, ameaçados pela possibilidade do caos, cientes da fragilidade do nosso viver. E uma de nossas perguntas é apenas essa: Existe mesmo um Deus que fará qualquer coisa para mudar a nossa vida?

**Podemos ter alegria e confiança.
No final, tudo ficará bem.**

Das primeiras páginas até sua palavra final, a resposta da Bíblia é um retumbante "sim"!. A criação em si revela a insistência de Deus de que Ele nos fez para a abundância, a beleza e a vida. No relato de Gênesis, todos os dias, quando Deus terminava de fazer encostas verdejantes, ou pinheiros coloridos, ou uma maravilhosa disseminação de estrelas, Ele sentava-se e, com um profundo suspiro de contentamento, exalava uma palavra simples: *bom*. Dia um: *bom*. Dia dois: *bom*. Dias três, quatro, cinco: *bom*, *bom*, *bom*. Por fim, quando Deus criou a Sua obra-prima, o ser humano, Sua exclamação exuberante foi *muito bom*! Em outras palavras, seres humanos bons foram destinados a um mundo bom, a uma vida boa. Essa verdade está tecida em nosso ser e emerge junto aos nossos anseios por amor e esperança.

Entretanto, a história humana fez uma virada desastrosa. Quando Deus criou Adão e Eva, Ele os criou com a capacidade de escolher. Sempre houve a possibilidade deles se afastarem do Criador — e eles o fizeram. Adão e Eva acreditaram na mentira de que Deus era mau e não desejava o bem deles. Rejeitaram-no e escolheram um caminho renegado, e agora vivemos com as consequências daquela escolha, que é a morte. Quando abandonamos a Deus, resta somente a morte — a morte de tudo.

A morte se opõe à intenção de Deus para nós. Ela é contrária à vida bela e próspera que Deus projetou para Sua criação.

Mas Deus é o Deus de vida, não de morte. Deus é o Deus de bondade, não de destruição. Ele não poderia abandonar o povo que Ele ama, nem o mundo que Ele ama, assim como não poderia deixar de ser Deus. Não observou o Seu mundo de longe, impassível à nossa situação. Não cobriu os Seus ouvidos ou fechou os Seus olhos à ruína que trouxemos a nós mesmos. Não se manteve distante presunçosamente afirmando que merecíamos a calamidade que encontramos. Deus agiu. Ele veio a nós. Compelido por compaixão e amor por Sua criação, Deus veio a nós em forma humana. Jesus, o Filho de Deus, veio nos resgatar.

Na cruz, Jesus assumiu sobre Si todo o nosso mal e todo o nosso sofrimento. Na ressurreição, Jesus conquistou o que mais tememos: a vil realidade que desencadeia o caos em nosso mundo — a morte. Jesus saiu do túmulo, vitorioso sobre a morte.

A ressurreição de Jesus não é a promessa de que jamais teremos um túmulo, mas nos garante que a morte não tem mais poder sobre nós. Um dia, ressuscitaremos para uma vida totalmente nova. Cada remanescente da morte (guerra, doença, relacionamentos desfeitos, injustiça) será, no final, desmantelado. A morte — e todo o caos que ela inflige — não vence. Deus vence! A vida vence! Deus agiu e nos resgatou.

Quando nos deparamos com grandes dificuldades em nossa aventura no *Grand Canyon*, eu tive a escolha. A escolha errada levaria ao desastre. A escolha certa nos levaria à segurança e possivelmente salvaria nossas vidas. Mas, para fazer aquela escolha, precisei abrir mão de certas coisas.

Deus também nos oferece uma escolha. Estamos dispostos a abrir mão das coisas às quais nos agarramos tanto, convencidos de que são nossa vida? Estamos dispostos a nos aproximarmos de Deus para recebermos a bondade que Ele deseja nos dar?

Confiaremos que Deus é generoso, bom e deseja a nossa alegria? Confiaremos que Deus agiu (e agirá) em nosso favor?

Todas as nossas perguntas sobre Deus e o mal, sobre a vida e a morte e sobre o Seu aparente silêncio em meio ao medo implacável revelam a mesma preocupação: Uma vida melhor realmente é possível e Deus pode, verdadeiramente, oferecê-la?

Em Jesus encontramos boas-novas de "cair o queixo". A morte pode estar em qualquer lugar, mas ela não tem a palavra final. Jesus veio e, um dia, todo tipo de morte será desfeita. Como escreve o autor Frederick Buechner: "O que está perdido não é nada comparado ao que é achado, e toda a morte que houve, se colocada ao lado da vida, mal encherá uma xícara". Essa é a melhor vida que Deus destinou para nós, a verdadeira vida que Deus oferece. ❦

WINN COLLIER

1.º DE JULHO

A BÍBLIA em UM ANO:
Jó 20–21; Atos 10:24-48

Como Deus é?

LEITURA: **Hebreus 1:1-10**

O Filho irradia a glória de Deus, expressa de forma exata o que Deus é... v.3

Para comemorar uma ocasião especial, meu marido me levou a uma galeria de arte para escolher uma pintura como presente. Escolhi um pequeno quadro de um riacho fluindo por entre uma floresta. O riacho tomava boa parte da tela e a maior parte do céu não aparecia. Entretanto, o reflexo na água revelava o Sol, as copas das árvores e a atmosfera nebulosa. A única forma de "ver" o céu era olhando a superfície da água.

No sentido espiritual, Jesus é como o riacho. Quando queremos ver a Deus, olhamos para Jesus. O escritor de Hebreus disse que Jesus "...expressa de forma exata o que Deus é..." (v.3). Embora possamos conhecer fatos sobre Deus através de declarações diretas já expressas na Bíblia, como "Deus é amor", podemos aprofundar o nosso entendimento vendo como Deus agiria se enfrentasse os mesmos problemas que temos na Terra. Sendo Deus em forma humana, foi isso o que Jesus nos mostrou.

Na tentação, Ele revelou a santidade de Deus. Confrontando a obscuridade espiritual, demonstrou a autoridade divina. Lidando com os problemas das pessoas, mostrou-nos a sabedoria de Deus. Em Sua morte, Ele ilustrou o amor de Deus.

Embora não possamos compreender tudo sobre Deus — Ele é ilimitado e nosso pensamento é limitado — ao olharmos para Cristo não duvidamos do Seu caráter. ◉

JBS

Querido Deus, obrigado por criares um jeito de te conhecermos. Ajuda-nos a nos aproximarmos de ti, olhando para Jesus.

Olhar para Jesus nos revela o caráter de Deus.

2 DE JULHO

A BÍBLIA em UM ANO:
Jó 22–24; Atos 11

Prontos para explicar nossa fé

LEITURA: **1 Pedro 3:8-16**

...E, se alguém lhes perguntar a respeito de sua esperança, estejam sempre preparados para explicá-la. v.15

No hotel em que me hospedava, percebi um cartão na mesa de meu quarto, onde estava escrito: Bem-vindo! Oramos para que a sua estadia aqui seja relaxante e que suas viagens sejam produtivas. "Que o Senhor o abençoe e o proteja. Que o Senhor olhe para você com favor e lhe mostre bondade" (NÚMEROS 6:24,25).

O cartão da empresa que administra o hotel me fez querer saber mais, então acessei o site deles e li sobre seus princípios, pontos fortes e valores. De forma cativante, eles buscam a excelência e a prática da fé no ambiente de trabalho.

Os princípios deles me lembraram das palavras de Pedro aos seguidores de Jesus espalhados pela Ásia Menor. Ele os encorajou a demonstrar a fé em Cristo na sociedade onde viviam. Pedro lhes disse para, mesmo enfrentando ameaças e perseguição, não terem medo: "Em vez disso, consagrem a Cristo como o Senhor de sua vida. E, se alguém lhes perguntar a respeito de sua esperança, estejam sempre preparados para explicá-la" (v.15).

Um amigo meu chama isso de "estilo de vida que demanda explicação". Não importa onde vivamos ou trabalhemos, que, pela força de Deus, possamos viver hoje nossa fé — sempre prontos a responder gentil e respeitosamente a qualquer um que perguntar a razão de nossa esperança.

DCM

Que a nossa vida faça os outros perguntarem a razão de nossa esperança.

3 DE JULHO

A BÍBLIA em UM ANO:
Jó 25-27; Atos 12

Estou vendo você

LEITURA: **Salmo 121**

O SENHOR o guarda em tudo que você faz, agora e para sempre. v.8

Quando Xavier tinha 2 anos, ele saiu correndo pelos corredores da pequena loja de sapatos. Escondeu-se atrás de pilhas de caixas de sapatos e riu quando meu marido, Alan, disse: "Estou vendo você".

Pouco depois, vi Alan andar de um lado para outro, chamando Xavier. Corremos para a porta da loja. Nosso filho, rindo, corria em direção à rua movimentada.

Em segundos, Alan o agarrou e, enquanto agradecíamos a Deus, abraçamos, soluçamos e beijamos as bochechas de nosso filhinho.

Um ano antes de engravidar de Xavier, tínhamos perdido o nosso primeiro filho durante a gravidez. Quando Deus nos abençoou com outro, tornei-me uma mãe temerosa. A experiência na loja provou que nem sempre poderíamos ver ou proteger nosso filho. E quando me debatia com preocupação e medo aprendi a buscar paz em minha única fonte de socorro — Deus, e nele encontrei, paz.

Nosso Pai celeste nunca desvia o Seu olhar de Seus filhos (vv.1-4). Embora não possamos evitar as provações, mágoas ou perdas, podemos viver com fé, confiando em um Socorrista e Protetor sempre presente, que cuida de nossa vida (vv.5-8).

Certos dias, podemos nos sentir perdidos e desamparados, ou impotentes quando não conseguimos proteger nossos entes queridos. Porém, podemos confiar que o nosso Deus, que tudo sabe, nunca nos perde de vista — somos Seus filhos preciosos e amados. ❦

XED

Deus sempre conserva os Seus olhos sobre os Seus filhos.

4 DE JULHO

A BÍBLIA em UM ANO:
Jó 28–29; Atos 13:1-25

Um mundo perfeito

LEITURA: **Apocalipse 21:1-5**

E aquele que estava sentado no trono disse: "Vejam, faço novas todas as coisas!". v.5

Como tarefa escolar, Kátia tinha que escrever uma redação com o título: "Meu mundo perfeito". Começou assim: "Em meu mundo perfeito... sorvete é de graça, tem pirulitos por toda parte e o céu é sempre azul, com algumas nuvens de formatos interessantes". Na sequência, sua redação tomou um tom mais sério. "Nesse mundo, ninguém chegará a casa para receber notícias ruins. E ninguém precisará ser o portador delas".

Ninguém receberá notícias ruins ao chegar ao lar do Pai. Não é maravilhoso? Essas palavras apontam poderosamente para a confiante esperança que temos em Jesus. Ele está fazendo "...novas todas as coisas..." — curando e transformando nosso mundo (v.5).

O Céu é o lugar onde "...não haverá mais morte, nem tristeza, nem choro, nem dor" (v.4)! É um lugar de perfeita comunhão com Deus, que, por Seu amor, redimiu e reivindicou os cristãos como Seus (v.3). Que alegria maravilhosa nos espera!

Podemos experimentar uma antecipação desta realidade perfeita aqui e agora. Quando buscamos a comunhão diária com Deus, experimentamos a alegria de Sua presença (COLOSSENSES 1:12,13). E mesmo quando lutamos contra o pecado, experimentamos, em parte, a vitória que é nossa em Cristo (2:13-15), Aquele que conquistou completamente o pecado e a morte.

PFC

> Senhor, ajuda-nos a viver na esperança do dia em que habitaremos contigo, puros e sem mácula, em uma nova Terra em Tua presença para todo o sempre.

O mundo perfeito de Deus é para todos os que creem em Jesus.

5 DE JULHO

A BÍBLIA em UM ANO:
Jó 30–31; Atos 13:26-52

A maravilhosa criação de Deus

LEITURA: **Salmo 104:1-6,10-23**

As aves fazem ninhos junto aos riachos e cantam entre os ramos das árvores. v.12

Numa recente visita de nossos netos, divertimo-nos assistindo uma transmissão via web que monitorava uma família de águias. Todos os dias, observávamos a mãe, o pai e o filhote durante a rotina diária no ninho, no alto de uma árvore. Todos os dias, os pais mantinham vigília constante e protetora sobre o filhote, trazendo peixe de um rio próximo para alimentá-lo.

Essa pequena família de águias nos fornece uma imagem da maravilhosa obra de Deus, retratada pelo salmista no Salmo 104 — uma série de imagens da criação, que representam a criatividade de Deus.

Vemos a majestade da criação divina em relação ao Universo (vv.2-4).

Experimentamos a criação da própria Terra — águas, montanhas, vales (vv.5-9).

Maravilhamo-nos com os ciclos que Deus criou em nosso mundo: manhã/noite, escuridão/luz, trabalho/descanso (vv.19-23).

Deus criou com Suas mãos esse mundo glorioso para nossa alegria — e para Sua glória! "Todo o meu ser louve o SENHOR..." (v.1). Cada um de nós pode agradecer a Deus por tudo o que Ele nos deu para apreciar e desfrutar. ❖   JDB

> Louvado seja Deus! Louvado sejas, Senhor, pelas maravilhas da Terra que criaste.

A beleza da criação reflete a beleza do nosso Criador.

6 DE JULHO

A BÍBLIA em UM ANO:
Jó 32–33; Atos 14

Beleza escondida

LEITURA: **1 Samuel 16:1-7**

…As pessoas julgam pela aparência exterior, mas o SENHOR, olha para o coração. v.7

Precisei persuadir meus filhos a acreditar que valia a pena colocar o equipamento de mergulho e espiar o fundo do mar. Porém, depois do mergulho, eles emergiram extasiados: "Há milhares de peixes de todos os tipos! É lindo! Nunca vimos peixes tão coloridos!".

Como a água parecia com a dos lagos que temos perto de casa, se eles não tivessem mergulhado, teriam perdido a beleza escondida sob aquela superfície.

Quando o profeta Samuel foi a Belém ungir um dos filhos de Jessé como próximo rei, ele viu o mais velho, Eliabe, e impressionou-se com a sua aparência. Ele pensou que já havia encontrado o homem certo, mas o Senhor rejeitou Eliabe. Deus lembrou a Samuel que "O SENHOR não vê as coisas como o ser humano as vê. As pessoas julgam pela aparência exterior, mas o SENHOR olha para o coração" (v.7).

Samuel, então, perguntou se havia mais filhos. Davi, o mais novo, não estava no local, pois cuidava das ovelhas. Ele foi chamado e o Senhor ordenou que Samuel o ungisse.

Com frequência, olhamos às pessoas apenas superficialmente e nem sempre temos a calma de ver sua beleza interior, às vezes escondida. Nem sempre valorizamos o que Deus valoriza. Mas se tivermos tempo para espiar abaixo da superfície, poderemos encontrar um grande tesouro.

LMS

> Pai celeste, obrigado por nos valorizares com base no que somos interiormente. Dispõe-me a ver além do que meus olhos são capazes, e a descobrir a beleza verdadeira e duradoura.

Deus pode nos ajudar a ver a beleza interior nos outros.

7 DE JULHO

A BÍBLIA em UM ANO:
Jó 34–35; Atos 15:1-21

Declaração de dependência

LEITURA: **João 5:16-23**

...Pois, sem mim, vocês não podem fazer coisa alguma. 15:5

A mãe de Laura estava lutando contra o câncer, e certa manhã, Laura orou por ela com uma amiga que há anos era incapacitada por paralisia cerebral. Essa amiga orou: "Senhor, fazes tudo por mim. Por favor, faz tudo pela mãe da Laura".

Laura ficou profundamente tocada por essa "declaração de dependência" da sua amiga. Ao refletir sobre isso, disse: "Com que frequência reconheço a minha necessidade de Deus em tudo? Deveria fazer isso todos os dias!".

Durante Seus dias na Terra, Jesus demonstrou contínua dependência de Seu Pai. Pode-se achar que Jesus, por ser Deus em um corpo humano, teria todos os motivos para ser autossuficiente. Mas quando as autoridades religiosas lhe pediram uma razão por "trabalhar" no dia de descanso, por ter curado alguém num Sábado, Jesus respondeu: "...Eu lhes digo a verdade: o Filho não pode fazer coisa alguma por sua própria conta. Ele faz apenas o que vê o Pai fazer..." (v.19). Jesus também declarou Sua dependência!

A dependência de Jesus do Pai estabelece o maior exemplo do que significa viver em comunhão com Deus. Cada respiração é um presente de Deus, e Ele deseja que a nossa vida seja repleta de Sua força. Quando vivemos para amar e servir o Senhor através de nossa contínua oração e confiança em Sua Palavra, declaramos nossa dependência nele. JBB

> Senhor, preciso de ti. Ajuda-me a viver para servir-te. Louvo-te por seres meu Salvador e minha força!

A oração é a nossa declaração de dependência de Deus.

8 DE JULHO

A BÍBLIA em UM ANO:
Jó 36–37; Atos 15:22-41

Muitos dons, um propósito

LEITURA: **1 Coríntios 12:4-14**

O corpo humano tem muitas partes, mas elas formam um só corpo. O mesmo acontece com relação a Cristo. v.12

No México, meu país natal, o milho é o alimento básico. Há muitos tipos diferentes: espigas amarelas, marrons, vermelhas e pretas, e até algumas com lindos padrões salpicados. Mas, nas cidades, as pessoas normalmente não comem as espigas *manchadas*. Amado Ramírez, chef e pesquisador explica que as pessoas acreditam que a uniformidade é sinônimo de qualidade. Ainda assim, as espigas manchadas são saborosas e fazem ótimas tortilhas.

A Igreja de Cristo assemelha-se mais a uma espiga de milho de cores diversas, do que aquela de cor única. Paulo usou a imagem de um corpo para descrevê-la porque, embora sejamos um só Corpo, e tenhamos o mesmo Deus, cada um recebeu um dom diferente. Ele escreveu: "Existem tipos diferentes de serviço, mas o Senhor a quem servimos é o mesmo. Deus trabalha de maneiras diferentes, mas é o mesmo Deus que opera em todos nós" (vv.5,6). A diversidade de formas como ajudamos uns aos outros demonstra a generosidade e a criatividade de Deus.

Ao embraçarmos nossa diversidade, vamos nos esforçar para manter nossa unidade em fé e propósito. Sim, temos habilidades e experiências distintas, falamos idiomas diferentes e viemos de países diversos. Mas temos o mesmo Deus maravilhoso, o Criador que se deleita com tamanha variedade. KOH

> Pai, que possamos fazer todos os esforços para sermos um, respeitando e valorizando uns aos outros, bem como os nossos variados dons e talentos.

Precisamos uns dos outros para ser o que Deus quer que sejamos.

9 DE JULHO

A BÍBLIA em UM ANO:
Jó 38–40; Atos 16:1-21

Sossega, minha alma!

LEITURA: **Salmo 131**

...acalmei e aquietei a alma... v.2

Imagine um pai inclinando-se com amor sobre o filho, dedo indicador tocando o nariz e os lábios, dizendo gentilmente: "shhhh." A atitude e as palavras simples confortam e aquietam os pequenos em meio à decepção, desconforto ou dor. As cenas como essa são universais e atemporais, e a maioria de nós já esteve nessa situação: como pai ou filho. Essa é a imagem que vem à minha mente quando reflito sobre o Salmo 131:2.

A linguagem e a fluidez deste salmo sugerem que Davi, o seu autor, tenha vivenciado algo que lhe provocou séria reflexão. Você já experimentou um desapontamento, derrota ou fracasso que provocou uma oração profunda e reflexiva? O que você faz ao ser humilhado pelas circunstâncias da vida? E o que faz quando fracassa em um teste, perde o emprego ou vivencia o fim de um relacionamento? Davi derramou o seu coração ao Senhor e, no processo, fez um honesto exame de consciência (v.1). Ao fazer as pazes com a sua situação, encontrou o contentamento como o de uma criança que se satisfaz simplesmente em estar ao lado de sua mãe (v.2).

As circunstâncias da vida mudam e, às vezes, somos humilhados. Ainda assim, podemos ter esperança e contentamento sabendo que há alguém que prometeu nunca nos deixar ou abandonar. Podemos confiar totalmente no Senhor. ALJ

Pai, ajuda-me a não ficar ansioso com as mudanças em minha vida, e a confiar e encontrar o contentamento apenas em ti.

Somente em Cristo encontramos o verdadeiro contentamento.

10 DE JULHO

A BÍBLIA em UM ANO:
Jó 41-42; Atos 16:22-40

Deus das profundezas

LEITURA: **Jó 41:12-34**

Ali está o oceano, vasto e imenso, [...] e o Leviatã, que criaste para brincar no mar. Salmo 104:25,26

Um **biólogo** marinho afirmou: "No profundo mar, em cada amostra retirada, descobre-se uma nova espécie". Recentemente, em apenas um ano, os cientistas identificaram 1.451 novos tipos de vida submarina. Não conhecemos nem metade do que há lá embaixo.

Em Jó 38-40, Deus revisou a Sua criação. O Senhor destacou as maravilhas do tempo, a vastidão do cosmos e a variedade de criaturas em seus *habitats*. Essas são as coisas que podemos observar. Deus também falou do misterioso Leviatã —, uma criatura diferente, com couraça que repele arpões (41:7,13), enorme força, forma perfeita (v.12), e dentes aterrorizantes (v.14). Da boca saem chamas de fogo e as narinas dele soltam fumaça (vv.19,20). "Não há nada na terra semelhante a ele..." (v.33).

Esta é uma criatura que jamais vimos. Isso é tudo? Não! O objetivo desse capítulo é ampliar nossa compreensão do surpreendente caráter de Deus. O salmista expandiu: "Ali está o oceano, vasto e imenso, [...] e o Leviatã, que criaste para brincar no mar" (104:25,26). Após a aterrorizante descrição em Jó, aprendemos que Deus criou um cercado para a terrível criatura. O Leviatã *diverte-se*.

Temos o presente para explorar o oceano e a eternidade para explorar as maravilhas de nosso magnífico, misterioso e lúdico Deus.

TLG

Senhor, criaste um mundo maravilhoso e a cada dia novas coisas revelam mais sobre ti.

Ao conhecermos mais sobre a criação, aprendemos ainda mais sobre o nosso Criador.

11 DE JULHO

A BÍBLIA em UM ANO:
Salmos 1-3; Atos 17:1-15

Estrangeiros acolhendo estrangeiros

LEITURA: **Levítico 19:1-9,33,34**

...amem-nos como a si mesmos. Lembrem-se de que vocês eram estrangeiros [...] na terra do Egito... vv.33,34

Quando meu marido e eu nos mudamos para ficar perto da irmã dele, não sabíamos onde iríamos morar ou trabalhar. Uma igreja local nos ajudou a achar uma casa contendo muitos quartos para alugar. Poderíamos morar em um e alugar os outros para estudantes estrangeiros. Nos anos seguintes, éramos estrangeiros acolhendo estrangeiros: compartilhávamos a nossa casa e refeições com pessoas de todas as partes do mundo. E recebíamos dezenas de estudantes todas as noites de sexta-feira, para estudos bíblicos.

O povo de Deus sabe o que significa estar longe de casa. Por séculos, os israelitas foram estrangeiros e escravos, no Egito. Em Levítico 19, além de orientações como: respeitem aos pais e não roubem (vv.3,11), Deus os relembra a cuidar com empatia os estrangeiros, pois eles já sabiam o que significa ser estrangeiro e sentir medo (vv.33,34).

Embora nem todos nós, cristãos, tenhamos vivido o exílio literal, somos "estrangeiros" na Terra (1 PEDRO 2:11) — somos forasteiros porque nossa lealdade é com o reino celeste. Somos chamados a criar uma comunidade hospitaleira — estrangeiros acolhendo estrangeiros na família de Deus. A hospitalidade que experimentamos nos ensinou a estender isso aos outros — e isso é a base de ser a família de Deus (ROMANOS 12:13).

ALP

Deus, obrigado por nos acolheres em Tua família e na comunidade da fé. Dá-nos corações e lares que também sejam acolhedores.

Abram sua casa de bom grado para os que necessitam de um lugar para se hospedar. 1 PEDRO 4:9

12 DE JULHO

A BÍBLIA em UM ANO:
Salmos 4–6; Atos 17:16-34

Uma âncora em meio aos temores

LEITURA: **Isaías 51:12-16**

Sim, sou eu quem os consola... v.12

Você é alguém que se preocupa? Eu sou, e luto com a ansiedade quase diariamente. Preocupo-me com coisas grandes, pequenas; e às vezes parece que com tudo. Na adolescência, chamei a polícia quando os meus pais se atrasaram por 4 horas.

As Escrituras repetidamente dizem para não temermos. Por causa da bondade e poder de Deus, e por Ele ter enviado Jesus para morrer por nós e Seu Santo Espírito para nos guiar, os temores não devem dirigir a nossa vida. Deus prometeu estar conosco em meio a todas as circunstâncias.

O texto em Isaías 51:12-16 tem me ajudado muito. Deus lembrou ao Seu povo, que tinha enfrentado sofrimento tremendo, que Ele ainda estava com eles, e que Sua presença consoladora é a verdade principal. Não importa o quão ruins as coisas possam parecer: "Sim, sou eu quem os consola..." o Senhor disse através do profeta (v.12).

Amo essa promessa. Essas palavras têm sido âncora emocional para minha alma. Agarro-me a ela sempre que a vida parece esmagadora, quando meu "medo de opressores humanos" (v.13) é aterrador. Através deste texto, Deus me lembra de tirar o olhar de meus temores e, em fé e dependência, olhar para Aquele que "estendeu os céus" (v.13), e que promete nos consolar.

ARH

Senhor, às vezes as lutas parecem enormes, porém, tu és maior. Ajuda-nos a nos firmarmos em Tua promessa de consolo, e a experimentarmos a Tua provisão quando confiamos em ti.

A presença consoladora de Deus é mais poderosa do que os nossos medos.

13 DE JULHO

A BÍBLIA em UM ANO:
Salmos 7–9; Atos 18

Ele nos conhece

LEITURA: **Salmo 139:1-14**

Ó SENHOR, tu examinas meu coração e conheces tudo a meu respeito... vv.1,2

Será que Deus sabia que naquela noite, eu estava dirigindo os 160 quilômetros até a minha cidade? Dadas as condições em que me encontrava, a resposta não era simples. Eu estava com febre alta, dor de cabeça, e orava: "Senhor, sei que estás comigo, mas estou com dores!".

Cansado e fraco, parei, perto de um vilarejo. Dez minutos depois, ouvi uma voz. "Oi! Precisa de ajuda?" Eram homens da comunidade. A presença deles me fez bem. Quando disseram o nome do vilarejo, *Naa mi n'yala* (que significa "O Rei sabe o que me acontece!"), fiquei maravilhado. Tinha passado por ali dúzias de vezes, sem parar. Dessa vez, o Senhor usou o nome da comunidade para me lembrar que, sim, Ele, o Rei, estava comigo naquela estrada, em minha angústia. Encorajado, segui para a clínica mais próxima.

Deus nos conhece perfeitamente: ao realizarmos as tarefas diárias, em lugares e situações diferentes, não importa a nossa condição (vv.1-4,7-12). Ele não nos abandona, nem nos esquece, nem está tão ocupado que nos negligencie. Quando enfrentamos problemas ou circunstâncias difíceis — "escuridão" ou "noite" (vv.11,12), não estamos escondidos de Sua presença. Essa verdade nos dá tamanha esperança e segurança que podemos louvar ao Senhor que, cuidadosamente, nos criou e nos conduz pela vida (v.14).

LD

> Obrigado Senhor, por sempre saberes onde e como estou e por poder contar com o Teu cuidado. Tu conheces tudo a meu respeito.

Onde quer que estejamos, Deus conhece tudo a nosso respeito.

14 DE JULHO

A BÍBLIA em UM ANO:
Salmos 10–12; Atos 19:1-20

Escondendo nossas mágoas

LEITURA: **Hebreus 4:12,13**

...a palavra de Deus é viva e poderosa [...] trazendo à luz até os pensamentos e desejos mais íntimos. v.12

Eu tinha sido convidada a falar em uma igreja, e meu tema era uma história sincera sobre como apresentamos o nosso quebrantamento perante Deus e recebemos a cura que Ele deseja conceder. Antes de terminar com uma oração, o pastor se colocou no corredor central, olhou profundamente nos olhos dos seus congregantes, e disse: "Como seu pastor, tenho o privilégio de vê-los no meio da semana e ouvir suas histórias de quebrantamento. E nos cultos do fim de semana, sinto a dor de observá-los escondendo as suas mágoas".

Meu coração doía com as mágoas ocultas que Deus veio curar. O escritor de Hebreus descreve a Palavra de Deus como viva e poderosa. Muitos têm entendido essa "palavra" como a Bíblia, mas é mais do que isso. Jesus é a Palavra *viva* de Deus. Ele avalia nossos pensamentos e atitudes — e ainda assim nos ama.

Jesus morreu para nos dar acesso à presença de Deus, o tempo todo. E, embora saibamos não ser sábio compartilhar *tudo* com *todo mundo*, também sabemos que Deus pretende que a Sua Igreja seja um lugar onde possamos viver sinceramente como seguidores de Cristo, quebrantados e perdoados. Deve ser um lugar onde levamos "os fardos uns dos outros" (GÁLATAS 6:2).

O que você esconde dos outros, hoje? E está tentando esconder isso de Deus também? Ele nos vê através de Jesus e ainda assim nos ama.

ELM

Deus nos vê com os olhos de um Pai.

15 DE JULHO

A BÍBLIA em UM ANO:
Salmos 13–15; Atos 19:21-41

O melhor presente

LEITURA: **Lucas 11:9-13**

...Procurem, e encontrarão... v.9

Quando estava fazendo as malas para voltar para Londres, minha mãe me deu de presente um anel que lhe pertencia e que eu admirava. Surpresa, perguntei-lhe o porquê. Ela respondeu: "Acho que você deve aproveitar e usá-lo desde já. Por que esperar até eu morrer? Ele nem me serve mais". Com um sorriso, recebi o presente inesperado, uma herança prematura que me traz alegria.

Ela me deu um presente material, porém Jesus promete que Seu Pai dará o Espírito Santo àqueles que o pedirem (v.13). Se pais que estão deteriorados pelo pecado podem suprir necessidades (como alimentos) de seus filhos, quanto mais nosso Pai do céu dará aos Seus filhos. Através da dádiva do Espírito Santo (JOÃO 16:13), podemos experimentar esperança, amor, alegria e paz mesmo em tempos difíceis — e podemos compartilhar estes presentes com outros.

Na infância, podemos ter tido pais incapazes de amar e cuidar de nós integralmente; talvez tenhamos tido mães e pais que foram brilhantes exemplos de amor incondicional. Ou nossa experiência pode ter sido um meio-termo. Seja o que for que tenhamos vivido com nossos pais terrenos, podemos nos firmar na promessa de que o nosso Pai celeste nos ama incessantemente. Ele concedeu aos Seus filhos a dádiva do Espírito Santo. *ABP*

Pai celeste, o Teu amor por mim é maravilhoso. Ajuda-me a viver em Tua presença, compartilhando o Teu amor com os que eu encontrar.

Nosso Pai nos concede boas dádivas.

16 DE JULHO

A BÍBLIA em UM ANO:
Salmos 16–17; Atos 20:1-16

Sem a exigência de avalista

LEITURA: **Hebreus 6:13-20**

Quando a pessoa faz um juramento, invoca alguém maior que ela. E, [...] o juramento implica uma obrigação. v.16

Quando uma pessoa sem um longo histórico de pagar suas contas em dia quer obter um empréstimo para comprar uma casa ou um carro, as instituições normalmente relutam em assumir o risco financeiro. Sem um histórico de bom pagador, o compromisso pessoal é insuficiente para o banco. De modo geral, o candidato ao empréstimo deve apresentar alguém com um bom histórico financeiro como avalista, para que este também se comprometa financeiramente. O avalista promete garantir que o empréstimo será pago.

Quando nos prometem algo, seja por razões financeiras, conjugais ou outras, esperamos que cumpram a promessa feita. Queremos ter a certeza de que Deus também cumprirá Suas promessas. Quando Ele prometeu a Abraão que o abençoaria e multiplicaria "seus descendentes" (GÊNESIS 22:14,17), Abraão creu na palavra de Deus. Como Criador de tudo o que existe, não há ninguém maior do que Ele; somente Deus pode garantir Sua própria promessa.

Abraão precisou esperar pelo nascimento de seu filho (v.15) (e nunca viu a incontável descendência que viria), mas Deus foi fiel à Sua promessa. Quando Ele promete estar sempre conosco (13:5), nos manter em segurança (JOÃO 10:29), e nos consolar (2 CORÍNTIOS 1:3,4), nós também podemos confiar em Deus, pois Ele é fiel à Sua palavra. ❧

KHH

Deus é fiel em Suas promessas.

17 DE JULHO

A BÍBLIA em UM ANO:
Salmos 18–19; Atos 20:17-38

Não consigo

LEITURA: **1 Coríntios 1:26-31**

...a lei foi nosso guardião [...] até que, por meio da fé, pudéssemos ser declarados justos. Gálatas 3:24

"Não consigo!", gemeu o estudante. Na página, ele via apenas as letras pequenas, as ideias difíceis e um prazo implacável. Precisava da ajuda de seu professor.

Podemos sentir desespero semelhante ao lermos o Sermão do Monte. "...amem os seus inimigos..." (MATEUS 5:44). A ira é tão ruim quanto o assassinato (v.22). A cobiça é igual ao adultério (v.28). E se ousamos achar que podemos viver sob tais padrões, nos deparamos com: "...sejam perfeitos, como perfeito é seu Pai celestial" (v.48).

Oswald Chambers afirma que: "O Sermão do Monte produz desespero". Mas ele vê isso como algo positivo, pois "no desespero, estamos dispostos a ir a Jesus como indigentes, para receber algo dele".

Deus com frequência age de forma contrária ao que intuitivamente se espera: os que sabem que não podem fazer sozinhos, são os que recebem a graça de Deus. Como disse o apóstolo Paulo: "...poucos de vocês eram sábios aos olhos do mundo [...] Deus escolheu as coisas que o mundo considera loucura para envergonhar os sábios ..." (1 CORÍNTIOS 1:26,27).

Na sabedoria de Deus, o Mestre é também o nosso Salvador. Quando vamos a Ele com fé, por meio do Seu Espírito, usufruímos da "sabedoria de Deus", justiça, santificação, e libertação do pecado (v.30), e de graça e poder para viver para Ele. É por isso que Ele pode dizer: "Felizes os pobres de espírito, pois o reino dos céus lhes pertence" (MATEUS 5:3). TLG

Obrigado, Senhor, por seres a nossa justiça!

Podemos desfrutar da vida no reino de Deus, por meio do Seu Filho Jesus.

18 DE JULHO

A BÍBLIA em UM ANO:
Salmos 20–22; Atos 21:1-17

Qual é a sua paixão?

LEITURA: **Salmo 20:6-9**

Alguns povos confiam em carros de guerra, outros, em cavalos, mas nós confiamos no nome do SENHOR... v.7

O caixa de um banco tem em sua cabine de vidro a foto de um automóvel conversível de alta performance da década de 60.

Certo dia, durante uma transação bancária, perguntei-lhe se era o carro dele. —Não, mas é a minha paixão, minha razão de levantar todas as manhãs e vir trabalhar. Um dia terei um desses, ele respondeu.

Entendo a paixão desse jovem. Um amigo meu tinha um conversível igual, e eu o dirigi uma vez! Que máquina! Mas um carro, assim como tudo neste mundo, não vale uma vida. Os que confiam em coisas, e não em Deus "perdem as forças e caem", diz o salmista (v.8).

Isso porque fomos feitos para Deus e nada mais tem valor — uma verdade que validamos em nossa experiência diária. Compramos isso ou aquilo porque achamos que essas coisas nos deixarão felizes, porém, como uma criança que ganha uma dúzia, ou mais, de presentes no Natal, nos perguntamos: "É só isso?". Sempre está faltando algo.

Nada que este mundo tenha a nos oferecer — mesmo coisas muito boas — nos satisfazem completamente. Temos certa alegria nelas, mas nossa felicidade logo se esvai (1 JOÃO 2:17). "Deus não pode nos dar alegria e paz fora dele mesmo", concluiu C. S. Lewis. "Isso não existe."

DHR

> Encontrei Aquele por quem minha alma há tanto tempo ansiava! Jesus satisfaz meus anseios — por Seu sangue agora sou salva. CLARA WILLIAMS

Em cada coração há um anseio que só Jesus satisfaz.

19 DE JULHO

A BÍBLIA em UM ANO:
Salmos 23–25; Atos 21:18-40

Através da cruz

LEITURA: **2 Coríntios 4:8-18**

...nada, [...] jamais poderá nos separar do amor de Deus revelado em Cristo Jesus, nosso Senhor. Romanos 8:39

Tomás tem uma cruz de vidro sobre a sua mesa, que foi presente de outro amigo em comum que sobreviveu ao câncer, para o ajudar a ver tudo "através da cruz". Ela sempre o lembra do amor e dos bons propósitos de Deus para ele.

Essa ideia desafia muitos cristãos, especialmente em tempos difíceis. É bem mais fácil focarmos em nossos problemas do que no amor de Deus.

O modo de viver do apóstolo Paulo, com certeza, foi exemplo de como viver sob a visão da cruz. Em momentos de sofrimento, ele se autodescreveu: "Somos perseguidos, mas não abandonados. Somos derrubados, mas não destruídos" (v.9). Paulo acreditava que em tempos difíceis, Deus age para produzir "...para nós uma glória que pesa mais que todas as angústias e durará para sempre. Portanto, não olhamos para aquilo que agora podemos ver; em vez disso, fixamos o olhar naquilo que não se pode ver..." (vv.17,18).

Atentar "naquilo que não se pode ver" não significa minimizar os problemas. O comentarista, Paulo Barnett, explica: "a confiança deve basear-se na certeza dos propósitos de Deus para nós. Por outro lado, há o reconhecimento de que gememos com a esperança mesclada com a dor".

Jesus deu a Sua vida por nós com amor profundo e sacrificial. Vemos amor e fidelidade ao olharmos a vida "através da cruz". E cresce a nossa confiança nele.

AMC

> Pai, ensina-nos quem és. Aumenta a nossa confiança em ti, enchendo nossa mente com a Tua visão.

Olhe tudo sob a perspectiva da cruz.

20 DE JULHO

A BÍBLIA em UM ANO:
Salmos 26–28; Atos 22

Lar doce lar

LEITURA: **João 14:1-14**

...Vou preparar lugar para vocês, e, quando tudo estiver pronto, virei buscá-los... v.2

"**Por que** temos que mudar do nosso lar?", meu filho perguntou. É difícil explicar o que é lar, especialmente a uma criança de 5 anos. Estávamos deixando uma casa para trás, não o nosso lar, pois o lar é onde estão os nossos entes queridos. É o ambiente para onde desejamos voltar depois de uma longa viagem ou de um dia inteiro de trabalho.

Quando Jesus estava na sala, algumas horas antes de morrer, disse aos Seus discípulos: "Não deixem que seu coração fique aflito..." (v.1). Os discípulos estavam inseguros sobre seu futuro, pois Jesus tinha anunciado a Sua morte. Mas Jesus os assegurou de Sua presença, e lembrou-lhes que o veriam novamente. Disse: "Na casa de meu Pai há muitas moradas. [...] Vou preparar lugar para vocês" (v.2). Ele poderia ter usado outras palavras para descrever o Céu. Entretanto, escolheu descrevê-lo, não como um lugar desconfortável ou estranho, mas como um lugar onde Jesus, nosso Amado, estaria.

C. S. Lewis escreveu: "Nosso Pai nos revigora durante a jornada com algumas pousadas agradáveis, mas não nos encorajará a confundi-las com o lar". Podemos agradecer a Deus pelas "pousadas agradáveis" da vida, mas lembremo-nos de que o nosso verdadeiro lar está no Céu, onde "...estaremos com o Senhor para sempre" (1 TESSALONICENSES 4:17). *KOII*

Querido Senhor, obrigado pelo céu, meu lar eterno.

Estamos ansiosos para estar com o Senhor para sempre.

21 DE JULHO

A BÍBLIA em UM ANO:
Salmos 29–30; Atos 23:1-15

Abrigo na tempestade

LEITURA: **Tiago 1:12-18**

Fiz do SENHOR Soberano meu refúgio e anunciarei a todos tuas maravilhas. Salmo 73:28

No local onde eu morava, o meu amigo João "caçava" tornados. Ele os rastreava cuidadosamente através de contatos com outros "caçadores" e radar. Tentava manter distância segura, enquanto observava as rotas de destruição, de modo que pudesse reportar as mudanças súbitas a quem estivesse no caminho. Certo dia, um tornado mudou o curso tão abruptamente, que ele se viu em perigo. Felizmente, achou abrigo e foi poupado.

A experiência dele faz-me pensar em outro caminho destrutivo: o pecado em nossa vida. A Bíblia nos diz: "A tentação vem de nossos próprios desejos, que nos seduzem e nos arrastam. Esses desejos dão à luz o pecado, e quando o pecado se desenvolve plenamente, gera a morte" (vv.14,15).

Aqui há uma progressão. O que, em princípio parece inofensivo, pode sair do controle e provocar danos. Mas quando a tentação ameaça, Deus nos oferece um abrigo na tempestade.

A Palavra de Deus diz que Ele nunca nos tentaria, e que podemos culpar apenas a nós mesmos por nossas escolhas. Todavia "...Quando forem tentados, ele mostrará uma saída para que consigam resistir" (1 CORÍNTIOS 10:13). Ao voltarmos a Ele pedindo a Sua ajuda no momento da tentação, Jesus nos dá a força que precisamos.

Jesus é nosso refúgio eterno.

JBB

Jesus, conquistaste para sempre o pecado e a morte através de Tua cruz e túmulo vazio! Ajuda-me a viver e crescer no perdão que somente tu podes dar.

O nosso Salvador acalma a tempestade da tentação.

22 DE JULHO

A BÍBLIA em UM ANO:
Salmos 31–32; Atos 23:16-35

Apanhando raposas

LEITURA: **Cântico dos Cânticos 2:14-17**

Apanhai-me as raposas [...] que fazem mal às vinhas... v.15

Enquanto falava ao telefone com uma amiga que mora à beira-mar, expressei alegria por ouvir as gaivotas. "Criaturas desprezíveis", ela respondeu, pois para ela tais criaturas são um incômodo diário. Onde eu vivo, sinto o mesmo com relação às raposas que perambulam. Não as considero fofas, mas criaturas que deixam sujeiras malcheirosas por onde passam.

As raposas aparecem nos poemas de amor do Cântico dos Cânticos; um livro que revela o amor entre marido e mulher; alguns comentaristas acreditam que seja o amor entre Deus e Seu povo. A noiva adverte sobre as raposinhas e pede que o noivo as apanhe (v.15), pois, famintas pelas uvas da vinha, poderiam arrancar as plantas tenras. Ansiando pela vida conjugal, a noiva não quer o incômodo de animais daninhos perturbando o seu ambiente de amor.

Como as "raposas" perturbam o nosso relacionamento com Deus? Quando digo "sim" a muitos pedidos, posso ficar sobrecarregada e aborrecida. Ou ao presenciar um conflito relacional, posso ser tentada a sentir desespero ou ira. Ao pedir ao Senhor que limite os efeitos dessas "raposas" — as que deixei entrar ou as que entraram furtivamente — adquiro confiança e amor por Deus, porque sinto Sua amorosa presença e direção.

De que maneira você busca a ajuda de Deus para se livrar daquilo que o separa dele? ❧

AMP

> Senhor, tu és poderoso e bom. Protege o nosso relacionamento, afastando o que me distancia de ti.

Deus pode salvaguardar o nosso relacionamento com Ele.

23 DE JULHO

A BÍBLIA em UM ANO:
Salmos 33–34; Atos 24

Cuidado vigilante

LEITURA: **Jeremias 23:20-24**

"[...] Pode alguém se esconder de mim [...]? Não estou em toda parte, nos céus e na terra?", diz o SENHOR. v.24

Antes que meu filho saísse para a escola, perguntei-lhe se tinha escovado os dentes. Perguntei novamente, e lembrei-o da importância de falar a verdade. Impassível perante a advertência, meio brincando, ele me disse que precisávamos de uma câmera de segurança no banheiro. Assim, eu poderia conferir se ele havia escovado os dentes, e ele não seria tentado a mentir.

Embora a presença de uma câmera possa nos ajudar a lembrar de seguir as regras, há lugares onde podemos ser imperceptíveis ou caminhos em que podemos evitar sermos vistos. Apesar de podermos escapar ou enganar uma câmera de segurança, iludimo-nos se cremos que em algum momento estamos fora do olhar de Deus.

Deus pergunta: "Pode alguém se esconder de mim onde eu não veja? (v.24)". Em Sua pergunta há um encorajamento e um alerta. O alerta é que não podemos nos esconder do Senhor. Não podemos fugir ou enganá-lo. Ele vê tudo o que fazemos.

Encoraja-nos saber que não há lugar na Terra ou no Céu fora do alcance do cuidado vigilante de nosso Pai celeste. Mesmo quando nos sentimos solitários, Deus está conosco. Não importa onde formos hoje, que a percepção dessa verdade nos encoraje a obedecermos Sua Palavra e receber conforto — Ele cuida de nós.

LMS

> Senhor Jesus, obrigado por não haver lugar onde eu possa estar fora do alcance do Teu amoroso olhar. Saber que me vês, ajuda-me a te honrar com minhas palavras e ações.

Nunca estamos fora do alcance do cuidado vigilante de nosso Pai celeste.

24 DE JULHO

A BÍBLIA em UM ANO:
Salmos 35–36; Atos 25

Jesus sabe o porquê

LEITURA: **Marcos 8:22-26**

Quando Jesus acabou de dizer essas coisas, a multidão ficou maravilhada com seu ensino. Mateus 7:28

Tenho amigos que foram parcialmente curados, mas ainda lutam com aspectos dolorosos das suas doenças. Outros foram curados de vícios, e ainda se debatem com sentimentos de inadequação e autoaversão. Pergunto-me: Por que Deus não os cura completamente — de uma vez por todas?

Em Marcos 8:22-26, lemos a história de Jesus curando um cego de nascença. Primeiro Jesus o afastou da cidade. "Em seguida, cuspiu nos olhos do homem, pôs as mãos sobre ele...". O homem lhe disse que agora via pessoas como "árvores andando". Então Jesus tocou-lhe novamente os olhos e, dessa vez, ele passou "a ver tudo com nitidez".

Em Seu ministério, era comum as palavras e ações de Jesus maravilharem e desconcertarem a multidão e Seus seguidores (MATEUS 7:28; LUCAS 8:10; 11:14) e até afastarem muitos (JOÃO 6:60-66). Sem dúvida, esse milagre em duas partes também os confundiu. Por que não curar o homem de uma vez?

Não sabemos o motivo. Mas Ele sabia o que o homem — e os discípulos que disso testemunharam — precisavam naquele momento, e o que precisamos hoje para nos aproximar dele. Embora nem sempre entendamos, podemos confiar que Deus está agindo em nossa vida, e na de nossos entes queridos. E Ele nos dará a força, coragem e a clareza que precisamos para perseverar em segui-lo. ✿

ADK

Senhor, obrigado por nos conheceres tão bem e proveres o que mais precisamos. Dá-nos olhos para ver-te e coração para compreender Tua Palavra.

Abre os nossos olhos, Senhor, queremos ver Jesus. ROBERT CULL

25 DE JULHO

A BÍBLIA em UM ANO:
Salmos 37–39; Atos 26

Imperfeição perfeita

LEITURA: **Efésios 3:8-19**

Peço que, da riqueza de sua glória, ele os fortaleça com poder interior por meio de seu Espírito. v.16

Um colega, vendo o perfeccionismo me levar a procrastinação, aconselhou-me: "Não deixe a perfeição ser inimiga do bem". A busca pela perfeição pode evitar os riscos necessários ao crescimento. Aceitar que meu trabalho será sempre imperfeito, me daria liberdade para continuar a crescer.

Paulo deu uma razão mais profunda para deixar de lado os nossos próprios esforços de aperfeiçoamento: pode cegar nossa necessidade de Cristo. Após anos tentando seguir perfeitamente a Lei de Deus, o encontro com Jesus mudou tudo (GÁLATAS 1:11-16). Paulo entendeu que se os seus esforços fossem suficientes para justificá-lo perante Deus, Cristo teria morrido em vão (2:21). Somente *morrendo para* a autoconfiança, poderia sentir Jesus vivendo nele (v.20). Apenas em sua imperfeição, poderia experimentar o perfeito poder de Deus.

Isso *não* quer dizer que não devemos resistir ao pecado (v.17); *significa* que devemos parar de depender de nossa força para crescer espiritualmente (v.20).

Nesta vida, seremos sempre obras em andamento. Mas ao aceitarmos a nossa necessidade pelo Único perfeito, Jesus faz Sua morada em nós (EFÉSIOS 3:17). Enraizados nele, somos livres para crescer cada vez mais no amor que é "grande demais para ser inteiramente compreendido" (v.19). MRB

> Senhor, com frequência trocamos a alegria e a liberdade da vida contigo, pelo fardo da autoconfiança. Ajuda-nos a depender de ti e a criar raízes cada vez mais profundas em Teu amor.

Somos livres para crescer no amor de Jesus.

26 DE JULHO

A BÍBLIA em UM ANO:
Salmos 40–42; Atos 27:1-26

Serviço altruísta

LEITURA: **Isaías 58:6-12**

Deem alimento aos famintos e ajudem os aflitos. Então sua luz brilhará na escuridão... v.10

Um pequeno grupo estava reunido, ofuscado pelo tamanho da árvore tombada. Uma senhora, apoiada na bengala, descreveu a tempestade de vento da noite anterior que derrubara a "nossa velha e majestosa árvore. E pior" continuou ela, com a voz cheia de emoção, "destruiu também nosso lindo muro de pedra. Meu marido o construiu quando nos casamos. Nós amávamos aquele muro! Agora se foi, assim como ele".

Na manhã seguinte, enquanto ela espiava os funcionários da prefeitura retirando a árvore caída, um grande sorriso se abriu em seu rosto. Entre os galhos, vislumbrou dois adultos e o garoto que cortava sua grama, medindo e reconstruindo cuidadosamente o amado muro!

O profeta Isaías descreve o tipo de serviço que agrada a Deus: atos que alegram o coração dos que nos cercam, como o que os três fizeram para a senhora. Essa passagem nos ensina que Deus valoriza mais o servir desinteressadamente aos outros, do que rituais espirituais vazios. Na verdade, Deus exerce uma bênção de mão dupla sobre o serviço altruísta de Seus filhos. Primeiro, Ele usa a nossa dedicação em servir para ajudar os oprimidos e necessitados (vv.7-10). Daí, *então*, Deus honra quem se envolve na obra, edificando a nossa reputação como forças positivas poderosas em Seu reino (vv.11,12). Que serviço você oferecerá hoje?

RKK

> Obrigado, Pai, pelas ações de outros que usas para nos alegrar, e por nos chamares a fazer o mesmo.

Servir com altruísmo aos outros traz honra a Deus.

27 DE JULHO

A BÍBLIA em UM ANO:
Salmos 43–45; Atos 27:27-44

Ricas expressões de amor

LEITURA: **2 Coríntios 9:6-15**

Em tudo vocês serão enriquecidos a fim de que possam ser sempre generosos. v.11

Em nosso aniversário de casamento, meu marido sempre me dá um buquê de flores. Na reestruturação da empresa, ele perdeu o emprego, sendo assim, não esperei que tal demonstração visível de afeto continuasse. Mas em nosso 19.º aniversário, o buquê coloriu nossa mesa de jantar. Por valorizar essa tradição anual, ele tinha economizado um pouco por mês para ter o suficiente para essa demonstração de seu afeto.

O cuidado dele expôs sua grande generosidade, semelhante ao que foi encorajado por Paulo, ao se dirigir aos cristãos em Corinto. O apóstolo elogiou a igreja pelas ofertas intencionais e entusiastas (vv. 2,5), lembrando-os de que Deus ama "quem dá" generosa e alegremente (vv.6,7). Afinal, ninguém dá mais do que nosso amoroso Provedor, que está sempre pronto a suprir o que precisamos (vv.8-10).

Podemos ser generosos em todo tipo de doação, cuidando uns dos outros porque o Senhor supre todas as nossas necessidades materiais, emocionais e espirituais (v.11). Doando, expressamos a nossa gratidão por tudo o que Deus nos deu. Podemos até motivar outros a louvar ao Senhor e a doar do muito que Deus tem lhes dado (vv.12,13). Doar liberalmente, como expressão de amor e gratidão abundante, pode demonstrar a nossa confiança na provisão de Deus ao Seu povo. XED

> Senhor, por favor ajuda-nos a confiar em Teu amor e generosidade, para que possamos dar fielmente aos outros, conforme tu nos dás.

Doar com generosidade demonstra a corajosa confiança na fiel e amorosa provisão de Deus.

28 DE JULHO

A BÍBLIA em UM ANO:
Salmos 46–48; Atos 28

Abelhas e cobras

LEITURA: **Mateus 7:7-11**

...se vocês, [...] sabem dar bons presentes a seus filhos, quanto mais seu Pai, que está no céu... v.11

Certos **problemas** sobram sempre para o "pai". Por exemplo, meus filhos descobriram abelhas numa rachadura do concreto da varanda. Então, depois de munir-me de repelentes, saí para a batalha. E ganhei 5 picadas!

Não gosto de ser picado por insetos. Porém antes eu do que meus filhos ou minha esposa. Afinal, cuidar do bem-estar da família está no topo de minhas funções. Meus filhos viram um problema e me pediram para que eu o resolvesse; confiaram que eu os protegeria de algo que temiam.

Em Mateus 7, Jesus nos ensina que também devemos levar nossas necessidades a Deus (v.7) confiando a Ele nossos pedidos. Para ilustrar, exemplifica: "Se seu filho lhe pedir pão, você lhe dará uma pedra? Ou, se pedir um peixe, você lhe dará uma cobra?" (vv.9,10). Para os pais amorosos, a resposta é óbvia. Mas Jesus responde, desafiando-os a não perder a fé na bondade generosa de nosso Pai: "Portanto, se vocês, que são maus, sabem dar bons presentes a seus filhos, quanto mais seu Pai, que está no céu, dará bons presentes aos que lhe pedirem!?" (v.11).

Não posso imaginar amar mais os meus filhos. Mas Jesus garante que mesmo o amor do melhor pai terreno é obscurecido pelo amor de Deus por nós.

ARH

> Pai, obrigado por nos amares muito mais do que o melhor pai jamais poderia. Ajuda-nos a fazer como Jesus disse, com o que está em nosso coração: bater, pedir e buscar a Tua presença em nosso relacionamento contigo.

Podemos confiar em nosso Pai em todas as nossas necessidades.

29 DE JULHO

A BÍBLIA em UM ANO:
Salmos 49–50; Romanos 1

Esperança no luto

LEITURA: **Lucas 24:13-32**

Então os olhos deles foram abertos e o reconheceram. Nesse momento, ele desapareceu. v.31

Aos 19 anos, uma de minhas melhores amigas morreu num acidente de carro. Nas semanas e meses seguintes, andei por um túnel de luto. A dor de perder alguém tão jovem e maravilhosa me fez perder o rumo, e às vezes, até me sentia alheia ao que acontecia ao meu redor. Sentia-me tão cega pela dor e luto, que simplesmente não podia ver Deus.

Em Lucas 24, dois discípulos confusos e abatidos após a morte de Jesus, entenderam que estavam andando com seu Mestre ressurreto, mesmo depois de Ele ter-lhes explicado, pelas Escrituras, por que o Salvador prometido tinha que morrer e ressuscitar. Somente quando Ele pegou o pão e o partiu, foi-lhes revelado que estavam na presença de Jesus (vv.30,31). Embora os seguidores de Jesus tenham enfrentado a morte em todo o seu horror quando Ele morreu, através de Sua ressurreição, Deus lhes mostrou como ter esperança novamente.

Como os discípulos, podemos nos sentir pesados pela confusão ou luto. Porém, podemos encontrar esperança e conforto no fato de Jesus estar vivo e agindo neste mundo — e em nós. Embora ainda enfrentemos abatimento e dor, podemos "convidar" Cristo para andar conosco em nosso túnel de sofrimento. Ele é a Luz do mundo (JOÃO 8:12), e pode nos trazer raios de esperança para iluminar o nosso caminho. ❧   ABP

> Senhor, obrigado por seres a luz na escuridão e me concederes esperança quando estou triste e confuso. Ajuda-me a ver a Tua glória.

Embora nos entristeçamos ao enfrentar os lutos, temos esperança em Jesus.

30 DE JULHO

A BÍBLIA em UM ANO:
Salmos 51–53; Romanos 2

Superando desafios

LEITURA: **Neemias 6:1-9, 15**

Por fim, no dia 2 de outubro, 52 dias depois de começarmos o trabalho, o muro ficou pronto. v.15

Encontro uma amiga mensalmente e compartilhamos nossos planos e objetivos individuais. Ela queria fazer novo estofamento nas cadeiras da sala antes do final do ano, e no encontro de novembro contou-me com humor: "Levei dez meses e duas horas para restaurar as cadeiras". Após meses tentando obter os materiais que precisava, e incapaz de encontrar tempo longe do seu exigente trabalho e das necessidades dos filhos pequenos, o projeto lhe exigira meras duas horas de empenho para terminá-lo.

O Senhor chamou Neemias a um projeto muito maior: restaurar os muros de Jerusalém que, há 150 anos, estavam em ruínas (2:3-5,12,17). Durante o trabalho, o povo enfrentou zombaria, ataques, distrações e tentações (4:3,8; 6:10-12). Ainda assim, Deus os preparou para seguirem firmes, resolutos, completando a tarefa em apenas 52 dias.

É necessário mais do que desejo para superar desafios assim. A compreensão de que Deus o escolhera para a obra norteava os passos de Neemias. O comprometimento dele com o propósito do Senhor levou o povo a seguir a sua liderança apesar da incrível oposição. Quando Deus nos encarrega de uma tarefa — seja restaurar um relacionamento destruído ou compartilhar o que Ele tem feito em nossa vida, Ele nos dá a habilidade e força necessárias para fazer o que Ele mandou, não importa os desafios que surgirem no caminho. ❧

KHH

Senhor, prepara-me com a Tua força para perseverar no que me deste e para trazer glória a ti.

Deus nos prepara para superar obstáculos e completar as tarefas que Ele nos dá.

31 DE JULHO

A BÍBLIA em UM ANO:
Salmos 54-56; Romanos 3

Pecadores como nós

LEITURA: **Lucas 15:1-7**

Os fariseus e mestres da lei o criticavam, dizendo: "Ele se reúne com pecadores e até come com eles!" v.2

Minha amiga, Carmem, contou-me sobre o dia em que decidiu seguir a Jesus. Ela não ligava para religião. Mas numa manhã de domingo, entrou em uma igreja perto de sua casa, buscando algo que satisfizesse sua alma descontente. Naquele dia, o pastor leu: "Cobradores de impostos e outros pecadores vinham ouvir Jesus ensinar. Os fariseus e mestres da lei o criticavam, dizendo: 'Ele se reúne com pecadores e até come com eles!'" (vv.1,2).

Isso foi lido, mas o que Carmem ouviu foi: "Ele se reúne com pecadores e até *Carmem* com eles!". Ela se aprumou no banco da igreja! Por fim, percebeu o erro, mas a ideia de que Jesus recebia pecadores — *e isso a incluía*, permaneceu com ela. Naquela tarde, resolveu "ouvir Jesus ensinar". Começou a ler os evangelhos, e prontamente decidiu colocar sua fé nele e segui-lo.

Os religiosos do tempo de Jesus escandalizaram-se com o fato de Ele comer e beber com gente pecadora e destituídos. Suas leis os proibiam de se associar com tais pessoas. Jesus não prestou atenção às regras criadas por eles. Recebeu os destituídos e os juntou para si, não importando o quão distante eles estavam.

Isso continua sendo verdade. Saiba que Jesus ainda recebe os pecadores e (_____ seu nome) está entre eles. ◉   DHR

Pai, não podemos te agradecer o suficiente pelo amor de Teu Filho, que nos atraiu, e abriu o caminho para irmos a ti com alegria e ousadia.

Deus nos busca em nossa inquietação, recebe-nos em nosso pecado e sustenta-nos em nossa fragilidade. SCOTTY SMITH

1.º DE AGOSTO

A BÍBLIA em UM ANO:
Salmos 57–59; Romanos 4

Todas as coisas cooperam

LEITURA: **Gênesis 45:1-15; 50:20**

E sabemos que Deus faz todas as coisas cooperarem para o bem daqueles que o amam... Romanos 8:28

A **história bíblica** de José é uma das minhas favoritas. De um rapaz promissor, até ser vendido como escravo por seus irmãos (GÊNESIS 37:12-36); no Egito, é falsamente acusado de assédio sexual e preso (38); na prisão interpreta sonhos e é esquecido (40), é chamado a interpretar o sonho do Faraó e, consequentemente, feito governador (41). Anos depois, reencontra seus irmãos, confronta-os, perdoa-lhes e lhes promete proteção. A leitura que José fez dos eventos de sua vida (50:20) ilustra o princípio de que "Deus faz todas as coisas cooperarem para o bem".

A Bíblia nunca afirma que, no meu relacionamento com Deus, todas as coisas que acontecem são boas. José reconheceu que o que lhe fizeram era mau. Temos que entender que viver inclui dores, frustrações e decepções.

Contudo, Deus está conosco o tempo todo. José não reconheceu a presença de Deus apenas quando se tornou governador do Egito. Pelo contrário, ele viu o mover do Senhor ao longo de *toda* a sua história. Mesmo quando não conseguimos ver Deus agir, Ele está conosco.

A vida de José evidencia que o conjunto da obra revela o sentido. É isso que ele afirma quando conversa com seus irmãos (45:1-16). As coisas, para nós, podem parecer incompletas, imprecisas e até inadequadas. Porém, elas operam conjuntamente para termos o projeto completo e perfeito de Deus para nossa vida. ❧

NSL

Senhor, obrigado por Teus planos serem perfeitos.

Às vezes a dor embaça os nossos olhos. Mesmo tendo Jesus conosco podemos não o reconhecer.

Edição letra gigante

2 DE AGOSTO

A BÍBLIA em UM ANO:
Salmos 60–62; Romanos 5

Inundação que cura

LEITURA: **Salmo 107:1-16,35,36**

Também transforma os desertos em açudes e a terra seca em fontes de água. v.35

Sempre gostei de fortes tempestades. Na infância, quando havia uma realmente inacreditável, com trovões e chuvas torrenciais, meus irmãos e eu corríamos em volta da casa, escorregando e deslizando. Ao entrar, estávamos encharcados. Por minutos, era emocionante estarmos imersos em algo tão poderoso, que não sabíamos por certo, se era divertido ou apavorante.

Essa imagem vem à mente, neste Salmo 107, que compara a restauração que Deus realiza a um deserto seco transformado em "fontes de água" (v.35). O que transforma o deserto em oásis não é uma chuvinha — é o aguaceiro, que inunda cada rachadura seca com vida nova.

Não é esse o tipo de restauração que desejamos? Quando nossa história parece um conto vazio, e estamos "famintos e sedentos", *famintos* por cura que parece nunca chegar (vv.4,5), precisamos mais do que um pouco de esperança. E quando padrões enraizados de pecado nos prendem "em trevas profundas" (vv.10,11), nosso coração precisa mais do que um pequeno desafio.

É esse exatamente o tipo de transformação que Deus pode trazer (v.20). Nunca é tarde para levarmos os nossos medos e vergonhas a quem é mais do que capaz de romper nossas algemas e inundar nossa escuridão com a Sua luz (vv.13,14). **MRB**

> Pai, ajuda-nos a levar nossos fardos a ti, confiando em Teu amor e poder para escrever uma nova história de cura e transformação.

O poder de Deus nos transforma.

Pão Diário

3 DE AGOSTO

A BÍBLIA em UM ANO:
Salmos 63–65; Romanos 6

Para meu amigo querido

LEITURA: **3 João**

Eu, o presbítero, escrevo a Gaio, meu amigo querido, a quem amo na verdade. v.1

A carta do apóstolo João ao seu amigo Gaio no primeiro século é uma arte que está morrendo no século 21.

Uma jornalista, afirmou: "Escrever cartas está entre nossas artes mais antigas. Pense, por exemplo, em cartas e Paulo de Tarso vem à mente". E podemos acrescentar as cartas do apóstolo João.

Na carta para Gaio, João incluiu desejos de boa saúde ao corpo e à alma, uma palavra de encorajamento sobre a fidelidade de Gaio, e uma nota sobre o amor dele pela igreja. João também falou sobre um problema na igreja, que prometeu discutir mais tarde, em particular. E escreveu sobre o valor de realizar obras para a glória de Deus. No geral, foi uma carta encorajadora e desafiadora para seu amigo.

A comunicação digital pode significar que a carta manuscrita está desaparecendo, mas isso não deve nos impedir de encorajar os outros. Paulo escreveu cartas de encorajamento em pergaminho; nós podemos encorajar os outros de formas variadas. O importante não é a *forma* como os encorajamos, mas sim termos um momento para que os outros saibam que por amor a Jesus nos preocupamos com eles!

Pense no encorajamento que Gaio sentiu ao abrir a carta de João. De modo semelhante, será que poderíamos fazer brilhar o amor de Deus sobre os nossos amigos com um bilhete atencioso ou um telefonema encorajador?

JDB

Senhor, ajuda-nos a saber como encorajar quem precisa de ânimo espiritual de nossa parte.

As palavras de encorajamento trazem esperança ao espírito humano.

4 DE AGOSTO

A BÍBLIA em UM ANO:
Salmos 66–67; Romanos 7

Amor radical

LEITURA: **Lucas 14:7-14**

Em vez disso, convide os pobres, os aleijados, os mancos e os cegos. v.13

Uma semana antes do casamento, o noivado de Sara terminou. Apesar da tristeza e decepção, ela decidiu não desperdiçar a comida comprada para a recepção. Entretanto, mudou os planos da comemoração. Retirou a mesa de presentes e modificou a lista de convidados, chamando moradores de abrigos locais para o banquete.

Jesus encorajou esse tipo de bondade sem limites quando disse aos fariseus: "Em vez disso, convide os pobres, os aleijados, os mancos e os cegos. [...]; você será recompensado..." (vv.13,14). Ele afirmou que a bênção viria de Deus porque tais convidados não poderiam retribuir ao anfitrião. Jesus aprovou o ato de ajudar as pessoas que não tinham como fazer doações, ter conversas brilhantes ou conexões sociais.

Ao lembrarmos que Jesus disse isso sentado à mesa de um jantar oferecido por um fariseu, Sua mensagem parece provocativa e radical. Mas amor verdadeiro é radical. Diz-se que amar é doar para suprir as necessidades de outros sem esperar nada em troca. É assim que Jesus ama cada um de nós. Ele viu nossa pobreza interior e respondeu dando a Sua vida por nós.

Conhecer Cristo, pessoalmente, é uma jornada em Seu amor infinito. Somos convidados a compreender "...a largura, o comprimento, a altura e a profundidade do amor de Cristo. Que vocês experimentem esse amor" (EFÉSIOS 3:18,19). JBS

> Querido Deus, ajuda-me a explorar as profundezas do Teu amor. Quero dar aos outros o que Tu me deste.

Como é profundo o amor do Pai por nós!

5 DE AGOSTO

A BÍBLIA em UM ANO:
Salmos 68–69; Romanos 8:1-21

Mistérios difíceis

LEITURA: **Naum 1:1-7**

O Senhor é lento para se irar, mas tem grande poder... v.3

Eu e minha amiga estávamos passeando e conversando sobre nosso amor pela Bíblia. Fiquei surpresa quando ela disse: "Ah, mas não gosto muito do Antigo Testamento. Toda aquela coisa pesada e vingança — quero Jesus!"

Podemos ecoar suas palavras quando lemos um livro como Naum, talvez ressaltando uma declaração como: "...o Senhor é Deus zeloso, cheio de vingança e ira..." (v.2). Ainda assim, o versículo seguinte nos enche de esperança: "O Senhor é lento para se irar, mas tem grande poder..." (v.3).

Quando mergulhamos mais profundamente na questão da ira de Deus, entendemos que quando Ele a exerce, com frequência está defendendo o Seu povo ou o Seu nome. Por causa do Seu amor transbordante, Ele busca justiça pelos erros cometidos e redenção aos que se voltaram contra Ele. Vemos isso não apenas no Antigo Testamento, quando Ele chama o Seu povo de volta para si, mas também no Novo, quando Ele envia o Seu Filho para ser o sacrifício por nossos pecados.

Podemos não entender os mistérios do caráter de Deus, mas podemos confiar que Ele não apenas exerce justiça, mas também é a fonte de todo amor. Não precisamos ter medo dele, pois "O Senhor é bom; é forte refúgio quando vem a aflição. Está perto dos que nele confiam" (v.7). 🌿

ABP

> Deus Pai, tu és bom, amoroso e misericordioso. Ajuda-me a entender mais completamente alguns dos mistérios do Teu amor redentor hoje.

A justiça e a misericórdia de Deus se encontram na cruz.

6 DE AGOSTO

A BÍBLIA em UM ANO:
Salmos 70–71; Romanos 8:22-39

A alegria de dar

LEITURA: **1 Tessalonicenses 5:12-24**

Encorajem os desanimados. Ajudem os fracos. Sejam pacientes com todos. v.14

Foi uma semana triste. Estava me sentindo letárgico e apático, mas não conseguia descobrir o motivo.

Perto do final da semana, soube que uma tia estava com insuficiência renal. Tinha que visitá-la, mas, para ser sincero, pensei em adiar. Ainda assim, fui até sua casa. Jantamos, conversamos e oramos juntos. Uma hora mais tarde, saí de lá me sentindo animado pela primeira vez, em dias. De alguma forma, prestar atenção à outra pessoa além de mim, melhorou meu humor.

Os psicólogos descobriram que o ato de se doar pode produzir satisfação, advinda da gratidão de quem recebe. Alguns especialistas até acreditam que os seres humanos são predispostos a ser generosos!

Talvez seja por isso que Paulo, ao encorajar a igreja em Tessalônica a fortalecer sua comunidade da fé, insistiu: "...Ajudem os fracos..." (v.14). Antes, ele havia citado também as palavras de Jesus: "...Há bênção maior em dar que em receber" (ATOS 20:35). Embora isso tenha sido dito no contexto de doação financeira, aplica-se também ao doar tempo e esforço. Acho que visitarei minha tia novamente e logo.

Quando doamos, temos um vislumbre do que Deus sente. Entendemos porque Ele se agrada tanto em nos conceder o Seu amor, e compartilhamos de Sua alegria e satisfação de abençoar os outros. LK

Pai, ensina-me a doar para que eu possa refletir verdadeiramente o Teu caráter e ser mais semelhante a ti hoje.

Quem doa é o maior recebedor.

7 DE AGOSTO

A BÍBLIA em UM ANO:
Salmos 72–73; Romanos 9:1-15

Quando tudo desmorona

LEITURA: **1 Reis 17:15-24**

Assim, aproximemo-nos com toda confiança do trono da graça, onde receberemos misericórdia... Hebreus 4:16

Durante a crise financeira asiática de 1997, tinha mais gente procurando trabalho do que a disponibilidade de vagas. Eu era uma entre os que buscavam emprego. Após nove meses de ansiedade, consegui emprego como redatora. Mas a empresa teve problemas e fiquei desempregada de novo.

Você já passou por isso? Quando parece que o pior já passou, de repente, tudo desmorona. A viúva de Sarepta passou por isso (v.12). Devido à fome, estava preparando a última refeição para ela e o filho, quando o profeta Elias lhe pediu um pouco de alimento. Relutante, ela concordou e Deus a proveu com farinha e azeite continuamente (vv.10-16).

Mas, tempos depois, o filho dela adoeceu e morreu. A viúva gritou: "Homem de Deus, o que você me fez? Veio para lembrar-me de meus pecados e matar meu filho?" (v.18).

Às vezes, até queremos reagir como a viúva, achando que Deus pode estar nos punindo. Esquecemos que coisas ruins acontecem neste mundo decaído. Elias levou a questão a Deus, orando fervorosa e honestamente, e o Senhor ressuscitou o menino (vv.20-22)!

Quando entramos em colapso, podemos, como Elias, entender que Aquele que é fiel não nos abandonará! Podemos descansar nos propósitos de Deus enquanto oramos por entendimento. ●

PFC

> Quando a vida me oprimir, Pai, ajuda-me a lembrar que és poderoso e que te importas. Que eu, como Elias, me agarre a ti em fé, sabendo que o Senhor quer o bem daqueles que te amam.

Deus está presente nos momentos bons e nos ruins.

8 DE AGOSTO

A BÍBLIA em UM ANO:
Salmos 74–76; Romanos 9:16-33

Dedicado a amar

LEITURA: **Romanos 9:1-5**

...o desejo de meu coração e minha oração a Deus é que o povo de Israel seja salvo. 10:1

Convertido a Jesus Cristo, Nabeel Qureshi escreveu livros para ajudar os seus leitores a entender as pessoas da religião que ele deixou para trás. Seu tom é respeitoso, e Qureshi sempre demonstra amor por seu povo.

Qureshi dedicou um de seus livros a sua irmã, que ainda não colocou a sua fé em Jesus. A dedicatória é breve, porém poderosa. "Imploro a Deus pelo dia em que pudermos adorá-lo juntos", escreveu.

Temos uma percepção desse tipo de amor quando lemos a carta de Paulo à igreja em Roma. "Meu coração está cheio de amarga tristeza e angústia sem fim", ele disse, "por meu povo, meus irmãos judeus. Eu estaria disposto a ser amaldiçoado para sempre, separado de Cristo, se isso pudesse salvá-los " (9:2,3).

Paulo amava tanto o povo judeu que teria escolhido a separação de Deus, se isso os levasse a aceitar Cristo. Ele entendia que ao rejeitar Jesus, seu povo rejeitava o único e verdadeiro Deus. Isso o motivou a apelar aos seus leitores a compartilharem o evangelho de Jesus com todos (10:14,15).

Que hoje possamos nos dedicar em oração ao amor que nos constrange pelos que nos são próximos! TLG

> Pai, pedimos que enchas o nosso coração com Teu amor pelos outros. Entregamos-te _____ e imploramos para que reconheçam a verdade sobre o Teu Filho Jesus.

Precisamos amar aqueles por quem Cristo morreu assim como aqueles por quem Cristo vive.

9 DE AGOSTO

A BÍBLIA em UM ANO:
Salmos 77–78; Romanos 10

Um bom pai

LEITURA: **Salmo 63**

Quando me deito, fico acordado pensando em ti, meditando a teu respeito a noite toda. v.6

Quando nosso filho, Xavier, era mais novo, as viagens constantes afastavam o meu marido de casa. Embora ele ligasse com frequência, houve noites em que só os telefonemas não consolavam Xavier. Para acalmá-lo pela falta do pai, na hora de dormir, eu lhe mostrava fotos com as imagens dele passando tempo com o pai e perguntava: "Lembra disso?".

Uma lembrança atrás da outra encorajava Xavier, que dizia: "Tenho um bom pai".

Eu entendia a necessidade dele em lembrar-se do amor do pai quando não podia vê-lo. Sempre que passo por tempos difíceis ou solitários, também desejo saber que sou amada, especialmente por meu Pai celeste.

Davi proclamou seu profundo anseio por Deus quando estava no deserto, escondido de inimigos (v.1). Ao meditar sobre as experiências pessoais com o poder ilimitado de Deus e o Seu envolvente amor, louvava o Senhor (vv.2-5). Nas noites mais difíceis, Davi ainda podia se alegrar com o cuidado amoroso e provedor de seu Pai (vv.6-8).

Em nossos momentos difíceis, quando sentimos como se Deus não estivesse conosco, precisamos de lembretes de quem Ele é e de como tem demonstrado o Seu amor. Ao refletir sobre as experiências pessoais com Ele, assim como sobre os Seus atos, narrados nas Escrituras, podemos confirmar as incontáveis formas de o nosso bom Aba Pai nos amar. ● XED

> Senhor, obrigado por Teu infinito amor por Teu povo, em nossa vida e através das palavras que preservaste nas Escrituras.

Lembrar as obras de Deus, que revelam o Seu caráter, reasseguram-nos sobre o Seu amor.

10 DE AGOSTO

A BÍBLIA em UM ANO:
Salmos 79–80; Romanos 11:1-18

Lamento esperançoso

LEITURA: **Lamentações 3:49-58**

Mas, lá do fundo do poço, invoquei teu nome, SENHOR. v.55

Visitar o Parque Nacional Clifton Heritage em Nassau, Bahamas, é revisitar um momento trágico da história. Onde a terra encontra o mar, os degraus de pedra levam a um penhasco. Os escravos trazidos de barco no século 18 subiam aqueles degraus, deixando a família para trás para iniciar uma vida de tratamento desumano. No alto, há um memorial a esses escravos. Árvores de cedro foram entalhadas no formato de mulheres olhando para o mar, em direção à sua terra natal e à família que perderam. E cada escultura carrega marcas do chicote do capataz.

As esculturas de mulheres lamentando o que perderam me lembram da importância de reconhecermos as injustiças e os sistemas falidos do mundo, e de lamentá-los. Lamentar não significa desesperar; ao contrário, é uma forma de ser sincero com Deus. Deveria ser uma postura comum aos cristãos; cerca de 40% dos Salmos são de lamento, e no livro de Lamentações, o povo de Deus clama por Ele após suas cidades terem sido destruídas por invasores (v.55).

Lamentar é uma reação legítima à existência do sofrimento, e coloca Deus no contexto da dor e do problema. Por fim, o lamento é esperança: quando lamentamos o que não está certo, chamamos a nós e aos outros à pro-atividade na busca de mudança.

E é por isso que o jardim de esculturas em Nassau recebeu o nome de "Gênesis" — o lugar de lamento é reconhecido como o lugar de novos começos. ●

ALP

Podemos confiar em Deus para trazer algo novo dos nossos períodos de lamento.

11 DE AGOSTO

A BÍBLIA em UM ANO:
Salmos 81–83; Romanos 11:19-36

Aquele homem sorridente

LEITURA: **Colossenses 3:18-23**

Em tudo que fizerem, trabalhem de bom ânimo, como se fosse para o Senhor, e não para os homens... v.23

Ir até o mercado não é algo que eu particularmente goste de fazer. É apenas uma rotina que faz parte da vida — uma tarefa que precisa ser feita.

Mas há uma parte dessa tarefa pela qual, inesperadamente, fico ansioso: o Frederico. Ele transforma a hora do caixa num show. É incrivelmente rápido, tem sempre um grande sorriso, e até dança (e às vezes, canta!), enquanto coloca as compras (inquebráveis) acrobaticamente na sacola plástica. Frederico demonstra que gosta de uma função que poderia ser vista como uma das mais tediosas. E, por um momento, seu bom humor ilumina a vida das pessoas na fila.

A forma como ele executa o seu trabalho ganhou o meu respeito e admiração. Sua atitude alegre, desejo de servir, e atenção aos detalhes, tudo isso se alinha com a descrição do apóstolo Paulo em Colossenses 3:23 sobre como devemos trabalhar: "Em tudo que fizerem, trabalhem de bom ânimo, como se fosse para o Senhor...".

Quando temos um relacionamento pessoal com Jesus, qualquer trabalho que fazemos nos dá uma nova oportunidade para refletir Sua presença em nossa vida. Nenhuma tarefa é pequena... ou grande demais! Encarar nossas responsabilidades, sejam quais forem, com alegria, criatividade e excelência nos dá a oportunidade de influenciar quem está ao nosso redor, não importa a tarefa. ❧

ARH

> Senhor, ajuda-me a enfrentar tudo à minha frente com graça, entusiasmo e alegria.

A melhor forma de realizar um trabalho satisfatório é fazê-lo para o Senhor.

12 DE AGOSTO

A BÍBLIA em UM ANO:
Salmos 84–86; Romanos 12

Ajuda do céu

LEITURA: **Josué 10:6-15**

...Certamente o SENHOR lutou por Israel naquele dia! v.14

SOS, o sinal em código Morse, foi criado em 1905, porque os marinheiros precisavam de uma forma para indicar o perigo extremo. O sinal ganhou fama, em 1910, ao ser usado pelo navio *Steamship Kentucky*, que estava afundando, e isso salvou a vida de todas as 46 pessoas a bordo.

O SOS é uma invenção recente, mas o grito de socorro é tão antigo quando a humanidade. É mencionado no Antigo Testamento, na história de Josué, que enfrentou a oposição dos israelitas (9:18) e terreno difícil (3:15-17) durante mais de 14 anos, enquanto o povo lentamente conquistava e se estabelecia na terra que lhes fora prometida. Durante esta luta "o SENHOR estava com Josué" (6:27).

Em Josué 10, os israelitas vão ao auxílio dos gibeonitas, aliados que estavam sendo atacados por cinco reis. Josué sabia que precisava da ajuda do Senhor para derrotar tantos inimigos poderosos (v.12). Deus respondeu com chuva de granizo, e até parando o sol a fim de dar mais tempo para Israel derrotar o inimigo. Josué 10:14 relata: "...o SENHOR lutou por Israel naquele dia".

Se você está em meio a uma situação desafiadora, pode enviar um SOS para Deus. Embora a ajuda possa ser diferente da que Josué recebeu: talvez ela venha por meio de um trabalho inesperado, um médico compreensivo ou paz em meio ao luto. Encoraje-se, pois estas são as maneiras do Senhor responder ao seu pedido de socorro e lutar por você. ● LMS

Quando clamamos a Deus por socorro, podemos confiar que Ele estará conosco.

13 DE AGOSTO

A BÍBLIA em UM ANO:
Salmos 87–88; Romanos 13

O presente do tempo

LEITURA: **Lucas 6:37,38**

O generoso prospera; quem revigora outros será revigorado. Provérbios 11:25

Fui ao correio com muita pressa. Tinha uma enorme lista de afazeres, mas, quando entrei, fiquei frustrado em encontrar uma longa fila que se estendia até a porta. "Corra e espere", murmurei, olhando meu relógio.

Minha mão ainda estava na porta quando um estranho idoso me abordou. "Não consigo fazer essa impressora funcionar", disse, apontando para a máquina atrás de nós. "Ela recolheu o meu dinheiro e não sei o que fazer." Na mesma hora soube o que Deus queria que eu fizesse. Saí da fila e resolvi o problema dele em dez minutos.

O homem me agradeceu e foi embora. Quando voltei para a fila, ela tinha *acabado*. Fui direto ao balcão de atendimento.

Minha experiência naquele dia me faz lembrar as palavras de Jesus: "Deem e receberão. Sua dádiva lhes retornará em boa medida, compactada, sacudida para caber mais, transbordante e derramada sobre vocês. O padrão de medida que adotarem será usado para medi-los" (v.38).

A minha espera pareceu mais curta porque Deus interrompeu minha pressa. Voltando os meus olhos para as necessidades dos outros, e me ajudando a doar o meu tempo, Ele me presenteou. Espero lembrar-me dessa lição, na próxima vez que olhar para o meu relógio. ❀

JBB

> Pai celeste, todo o tempo que tenho está em Tuas mãos, como um presente que vem de ti. Por favor, mostra-me como usá-lo para te glorificar e honrar.

Às vezes, a nossa lista de afazeres precisa esperar.

A BÍBLIA em UM ANO:
Salmos 89–90; Romanos 14

14 DE AGOSTO

Pelas corredeiras

LEITURA: **Isaías 43:1-7**

Quando passar por águas profundas, estarei a seu lado. Quando atravessar rios, não se afogará... v.2

O guia do *rafting* acompanhou o nosso grupo até à beira do rio e nos orientou a colocar os salva-vidas e pegar os remos. Conforme entrávamos no barco, indicava-nos os lugares, equilibrando o peso para dar estabilidade quando chegássemos às corredeiras. Depois de ressaltar as emoções que nos aguardavam no percurso, detalhou uma série de orientações que poderiam ser dadas e que deveríamos seguir, para conduzir o barco adequadamente. E nos garantiu que, mesmo que houvesse momentos difíceis no percurso, nossa viagem seria emocionante e segura.

Às vezes a vida parece um *rafting* com mais corredeiras do que gostaríamos. A promessa de Deus a Israel, através do profeta Isaías, pode guiar os nossos sentimentos quando tememos que o pior esteja acontecendo: "Quando passar por águas profundas, [...] atravessar rios, não se afogará" (v.2). Quando foram para o exílio como consequência de seu pecado, os israelitas enfrentaram um medo opressivo de terem sido rejeitados por Deus. Ainda assim, ao invés disso, o Senhor os assegura e promete estar com eles porque os ama (vv.2,4).

Deus não nos abandonará nas águas revoltas. Podemos confiar nele para nos orientar através das corredeiras, de nossos medos e dos problemas mais profundos e dolorosos, porque Ele também nos ama e promete estar conosco. ◉   KHH

Pai, obrigado por estares ao meu lado em águas tempestuosas. Quero confiar em ti, quando a jornada for assustadora.

Deus nos conduz quando enfrentamos momentos difíceis.

15 DE AGOSTO

A BÍBLIA em UM ANO:
Salmos 91–93; Romanos 15:1-13

O Senhor fala

LEITURA: **Jó 38:1-11**

Ainda quer discutir com o Todo-poderoso? Você critica Deus, mas será que tem as respostas? v.2

No livro de Jó podemos encontrar quase todos os argumentos sobre a causa da dor no mundo, mas o debate parece não ajudar muito o próprio Jó. A crise dele é mais de relacionamento do que de dúvida. *Ele pode confiar em Deus?* Acima de tudo, Jó quer a aparição da única Pessoa capaz de explicar o seu miserável destino. Ele quer encontrar o próprio Deus, face a face.

Por fim, Jó consegue. Deus se apresenta em pessoa (38:1). Ele surge em cena com perfeita ironia, bem quando Eliú está expondo por que Jó não tem o direito de esperar uma visita do Senhor.

Ninguém — nem Jó, nem seus amigos — está preparado para o que Deus tem a dizer. Jó tinha uma longa lista de perguntas, mas é Deus, e não Jó, quem questiona. "Prepare-se como um guerreiro" Ele começa; "pois lhe farei algumas perguntas, e você me responderá" (v.3). Deixando de lado os 35 capítulos de debates em torno da dor, Deus se atém num majestoso poema sobre as maravilhas do mundo natural.

O discurso divino define a enorme diferença entre o Deus de toda a criação, e um homem insignificante como Jó. Sua presença responde espetacularmente a maior pergunta de Jó: Há alguém aí? Jó só pode responder: "...falei de coisas de que eu não entendia, coisas maravilhosas demais que eu não conhecia" (42:3). ❂

PDY

Senhor, temos tantas perguntas sobre a vida e suas injustiças. Ajuda-nos a confiar em ti sobre o que não podemos entender.

Nenhuma calamidade está além da soberania de Deus.

16 DE AGOSTO

A BÍBLIA em UM ANO:
Salmos 94–96; Romanos 15:14-33

Fome do coração

LEITURA: **João 6:32-40**

...Eu sou o pão da vida. Quem vem a mim nunca mais terá fome. Quem crê em mim nunca mais terá sede. v.35

No carro, enquanto acompanhava meu marido em seus compromissos, chequei os e-mails e fiquei surpresa com o anúncio de uma loja local de "sonhos deliciosos", por onde tínhamos acabado de passar. De repente, meu estômago roncou de fome. Fiquei maravilhada como a tecnologia permite que os comerciantes nos atraiam para os seus estabelecimentos.

Fechando o telefone, refleti sobre o anseio constante de Deus de que eu me aproxime mais dele. O Senhor sempre sabe onde estou e deseja influenciar as minhas escolhas. Pensei: *Meu coração anseia por Ele assim como meu estômago reagiu com a ideia de comer um saboroso sonho?*

Em João 6, depois que Jesus alimentou miraculosamente 5.000 pessoas, os discípulos pediram ansiosamente a Ele para *sempre* lhes dar "O verdadeiro pão de Deus é aquele que desce do céu e dá vida ao mundo" (v.33). Jesus responde: "...Eu sou o pão da vida. Quem vem a mim nunca mais terá fome. Quem crê em mim nunca mais terá sede" (v.35). É maravilhoso como o relacionamento com Jesus pode nos prover contínua nutrição em nossa vida diária!

O objetivo do anúncio da loja de *sonhos* era instigar o desejo do meu corpo físico, mas o contínuo reconhecimento divino da condição do meu coração me convida a reconhecer a minha constante necessidade do Senhor e de receber o alimento que só Ele pode dar.

ELM

Querido Deus, lembra-me de minha necessidade de alimentar-me da Tua presença todos os dias.

Somente Jesus oferece o único pão que verdadeiramente satisfaz.

17 DE AGOSTO

A BÍBLIA em UM ANO:
Salmos 97–99; Romanos 16

Jesus alcançou

LEITURA: **Mateus 14:22-33**

No mesmo instante, Jesus estendeu a mão e o segurou... v.31

Às vezes a vida fica corrida: as aulas são difíceis, o trabalho exaustivo, o banheiro precisa de limpeza, e temos um convite para um bate-papo e cafezinho na agenda do dia. Chega ao ponto em que me forço a ler a Bíblia por alguns minutos por dia, e prometo a mim mesma passar mais tempo com Deus na próxima semana. Mas não leva muito tempo até eu me distrair, ser tragada pelas tarefas diárias e me esquecer de pedir a Deus qualquer tipo de ajuda.

Quando Pedro estava andando sobre as águas em direção a Jesus, rapidamente se distraiu com o vento e as ondas. Como eu, começou a afundar (vv.29,30). Mas assim que ele gritou: "...No mesmo instante, Jesus estendeu a mão e o segurou" (vv.30,31).

Com frequência, sinto-me como se tivesse que compensar Deus após estar tão ocupada e distraída, a ponto de perdê-lo de vista. Mas não é assim que o Senhor age. Tão logo lhe pedimos ajuda, Jesus nos alcança sem hesitação.

Quando estamos inquietos pelo caos da vida, é fácil esquecer que Deus está conosco em meio à tempestade. Jesus perguntou a Pedro: "Por que você duvidou?" (v.31). Não importa pelo que estamos passando, Ele está presente lá e aqui. Perto de nós naquele momento, e neste momento, pronto para nos alcançar e resgatar. ❂

JS

> Senhor, ajuda-me a te buscar em meio à minha ocupação e distrações da vida. Obrigado por estares sempre comigo, pronto a me amparar.

Deus está esperando que o busquemos para que Ele possa nos alcançar e ajudar.

18 DE AGOSTO

A BÍBLIA em UM ANO:
Salmos 100–102; 1 Coríntios 1

Jardim do céu

LEITURA: **Salmo 102:1,2,18-28**

Contem-lhes que o SENHOR, olhou para baixo, de seu santuário celeste. v.19

Em Londres, um amigo organizou para que eu e minha esposa fizéssemos uma visita ao Sky Garden. No topo de um edifício de 35 andares, o jardim é uma redoma de vidro repleta de plantas, árvores e flores. Mas a altura chamou a nossa atenção. Do alto de mais de 150 metros, admiramos a Catedral St. Paul, a Torre de Londres, e muito mais. Uma visão de tirar o fôlego — e uma lição muito útil sobre perspectivas.

Nosso Deus tem a perspectiva perfeita de tudo o que vivenciamos. O salmista escreveu "que o SENHOR, olhou para baixo, de seu santuário celeste. Do alto olhou para a terra, para ouvir o gemido dos prisioneiros para libertar os condenados à morte" (vv.19,20).

Como o povo sofrido retratado no Salmo 102, com frequência estamos presos às lutas do presente, "gemendo" em desespero. Mas Deus vê a nossa vida do início ao fim. O nosso Senhor nunca é pego de surpresa com as coisas que podem nos cegar. Como antecipou o salmista, a perspectiva divina perfeita levará a um resgate final que liberta até aqueles "condenados à morte" (vv.20,27,28).

Em tempos difíceis, lembre-se: podemos não saber o que virá na sequência, mas o nosso Senhor sabe. Podemos confiar nele em cada momento diante de nós. ❂   WEC

Pai, amplia a minha visão quando enfrento as provações.
Quero confiar em ti nas coisas que não posso ver e em Tua provisão para enfrentar o que vier.

Voltar a atenção a Cristo coloca todo o restante em perspectiva.

19 DE AGOSTO

A BÍBLIA em UM ANO:
Salmos 103–104; 1 Coríntios 2

Criador maravilhoso

LEITURA: **Salmo 104:24-34**

Ó Senhor, que variedade de coisas criaste! Fizeste todas elas com sabedoria... v.24

Como fotógrafa amadora, gosto de capturar os vislumbres da criatividade de Deus. Vejo as Suas digitais em cada pétala de flor, cada nascer ou pôr do sol, em nuvens pintadas e telas salpicadas de estrelas. O poderoso zoom da câmera me permite tirar fotos das criaturas do Senhor. Fotografei um esquilo batendo numa cerejeira em flor, uma borboleta colorida voando de flor em flor, e tartarugas-marinhas tomando sol numa praia rochosa. Cada uma dessas imagens únicas me induzem a adorar meu maravilhoso Criador.

Não sou a primeira a louvar a Deus enquanto admiro Suas criaturas ímpares. O escritor do Salmo 104 celebra em versos as muitas obras de arte do Senhor na natureza (v.24). Ele olha "...o oceano, vasto e imenso, cheio de seres de todo tipo..." (v.25) e se alegra em Deus pelo cuidado constante e completo de Suas obras-primas (vv.27-31). Considerando a grandiosidade da criação divina ao seu redor, o salmista irrompe agradecido em adoração: "Cantarei ao Senhor enquanto viver; louvarei meu Deus até meu último suspiro" (v.33).

Enquanto refletimos sobre a magnífica e imensa criação do Senhor, podemos olhar mais de perto a Sua criatividade e atenção aos detalhes. E, como o salmista, podemos cantar ao nosso Criador com louvor de gratidão pelo quanto Ele é e sempre será poderoso, majestoso e amoroso. Aleluia! XEN

Amoroso Senhor, obrigado por cada detalhe da criação que afirma o Teu cuidado constante e incomparável criatividade.

As obras de Deus são maravilhosas, e Ele também.

20 DE AGOSTO

A BÍBLIA em UM ANO:
Salmos 105–106; 1 Coríntios 3

Em andamento ou concluído?

LEITURA: **Hebreus 10:5-14**

...mediante essa única oferta, ele tornou perfeitos para sempre os que estão sendo santificados. v.14

É **gratificante terminar** um trabalho. Cada mês, por exemplo, uma de minhas tarefas vai de "Em andamento" para "Concluído". *Amo* clicar o botão "Concluído". Porém, no mês passado, pensei: *Se eu pudesse superar momentos difíceis de minha fé tão facilmente! Parece que a vida cristã está sempre em andamento.*

Lembrei-me de que em Hebreus 10:14 está descrito como o sacrifício de Cristo nos redime totalmente. Em um sentido importante, o botão "concluído" *foi* clicado por nós. A morte de Jesus fez por nós o que não poderíamos fazer por nós mesmos: ao colocarmos nossa fé no Senhor, Ele tornou-nos aceitáveis aos olhos de Deus. Está terminado, como disse Jesus (JOÃO 19:30). Paradoxalmente, embora Seu sacrifício seja completo e total, passamos o resto da vida nessa realidade espiritual — "...sendo santificados", como diz o autor desse mesmo livro.

É difícil entender o fato de Jesus ter terminado algo que ainda está sendo trabalhado em nossa vida. Quando estou em luta espiritual, é encorajador relembrar que o sacrifício de Jesus por mim — e por você — está *completo*... mesmo se o nosso viver aqui ainda for uma obra *em andamento*. Nada pode impedir que o fim pretendido por Ele seja alcançado: sermos transformados à Sua semelhança (2 CORÍNTIOS 3:18). ARH

> Jesus, obrigado por dares Tua vida por nós. Ajuda-nos a sermos seguidores cuja vida é cada vez mais semelhante à Tua.

Deus está agindo para nos deixar como Ele pretende que sejamos.

21 DE AGOSTO

A BÍBLIA em UM ANO:
Salmos 107–109; 1 Coríntios 4

Oração para nos indicar o lar

LEITURA: **Lucas 23:44-48**

...a todos que creram nele e o aceitaram, ele deu o direito de se tornarem filhos de Deus. João 1:12

Uma das primeiras orações que aprendi quando criança foi "Com Deus me deito, com Deus me levanto...". Aprendi essa oração com meus pais, e a ensinei aos meus filhos quando eram pequenos. Como criança, sentia grande conforto em me colocar nas mãos de Deus com essas palavras, antes de cair no sono.

Há uma oração semelhante perfeitamente escondida nos Salmos: o "livro de orações" da Bíblia. Alguns estudiosos sugerem que a frase "Em tuas mãos entrego meu espírito..." (SALMO 31:5) era uma oração da "hora de dormir" ensinada às crianças no tempo de Jesus.

Você talvez reconheça essa oração como o clamor final de Jesus na cruz. Mas Jesus acrescentou uma palavra: "Pai" (LUCAS 23:46). Orando essa palavra nos instantes anteriores à Sua morte, Jesus demonstrou o Seu relacionamento íntimo com o Pai e direcionou os cristãos ao seu lar com Ele (JOÃO 14:3).

Jesus morreu na cruz para que pudéssemos usufruir do milagre de um relacionamento com Deus como nosso Pai celeste. Como é confortante saber que por causa do amor sacrificial de Jesus por nós, podemos descansar no cuidado de Deus, como Seus filhos! Podemos fechar os nossos olhos sem medo porque o nosso Pai cuida de nós e prometeu nos trazer de volta à vida para morar com Ele (1 TESSALONICENSES 4:14). JBB

> Senhor Jesus, recebo o presente do perdão que me ofereces através da cruz. Ajuda-me a me afastar dos pecados e seguir-te de volta para casa.

Uma linda nova manhã nos espera em Jesus.

22 DE AGOSTO

A BÍBLIA em UM ANO:
Salmos 110–112; 1 Coríntios 5

Cuidado de Deus por nós

LEITURA: **Gênesis 3:1-13**

E o SENHOR Deus fez roupas de peles de animais para Adão e sua mulher. v.21

Meus netinhos gostam de se vestir sozinhos. Às vezes, colocam a camiseta de trás para frente, e o mais novo frequentemente calça os sapatos com os pés trocados. Geralmente não tenho coragem de apontar o erro, além disso, acho a inocência deles cativante.

Amo ver o mundo através dos olhos deles. Para eles, tudo é uma aventura: seja andar sobre o tronco de uma árvore caída, espiar uma tartaruga tomando sol, ou animadamente ver um caminhão de bombeiros passando. Mas sei que nem mesmo meus netinhos são verdadeiramente inocentes. Podem inventar uma dúzia de desculpas para não ficar na cama à noite, e são rápidos em puxar o brinquedo desejado, um do outro. Ainda assim, eu os amo profundamente.

Imagino Adão e Eva, as primeiras pessoas de Deus, de certa forma, como meus netos. Tudo o que viam no jardim enquanto andavam com Deus, devia ser uma maravilha. Mas um dia deliberadamente desobedeceram. Comeram da única árvore proibida (2:15-17; 3:6). E aquela desobediência imediatamente os levou às mentiras e culpa (3:8-13).

Ainda assim, Deus os amava e cuidava deles. Sacrificou animais para vesti-los (v.21) — e mais tarde forneceu um caminho de salvação para todos os pecadores através do sacrifício de Seu Filho (JOÃO 3:16). Ele nos ama tanto assim!

ADK

> Querido Senhor, obrigado por nos amares apesar de nosso pecado, e por criares um caminho para estarmos contigo para sempre!

Jesus nos ama tanto que se sacrificou por nós e perdoou os nossos pecados.

23 DE AGOSTO

A BÍBLIA em UM ANO:
Salmos 113–115; 1 Coríntios 6

Felicidade duradoura

LEITURA: **Salmo 34:1-14**

Quem deseja ter uma vida longa e próspera? [...] Afaste-se do mal e faça o bem... v.12,14

Ouço com frequência que a felicidade vem ao fazermos as coisas do próprio jeito. Entretanto, isso não é verdade. Essa filosofia leva apenas ao vazio, ansiedade e mágoa.

O poeta W. H. Auden observou as pessoas que tentavam encontrar uma fuga em seus prazeres. Sobre eles, escreveu: "Perdidos numa floresta assombrada, / Crianças com medo da noite / Que nunca foram felizes ou boas".

O salmista Davi afirma sobre o remédio para nossos medos e infelicidades. "Busquei o Senhor, e ele me respondeu; livrou-me de todos os meus temores" (v.4). Felicidade é fazer as coisas do jeito de Deus, e isto pode ocorrer todos os dias. "Os que olham para ele ficarão radiantes...", escreve Davi (v.5). Simplesmente tente e verá. É isso o que ele quer dizer com: "Provem e vejam que o Senhor é bom..." (v.8).

Dizemos: "Ver é crer". É dessa maneira que conhecemos as coisas neste mundo. Mostre-me uma prova e eu acreditarei. Deus o faz de forma contrária. Crer é ver. "Provem e vejam *depois*".

Leve a sério o que o Senhor diz em Sua palavra. Faça exatamente o que Ele está lhe pedindo para fazer e você verá. Ele lhe concederá a graça para fazer o que é certo e mais do que isso: Ele — a única fonte de bondade — se dará a você e, com isso, a felicidade duradoura. ◉

DHR

> Senhor, às vezes devemos apenas orar: "Eu creio. Ajuda-me em minha incredulidade". Ajuda-nos a confiar em ti fazendo o que nos deste para realizar hoje.

Felicidade é fazer a coisa certa; obedecer a voz do Senhor.

A BÍBLIA em UM ANO:
Salmos 116–118; 1 Coríntios 7:1-19

Queremos ver Jesus

LEITURA: **João 12:20-26**

...procuraram Filipe [...] e lhe disseram: "Por favor, gostaríamos de ver Jesus". v.21

Ao dar uma olhada do púlpito de onde eu conduzia o culto fúnebre, vi uma placa de bronze com as palavras: "Gostaríamos de ver Jesus". E, pensei, como é apropriado refletir sobre a maneira como vimos Jesus na mulher que homenageávamos com lágrimas e sorrisos. Apesar de ela ter enfrentado desafios e decepções na vida, ela nunca desistiu de sua fé em Cristo. E, como o Espírito de Deus habitou nela, podíamos ver Jesus.

João relata como, após Jesus entrar em Jerusalém (vv.12-16), alguns gregos abordaram Filipe, um dos discípulos, pedindo: "Por favor, gostaríamos de ver Jesus " (v.21). Provavelmente, eles estavam curiosos sobre as Suas curas e milagres, mas, como não eram judeus, não podiam entrar no interior do Templo. Quando Jesus soube do pedido, anunciou que era chegada a Sua hora de ser glorificado (v.23). Ele queria dizer que morreria pelos pecados de muitos. Completaria Sua missão para alcançar não apenas os judeus, mas os gentios (os "gregos", v.20), e eles agora veriam Jesus.

Após a morte de Jesus, Ele enviou o Espírito Santo para habitar em Seus seguidores (14:16,17). Assim, à medida que o amamos e servimos, vemos Jesus agindo em nossa vida. E, surpreendentemente, quem está ao nosso redor também pode ver Jesus! ABP

Senhor Jesus Cristo, estou humilde e surpreso por teres vindo e habitado em mim. Ajuda-me a compartilhar esse maravilhoso presente hoje com quem eu encontrar.

Podemos ver Jesus na vida de Seus seguidores.

25 DE AGOSTO

A BÍBLIA em UM ANO:
Salmo 119:1-88; 1 Coríntios 7:20-40

Doadores generosos

LEITURA: **1 Crônicas 29:1-14**

...Tudo que temos vem de ti, e demos apenas o que primeiro de ti recebemos! v.14

Após uma revisão de tudo o que Deus tinha feito ao longo da história de nossa igreja, foi apresentada a proposta para o novo ginásio que nos ajudaria a servir melhor a comunidade. Os líderes anunciaram que seriam os primeiros a assinar as notas promissórias. Inicialmente, orei egoisticamente, não querendo dar mais do que já tínhamos nos comprometido. Ainda assim, meu marido e eu concordamos em orar pelo projeto. Ao considerarmos as contínuas provisões de Deus, decidimos por uma oferta mensal. As doações de toda a igreja pagaram integralmente o novo prédio.

Sou grata pelas muitas formas como Deus usou o ginásio em eventos comunitários, e lembro-me de outro generoso doador: o rei Davi. Apesar de não ter sido escolhido por Deus para construir o Seu templo, Davi investiu todos os seus recursos no projeto (vv.1-5). Os líderes e o povo doaram generosamente também (vv.6-9). O rei reconheceu que tudo o que tinha sido entregue fora, primeiro, dado a eles por Deus — o Criador, Mantenedor e Dono de tudo (vv.10-16).

Quando reconhecemos que tudo pertence a Deus, podemos nos comprometer com doações de gratidão, generosas e fiéis pelo benefício de outros. E podemos confiar que o Senhor proverá — e pode até usar a generosidade de outros para nos ajudar quando precisarmos.

XED

> Senhor, por favor, ajuda-nos a lembrar que tudo pertence a ti, quando nos comprometemos a dar-te o nosso tudo, voluntária e desinteressadamente.

Primeiro Deus dá, e Ele sempre excede em generosidade aos Seus doadores mais generosos.

26 DE AGOSTO

A BÍBLIA em UM ANO:
Salmo 119:89-176; 1 Coríntios 8

Descongelado

LEITURA: **Gálatas 2:11-16**

...quando Pedro veio a Antioquia, tive de opor-me a ele abertamente... v.11

Durante um debate sobre reconciliação, um participante disse: "Não congele as pessoas no tempo". E observou a nossa tendência de lembrar os erros das pessoas, e nunca lhes dar a chance de mudar.

Na vida de Pedro há muitos momentos em que Deus poderia tê-lo "congelado", mas não o fez. Esse discípulo impulsivo "corrigiu" Jesus, recebendo dura repreensão do Senhor (MATEUS 16:21-23). Negou a Cristo (JOÃO 18:15-17), para mais tarde ser restaurado (21:15-19). E uma vez colaborou com divisões raciais dentro da igreja.

Essa questão surgiu quando Pedro (Cefas) se separou dos gentios (GÁLATAS 2:11,12), após ter-se associado livremente com eles. Mas chegaram judeus que insistiam na necessidade de circuncisão dos cristãos, e Pedro passou a evitar os gentios não circuncidados, sinalizando uma volta perigosa à Lei de Moisés. Paulo chamou esse comportamento de "hipocrisia" (v.13).

A questão foi resolvida com a confrontação corajosa de Paulo. Pedro voltou a servir a Deus no belo espírito de unidade que Ele quer para nós.

Ninguém precisa ficar congelado em seus piores momentos. Na graça de Deus podemos nos envolver e aprender uns com os outros, confrontarmo-nos quando necessário, e crescermos juntos em Seu amor.

TLG

Se confrontamos alguém, devemos ter um objetivo: a restauração, não o constrangimento. CHUCK SWINDOLL

27 DE AGOSTO

A BÍBLIA em UM ANO:
Salmos 120–122; 1 Coríntios 9

Servir continuamente

LEITURA: **Daniel 6:10-22**

O Deus a quem você serve tão fielmente pôde livrá-lo dos leões? v.20

O **psicólogo educacional** Benjamin Bloom, pesquisou sobre como desenvolver talentos em jovens, examinou a infância de 120 *performers* de ponta — atletas, artistas, acadêmicos — e concluiu sobre o que tinham em comum: intensa prática por longos períodos.

A pesquisa sugere que desenvolver qualquer área demanda disciplina. Na caminhada com Deus, também, cultivar a disciplina espiritual de investir tempo com Ele regularmente é uma forma de aumentarmos a nossa confiança nele.

Daniel é um bom exemplo disso. Desde jovem, Daniel começou a tomar decisões cuidadosas e sábias (1:8). Ele tinha o compromisso de orar regularmente, e "dava graças" (6:10). Sua busca frequente por Deus resultou no fácil reconhecimento de sua fé por quem estivesse no entorno. De fato, o rei Dario descreveu Daniel como "servo do Deus vivo" (v.20) e, duas vezes o definiu como alguém que servia a Deus "fielmente" (vv.16,20).

Como Daniel, precisamos desesperadamente de Deus. Como é bom saber que Deus age em nós para que desejemos passar tempo com Ele (FILIPENSES 2:13)! Então, apresentemo-nos diariamente perante Deus, confiando que nosso tempo com Ele resultará num amor que transbordará cada vez mais, e em crescente conhecimento e entendimento de nosso Salvador (1:9-11). ✤

KOH

> Pai, obrigado pelo privilégio de te servir. Ajuda-me a investir, regularmente, tempo contigo de modo a crescer em meu conhecimento de ti.

Somos transformados quando investimos o nosso tempo na presença de Deus, em comunhão com Ele.

28 DE AGOSTO

A BÍBLIA em UM ANO:
Salmos 123–125; 1 Coríntios 10:1-18

Aprendendo a confiar

LEITURA: **Mateus 6:25-34**

Toda dádiva que é boa e perfeita vem do alto, do Pai [...]. Nele não há variação nem sombra de mudança.
Tiago 1:17

Quando eu era adolescente, às vezes desafiava minha mãe quando ela tentava me encorajar a ter fé. "Confie em Deus. Ele cuidará de você," ela dizia. "Não é tão simples, mãe!", eu resmungava. "Deus ajuda a quem se ajuda!".

Mas aquelas palavras, "Deus ajuda a quem se ajuda", não estão nas Escrituras. Pelo contrário, a Palavra de Deus nos ensina a depender dele em nossas necessidades diárias. Jesus diz: "Observem os pássaros. Eles não plantam nem colhem, nem guardam alimento em celeiros, pois seu Pai celestial os alimenta. Acaso vocês não são muito mais valiosos que os pássaros? Qual de vocês, por mais preocupado que esteja, pode acrescentar ao menos uma hora à sua vida" (vv.26,27).

Tudo o que desfrutamos — até mesmo a força para ganhar o sustento e "nos ajudar" — são presentes do Pai celeste que nos ama e nos valoriza mais do que somos capazes de compreender.

À medida que se aproximava o final da vida de minha mãe, a doença de Alzheimer roubou-lhe a mente criativa e as lembranças, mas sua confiança em Deus permaneceu. Ela viveu em nossa casa por um período, e pude observar "de camarote" a provisão de Deus às suas necessidades de formas inesperadas. Isso me ajudou a ver que ela sempre estivera certa. Ao invés de se preocupar, ela se entregou Àquele que prometeu cuidar dela. E Ele se demonstrou fiel.

JBB

> Amoroso Senhor, por favor, ajuda-me a confiar que cuidas de mim hoje, amanhã e para sempre!

Não se preocupe com o amanhã — Deus já está lá.

29 DE AGOSTO

A BÍBLIA em UM ANO:
Salmos 126–128; 1 Coríntios 10:19-33

Você me ama?

LEITURA: **Malaquias 1:1-5**

Eu sempre amei vocês", diz o SENHOR. Mas vocês perguntam: "De que maneira nos amou?" v.2

Na adolescência, passei pelo típico período de revolta contra a autoridade de minha mãe. Meu pai morreu antes dessa fase, e ela teve que navegar essas águas turbulentas da parentalidade sem a ajuda dele.

Lembro-me de achar que mamãe nunca queria que eu me divertisse — e talvez nem mesmo me amasse — porque dizia "não" com frequência. Hoje vejo que ela negava atividades que não eram boas para mim, precisamente *por* me amar.

Os israelitas questionaram o quanto Deus os amava, por causa do tempo no cativeiro na Babilônia. Mas essa era a punição de Deus pela contínua rebelião deles contra o Senhor. Então agora, Deus lhes enviara o profeta Malaquias. As palavras iniciais do Senhor foram: "Eu sempre amei vocês..." (v.2). Israel reagiu ceticamente, perguntando: "De que maneira nos amou?", como se dissessem: "Verdade?". Mas Deus, através de Malaquias, lembrou-lhes de como tinha demonstrado aquele amor: Ele os tinha escolhido, não aos Edomitas.

Todos nós passamos por fases difíceis e tendemos a questionar o amor de Deus por nós durante esses momentos. Lembremo-nos das muitas formas que Ele já nos demonstrou o Seu infalível amor. Quando paramos para considerar a Sua bondade, vemos que Ele é, realmente, um Pai amoroso. ❂ KHH

> Senhor, tens demonstrado o Teu carinhoso cuidado e presença ao longo da minha vida. Ajuda-me a sempre me lembrar do Teu amor.

O nosso Pai celeste nos corrige e nos conforta porque nos ama.

30 DE AGOSTO

A BÍBLIA em UM ANO:
Salmos 129–131; 1 Coríntios 11:1-16

A casa na rocha

LEITURA: **Lucas 6:46-49**

Quando a água [...] sobe e bate contra essa casa, ela permanece firme, pois foi bem construída. v.48

Após viver muitos anos numa casa, meus amigos notaram que a sala deles estava afundando. Surgiram rachaduras nas paredes e uma janela não abria. Descobriram que o cômodo tinha sido acrescentado sem a necessária fundação. Consertar a obra malfeita significaria meses de trabalho.

Eles fizeram a obra e, quando os visitei depois, não vi muita diferença, mas não tinha rachaduras e a janela agora abria. Entendi que uma fundação sólida é importante. Isso também é verdadeiro em nossa vida.

Jesus contou uma parábola sobre os construtores sábios e tolos para ilustrar a insensatez de não o ouvir (vv.46-49). Aquele que ouve e obedece as Suas palavras é como o que constrói sua casa sobre fundação sólida, diferente de quem ouve, mas as ignora. Jesus garantiu aos Seus ouvintes que quando as tempestades viessem, suas casas permaneceriam de pé, e a fé, não seria abalada.

Podemos encontrar paz sabendo que à medida que ouvimos e obedecemos a Jesus, Ele cria uma fundação forte em nossa vida. Podemos fortalecer o nosso amor por Ele através da leitura da Bíblia, da oração e do aprendizado com outros cristãos. E, quando enfrentarmos torrentes de chuva: traição, dor ou decepção, podemos confiar que nossa fundação é sólida. Nosso Salvador proverá o apoio que necessitamos. ABP

Ao ouvirmos e obedecermos a Jesus temos uma firme fundação em nossa vida.

31 DE AGOSTO

A BÍBLIA em UM ANO:
Salmos 132–134; 1 Coríntios 11:17-34

Pedido de socorro

LEITURA: **Atos 2:14-21**

Mas todo aquele que invocar o nome do Senhor será salvo. v.21

Depois de 5 mortos e 51 feridos em acidentes com elevadores em 2016, a cidade de Nova Iorque lançou uma campanha educativa sobre como manter a calma e permanecer seguro. Os piores casos foram com pessoas que tentaram se salvar quando algo deu errado. O melhor plano de ação, segundo as autoridades, é simplesmente: "Chamar, relaxar e esperar". A Defesa Civil de Nova Iorque se comprometeu a agir prontamente para retirar as pessoas dessa situação de risco para evitar que se firam.

Pedro pregou um sermão sobre o erro de tentarmos nos salvar. Lucas, o autor do livro de Atos, registra alguns eventos notáveis nos quais crentes em Cristo falavam em línguas que não conheciam (vv.1-12). Pedro levantou-se para explicar aos seus irmãos judeus, que eles estavam testemunhando o cumprimento de uma antiga profecia (JOEL 2:28-32) — o derramamento do Espírito e um dia de salvação. A bênção do Espírito Santo agora era visível naqueles que chamaram Jesus para resgatá-los do pecado e seus efeitos. Então Pedro lhes falou sobre como essa salvação está disponível a qualquer um (v.21). Nosso acesso a Deus não vem por meio do cumprimento da Lei, mas por crer em Jesus como Salvador e Messias.

Por estarmos presos no pecado, não podemos nos salvar. Nossa única esperança de resgate é reconhecer e crer em Jesus como Salvador e Messias. ❧

MLW

Você clamou a Jesus para que Ele o resgate de seu pecado?

Os que pedem pela ajuda de Jesus, recebem dele o Seu socorro.

1.º DE SETEMBRO

A BÍBLIA em UM ANO
Salmos 135-136; 1 Coríntios 12

O cristão no mundo atual

LEITURA: **Romanos 12-13**

Não imitem o comportamento e os costumes deste mundo, mas deixem que Deus os transforme... v.3

A igreja evangélica tem crescido muito no Brasil. Estima-se que, em breve, poderemos representar mais de 50% da população do país. A pergunta que fica é: qual o impacto na sociedade desse aumento da presença evangélica?

Para que sejamos parceiros no processo de transformação, devemos ser sal da terra e luz do mundo (MATEUS 5:13-16). Jesus disse que não apenas devemos encarnar os valores do reino, mas também ser uma voz profética denunciando o mal em todas as suas formas e trazendo vida e saúde para aquilo que está estagnado, podre. A Igreja deve ser a consciência da sociedade: suficientemente distante para criticar e, ao mesmo tempo, presente para não se omitir.

Também precisamos ser agentes de transformação social em qualquer nível em que tenhamos influência. A Bíblia chama isso de "fazer o bem" (GÁLATAS 6:9,10). Podemos participar dos conselhos municipais, estaduais e federais, pois lá nascem as políticas públicas. Quanto mais nos envolvermos, mais impregnaremos o mundo de sal e luz.

E quando houver um choque entre os nossos valores e os do Estado? Devemos resistir *pacificamente* a qualquer governo que nos obrigue a desobedecer a Deus (ATOS 4:18-20). Em consequência disso, podemos esperar a perseguição, mas não nos esqueçamos de que há promessas reservadas aos perseguidos.

PPJ

Pai, que eu possa ser agente de transformação onde quer me colocares.

O Espírito Santo nos transforma incorporando os valores do reino de Deus em nossa vida.

2 DE SETEMBRO

A BÍBLIA em UM ANO
Salmos 137–139; 1 Coríntios 13

Força para a sua jornada

LEITURA: **Habacuque 3:16-19**

O SENHOR [...] torna meus pés firmes como os da corça, para que eu possa andar em lugares altos. v.19

Essa clássica alegoria da vida cristã *Pés como os da Corça nos Lugares Altos* (Ed. Vida, 2009), baseia-se em Habacuque 3:19. A história segue a jornada da personagem Grande-Medrosa com o Pastor.

Receosa, Grande-Medrosa pede que o Pastor a carregue. Porém, ele lhe diz que se a carregar aos Lugares Altos em vez de deixá-la escalar até lá, ela jamais desenvolveria os "pés de corça" tão necessários para acompanhá-lo, por onde quer que ele fosse.

Grande-Medrosa remete-nos às perguntas do profeta Habacuque no Antigo Testamento (e as minhas perguntas também!): "Por que eu devo sofrer?" "Por que a minha jornada é difícil?".

Habacuque viveu em Judá no fim do século 17 a.C., antes que os israelitas fossem para o exílio. Nessa época, a sociedade negligenciava a injustiça social e era paralisada pelo medo do cerco babilônio (1:2-11). Ele pediu que o Senhor os libertasse do sofrimento (1:13), mas Deus respondeu que agiria em Seu tempo (2:3).

Habacuque confiou no Senhor. Mesmo que o sofrimento não terminasse, o profeta cria que Deus seria a sua força.

Podemos ter o consolo de que o Senhor é a força que nos ajudará a suportar o sofrimento e que usará as jornadas mais difíceis da vida para aprofundar a nossa comunhão com Cristo.

LMS

Podemos confiar que o Senhor será a nossa força em tempos difíceis.

3 DE SETEMBRO

A BÍBLIA em UM ANO
Salmos 140–142; 1 Coríntios 14:1-20

Buscando o caminho

LEITURA: **2 Coríntios 1:3-11**

Ele nos encoraja em todas as nossas aflições, para que, [...] possamos encorajar outros... v.4

A jornada da vida pode ser tão difícil que nos sentimos oprimidos e a escuridão parece não ter fim. Durante um desses períodos sombrios, minha esposa surgiu com uma lição que havia aprendido: "Acho que Deus *não quer que esqueçamos na luz o que estamos aprendendo nesta escuridão*".

Paulo escreveu o mesmo pensamento aos coríntios (v.1) após falar sobre as dificuldades que ele e seus companheiros haviam enfrentado na Ásia. Ele queria que os coríntios entendessem como Deus pode redimir até nossos piores momentos. Ele diz que somos consolados a fim de que possamos aprender a consolar os outros (v.4). Paulo e seus companheiros estavam aprendendo com Deus, durante as provações, que poderiam consolar e aconselhar os coríntios quando eles enfrentassem dificuldades parecidas. E Deus também fará o mesmo por nós se estivermos dispostos a ouvir. Ele suavizará as nossas tribulações, ensinando-nos a usar o que aprendemos a fim de ministrar aos outros.

Você está em trevas agora? Encoraje-se pelas palavras e pela experiência de Paulo. Creia que Deus está guiando seus passos neste momento, e selando Suas verdades em seu coração para que você possa compartilhá-las com outros em circunstâncias semelhantes. Você já passou por isso; sabe como agir. ● RKK

> Pai, ajuda os que estão sofrendo hoje para que possam ver e conhecer a Tua presença de amor nas horas sombrias.

Quando estiver na luz, não esqueça o que você aprendeu nas trevas.

4 DE SETEMBRO

A BÍBLIA em UM ANO
Salmos 143–145; 1 Coríntios 14:21-40

Além das estrelas

LEITURA: **Salmo 8:1-9**

...tua glória é mais alta que os céus! v.1

Em 2011, a Administração Nacional de Aeronáutica e Espaço (NASA) comemorou 30 anos de pesquisa espacial. Nessas três décadas, naves e ônibus espaciais levaram mais de 355 pessoas para o espaço e ajudaram a construir a Estação Espacial Internacional. Depois de aposentar cinco naves, a NASA passou a dar ênfase à exploração do espaço profundo.

A raça humana tem investido quantidades massivas de tempo e dinheiro, com o sacrifício da vida de alguns astronautas para estudar sobre a imensidão do Universo. Ainda assim, a evidência da majestade de Deus vai além do que podemos medir.

Quando pensamos no Escultor e Sustentador do Universo, que conhece cada estrela pelo nome (ISAÍAS 40:26), compreendemos por que o salmista Davi louva e enaltece a Sua grandeza (SALMO 8:1). Os dedos do Senhor estão na lua e nas estrelas que Ele ali colocou (v.3). O Criador dos Céus e da Terra reina acima de tudo, mas continua perto de Seus filhos amados, cuidando de cada um íntima e pessoalmente (v.4). Com amor, Deus nos concede poder, responsabilidade e o privilégio de cuidar e explorar o mundo que Ele nos confiou (vv.5-8).

À medida que observamos os nossos céus noturnos pontilhados de estrelas, nosso Criador nos convida a buscá-lo com paixão e perseverança. Ele ouve as orações e os cânticos de louvor que saem dos nossos lábios. ❁

XED

Amado Criador do Universo, agradeço-te por pensares em nós.

A grandeza de Deus é evidente em Sua surpreendente amplidão e íntima proximidade.

5 DE SETEMBRO

A BÍBLIA em UM ANO
Salmos 146-147; 1 Coríntios 15:1-28

Construindo pontes

LEITURA: **João 4:7-14, 39-42**

Não há mais judeu nem gentio, escravo nem livre, [...] todos vocês são um em Cristo Jesus. Gálatas 3:28

Em nosso bairro, altos muros de concreto cercam as casas, e muitos são reforçados com cercas elétricas. O propósito? Afastar os ladrões.

A falta de energia também é um problema. As quedas da rede elétrica tornam os interfones inúteis, e qualquer visitante pode ser impedido de entrar, ficando sob o sol abrasador ou a chuva torrencial durante essas interrupções. Mesmo quando o interfone funciona, permitir a entrada do visitante pode depender de quem são essas pessoas. Os muros cercados servem para um bom propósito, mas podem tornar-se muros de discriminação — mesmo quando o visitante não é um intruso.

A mulher samaritana que Jesus encontrou no poço enfrentou discriminação semelhante. Os judeus não se davam com os samaritanos. Quando Jesus lhe pediu água, ela falou: "Você é judeu, e eu sou uma mulher samaritana [...]. Como é que me pede água para beber?" (v.9). Quando ela começou a conversar com Jesus, teve uma experiência transformadora que a afetou positivamente e também aos seus vizinhos (vv.39-42). Jesus se tornou a ponte que rompeu o muro de hostilidade e favoritismo.

O desejo por discriminar existe, e precisamos identificá-lo em nossa vida. Como Jesus mostrou, podemos estender a mão a todas as pessoas independentemente da nacionalidade, posição social ou reputação. Ele veio para construir pontes. LD

Senhor, ajuda-me a ver as pessoas com os Teus olhos para honrar-te.

Jesus rompe os muros da discriminação.

6 DE SETEMBRO

A BÍBLIA em UM ANO
Salmos 148–150; 1 Coríntios 15:29-58

Treino e preparo

LEITURA: **2 Crônicas 20:2-3,14-22**

Josafá ficou amedrontado com essa notícia e pediu orientação ao SENHOR. Ordenou um jejum em todo o Judá... v.3

Os **fisiculturistas** competitivos seguem um ciclo de treinos rigoroso. Nos meses iniciais, eles enfatizam o ganho de medidas e de força. Ao aproximar-se a competição, o objetivo passa a ser perder toda gordura que esconde o músculo. Nos últimos dias antes da competição, eles consomem menos água do que o normal para que o tecido muscular seja facilmente visto. Por causa do consumo reduzido de alimentos, os competidores se encontram em grande fraqueza no dia da competição apesar de parecerem fortes.

Em 2 Crônicas 20, vemos o oposto: reconhecer a fraqueza para experimentar a força de Deus. "Um exército enorme [...] vem [...] contra o rei", as pessoas diziam para o rei Josafá. Assim, o rei "ordenou um jejum em todo o Judá", incluindo-se também (v.3). E depois pediram a ajuda de Deus. Quando o rei enfim reuniu seu exército, colocou cantores que louvavam a Deus à frente da tropa (v.21). No momento em que começaram a cantar, o Senhor "trouxe confusão sobre os exércitos [...] e eles começaram a lutar entre si" (v.22).

A decisão do rei demonstrou sua profunda fé em Deus. Ele optou por confiar em Deus e não depender das proezas humanas e militares. Em vez de tentar lidar com as provações usando a força bruta, podemos permitir que Deus seja a nossa força.

KHH

Devemos reconhecer nossas fraquezas para experimentar a força de Deus.

7 DE SETEMBRO

A BÍBLIA em UM ANO
Provérbios 1–2; 1 Coríntios 16

Amor imutável

LEITURA: **Salmo 103:13-22**

E este mundo passa [...]. Mas quem faz o que agrada a Deus vive para sempre. 1 João 2:17

Quando eu estava no Ensino Médio, eu fazia parte da equipe de tênis que representava a escola. Passei muitas horas da adolescência tentando aprimorar minhas habilidades em quatro quadras de concreto que ficavam a dois quarteirões de casa.

Da última vez em que visitei a cidade, uma das primeiras coisas que fiz foi me dirigir às quadras de tênis, esperando ver outras pessoas jogando nesse local e para relembrar o passado por um momento. Mas as velhas quadras, tão conhecidas da minha memória, haviam desaparecido. No lugar delas, um campo vazio habitado apenas por ervas daninhas que balançavam silenciosamente sob a brisa.

Aquela tarde permanece em minha mente como um forte lembrete da brevidade da vida. Um dos lugares onde coloquei parte do vigor da minha juventude não existia mais! Mais tarde, ao refletir sobre essa experiência, pensei na seguinte verdade expressa pelo rei Davi em sua velhice: "Nossos dias na terra são como o capim; como as flores do campo, desabrochamos. O vento sopra, porém, e desaparecemos, como se nunca tivéssemos existido. Mas o amor do SENHOR por aqueles que o temem dura de eternidade a eternidade" (vv.15-17).

Crescemos, e o mundo que nos cerca pode mudar, mas o amor de Deus jamais muda. Podemos confiar que Ele sempre cuidará daqueles que o buscam. ◉

JBB

Pai fiel, agradeço-te pelo Teu amor imutável! Ajuda-me a amar-te e servir-te fielmente hoje.

Em nosso mundo em contínua mutação, podemos sempre depender do nosso Deus imutável.

8 DE SETEMBRO

A BÍBLIA em UM ANO
Provérbios 3–5; 2 Coríntios 1

Sendo sincero com Deus

LEITURA: **1 Pedro 5:6-10**

Entreguem-lhe todas as suas ansiedades, pois ele cuida de vocês. v.7

Curvo a cabeça, fecho os olhos, junto as mãos e começo a orar. "Senhor amado, entro na Tua presença como teu filho. Reconheço Teu poder e bondade...". De repente, abro os olhos, lembrando que o meu filho não terminou seu projeto de História e, tem jogo de basquete depois da aula. Imagino-o acordado até à meia-noite para terminar o trabalho. Preocupo-me ao pensar que esse cansaço possa levá-lo a contrair uma gripe!

C. S. Lewis escreveu sobre distrações durante a oração em seu livro *Cartas de um Diabo a seu Aprendiz* (Ed. Martins Fontes, 2009). Ele observou que, quando a nossa mente se desvia tendemos a usar a força de vontade para voltar à nossa oração original. Lewis concluiu que era melhor aceitar as distrações como nosso problema, entregá-las a Deus e torná-las o tema principal das nossas orações.

Uma preocupação persistente ou um pensamento pecaminoso que interrompa a oração pode tornar-se o ponto central da nossa conversa com Deus. O Senhor quer que sejamos verdadeiros ao falar-lhe sobre as nossas maiores preocupações, medos e dificuldades. Ele não se surpreende com nada que lhe dizemos. Seu interesse em nós é semelhante à atenção que recebemos de um amigo próximo. Por isso, somos encorajados a entregar todas as nossas preocupações e ansiedades a Deus — porque Ele cuida de nós (v.7).

JBS

> Pai, ajuda-me a ter a paz que vem por compartilhar as minhas preocupações com o Senhor.

As distrações não devem sabotar nossas orações.

9 DE SETEMBRO

A BÍBLIA em UM ANO
Provérbios 6–7; 2 Coríntios 2

O aroma de Cristo

LEITURA: **2 Coríntios 2:14-17**

Somos o aroma de Cristo que se eleva até Deus [...] por aqueles que estão sendo salvos... v.15

Com calor e empoeirado, Beto desceu do ônibus que ele havia pegado rumo a uma cidade longe de casa. Ele estava cansado do longo dia de viagem e agradecido por poder jantar com amigos de amigos que moravam na região. Eles o receberam, e Beto imediatamente experimentou uma sensação de paz. Sentiu-se em casa: confortável, seguro e querido.

Mais tarde, refletindo sobre tal paz num lugar desconhecido, Beto descobriu a resposta em 2 Coríntios. O apóstolo Paulo descreve as pessoas que seguem a Deus como "o aroma de Cristo". "É isso mesmo!", Beto disse a si mesmo. Seus anfitriões tinham o "aroma de Cristo".

Quando Paulo afirma que Deus conduz Seu povo "triunfantemente", espalhando o aroma da Sua verdade, refere-se a uma prática do mundo antigo. Os exércitos vitoriosos queimavam incenso ao marchar pelas ruas. Para aqueles que os apoiavam, o aroma levava alegria. Da mesma forma, Paulo diz que o povo de Deus leva um aroma agradável àqueles que creem. Não se trata de algo que criamos, mas que Deus nos dá ao conduzir-nos para espalhar o conhecimento do Senhor.

Beto é meu pai, e essa viagem a uma cidade distante aconteceu há mais de 40 anos. Porém, ele nunca a esqueceu. Ele ainda conta a história das pessoas que tinham o aroma de Cristo. ●

ALP

Pai celestial, agradeço-te por conduzires o Teu povo em triunfo e por espalhares o aroma da Tua verdade por nosso intermédio.

Quem exala o aroma de Cristo ao seu redor?

10 DE SETEMBRO

A BÍBLIA em **UM ANO**
Provérbios 8–9; 2 Coríntios 3

Como permanecer firme

LEITURA: **Judas 1:24-25**

Toda a glória seja àquele que é poderoso para guardá-los de cair... v.24

Era um dia frio e congelante de inverno, e eu pensava apenas em sair do carro depressa e entrar noutro lugar quentinho. Quando dei por mim já estava no chão, com os joelhos virados para dentro e as pernas viradas para fora. Eu não havia quebrado nenhum osso, mas sentia muita dor. E ela piorava à medida que o tempo passava; e demorariam semanas até que eu me recuperasse completamente.

Quem nunca levou um tombo? Não seria maravilhoso ter algo ou alguém que nos mantivesse de pé o tempo todo? Embora não existam garantias de segurança no sentido físico, há Alguém que está pronto para nos ajudar em nossa busca por honrar a Cristo nesta vida e nos preparar para entrarmos em Sua presença com alegria na próxima.

Todos os dias, deparamo-nos com tentações (e até falsos ensinamentos) que intentam nos desviar, confundir e enredar. Mesmo assim, não é pelos nossos próprios esforços que permanecemos de pé ao caminhar por este mundo. Inspira confiança saber que, quando mantemos a paz ao sermos tentados a falar com raiva, quando optamos pela honestidade ao invés do engano, quando amamos ao invés de odiar e escolhemos a verdade ao invés do erro, provamos o amor de Deus que nos mantém de pé (v.24). E quando formos aprovados na volta de Cristo, o louvor que entoamos hoje por Sua graça ecoará pela eternidade (v.25). ❧

ALJ

Pai, agradeço-te por Teu constante cuidado por nossa alma.

E gozarei da redenção com todos que no céu estão.
EDWARD MOTE (CC 366)

11 DE SETEMBRO

A BÍBLIA em UM ANO
Provérbios 10–12; 2 Coríntios 4

Ele sabe o nosso nome

LEITURA: **Salmo 23:1-6**

Não tema, pois eu o resgatei; eu o chamei pelo nome, você é meu. Isaías 43:1

Durante uma visita ao Memorial Nacional do 11 de Setembro na cidade de Nova Iorque, fotografei rapidamente um dos dois lagos espelhados. Nas laterais destes dois lados idênticos, o nome de quase 3.000 pessoas, que morreram nos ataques ao World Trade Center, está gravado em painéis de bronze. Mais tarde, quando olhei aquela foto com mais atenção, meus olhos foram atraídos pela mão de uma mulher que aparecia sobre um dos nomes. Muitas pessoas vão a este lugar para tocar em algum nome e lembrar-se de alguém que amavam.

O profeta Isaías lembrou ao povo de Deus o amor infalível e o cuidado do Senhor por cada um deles, embora eles tivessem se desviado muitas vezes. O Senhor disse: "Não tema, pois eu o resgatei; eu o chamei pelo nome, você é meu" (v.1).

No Salmo 23, Davi escreveu: "Mesmo quando eu andar pelo escuro vale da morte, não terei medo, pois tu estás ao meu lado. [...] Certamente a bondade e o amor me seguirão todos os dias da minha vida, e viverei na casa do Senhor para sempre" (vv.4,6).

Deus nunca se esquece de nós. Independentemente de onde estivermos ou qualquer que seja a nossa situação, Ele sabe o nosso nome e nos segura com firmeza em Seu amor infalível. DCM

> Pai celestial, agradeço-te por nos chamares por nosso nome e cercar-nos do Teu amor, hoje e sempre.

Deus sabe o nosso nome e nos segura com firmeza em Seu amor.

12 DE SETEMBRO

A BÍBLIA em UM ANO
Provérbios 13–15; 2 Coríntios 5

Tem conexão *wi-fi*?

LEITURA: **Provérbios 15:9-21**

O sábio tem fome de conhecimento, enquanto os tolos se alimentam de insensatez. v.14

Quando eu me preparava para uma viagem missionária com alguns jovens, o que eles mais perguntavam era: "Vai ter *wi-fi*?". E eu lhes garantia que sim. Imaginem as lamentações e os gemidos numa noite em que a conexão caiu!

Muitos de nós ficamos impacientes quando nos separamos do celular. E quando o temos em mão, podemos ficar grudados na tela.

Como muitas coisas, a internet e os dispositivos que nos permitem acessar o mundo podem tornar-se um transtorno ou uma bênção. Depende de como agimos. Lemos em Provérbios: "O sábio tem fome de conhecimento, enquanto os tolos se alimentam de insensatez" (15:14).

Aplicando a sabedoria da Palavra de Deus à vida, podemos nos questionar: Será que verificamos nossas redes sociais compulsivamente ao longo do dia? O que isso diz sobre as coisas das quais temos fome? E será que as coisas que lemos ou visualizamos online incentivam um estilo de vida sensato (vv.16-21), ou estamos nos alimentando daquilo que não satisfaz — fofocas, difamação, materialismo ou impureza sexual?

À medida que nos rendemos à obra do Espírito Santo, podemos encher a nossa mente com o que é "verdadeiro, tudo que é nobre, tudo que é correto, tudo que é puro, tudo que é amável e tudo que é admirável" (FILIPENSES 4:8). Pela sabedoria de Deus, podemos fazer boas escolhas para honrá-lo. PFC

> Deus, ajuda-me a usar bem o meu tempo e a preencher minha mente com o que é puro.

Aquilo que entra em nossa mente molda a nossa alma.

13 DE SETEMBRO

A BÍBLIA em UM ANO
Provérbios 16–18; 2 Coríntios 6

O que há em um nome?

LEITURA: **Mateus 1:18-25**

Ela terá um filho, e você lhe dará o nome de Jesus, pois ele salvará seu povo dos seus pecados. v.21

O pregador metodista "Gip" Hardin escolheu para o filho o nome do famoso pregador John Wesley, projetando suas aspirações e esperanças para o bebê. Mas, John Wesley Hardin escolheu um caminho diferente. Alegando ter matado 42 homens, Hardin tornou-se um dos pistoleiros mais conhecidos do Velho Oeste no fim dos anos de 1800.

Na Bíblia, e em muitas culturas hoje, os nomes têm significado especial. Ao anunciar o nascimento do Filho de Deus, o anjo instruiu José a chamar o filho de Maria de "Jesus, pois ele salvará seu povo dos seus pecados" (v.21). O significado do nome de Jesus —"Javé salva" — confirmou Sua missão de salvar o "seu povo dos seus pecados".

Diferentemente de Hardin, Jesus viveu completamente de acordo com o Seu nome. Por Sua morte e ressurreição, Ele cumpriu Sua missão de resgate. João afirmou o poder regenerador do nome de Jesus: "Estes, porém, estão registrados para que vocês creiam que Jesus é o Cristo, o Filho de Deus, e para que, crendo nele, tenham vida pelo poder do seu nome" (JOÃO 20:31). O livro de Atos convida todos a confiar nele, pois "não há salvação em nenhum outro! Não há nenhum outro nome debaixo do céu, em toda a humanidade, por meio do qual devamos ser salvos" (ATOS 4:12).

Aqueles que invocam o nome de Jesus com fé podem experimentar o perdão e a esperança que Ele oferece. Você já invocou o Seu nome?

WEC

O nome de Jesus exemplifica o sentido da Sua missão – buscar e salvar o perdido.

14 DE SETEMBRO

A BÍBLIA em UM ANO
Provérbios 19–21; 2 Coríntios 7

A suprema satisfação

LEITURA: **Isaías 55:1-7**

Venha e beba, mesmo que não tenha dinheiro! Venha, beba vinho ou leite; tudo é de graça! v.1

Quando estávamos distribuindo lanchinhos para as crianças do programa da Escola Dominical, notamos um garotinho que tinha devorado o lanche. Depois, ele ainda comeu o resto dos petiscos das crianças à mesa. Mesmo depois de lhe dar um saco de pipoca, ele ainda não estava satisfeito. Como líderes, ficamos preocupados com o porquê de tanta fome.

Penso que podemos ser como aquele garotinho no que se refere às nossas emoções. Buscamos maneiras de satisfazer nossos anseios mais profundos, mas nunca encontramos o que nos satisfaz completamente.

O profeta Isaías convida aqueles que têm fome e sede: "venha e beba" (ISAÍAS 55:1). Mas depois pergunta: "Por que gastar seu dinheiro com comida que não fortalece? Por que pagar por aquilo que não satisfaz?" (v.2). Isaías está falando mais do que apenas sobre a fome física. Deus pode satisfazer nossa fome espiritual e emocional pela promessa da Sua presença. A "aliança permanente" no versículo 3 é um lembrete do que Deus fez a Davi em 2 Samuel 7:8-16. Por meio da linhagem de Davi viria um Salvador para reconciliar as pessoas com Deus. Mais tarde, em João 6:35 e 7:37, Jesus estendeu o mesmo convite que Isaías fez, identificando-se como o Salvador profetizado por Isaías e por outros profetas.

Você está faminto? Deus o convida a vir e encher-se com a Sua presença. ◉

LMW

> Pai, anseio por te conhecer mais. Somente tu podes satisfazer meus desejos mais profundos.

Somente Deus pode satisfazer a nossa fome espiritual.

15 DE SETEMBRO

A BÍBLIA em UM ANO
Provérbios 22–24; 2 Coríntios 8

É bom para você?

LEITURA: **Salmo 119:65-72**

Tu és bom e fazes somente o bem; ensina-me teus decretos. v.68

Por gostar de chocolate amargo, uma vez pesquisei no Google: "Chocolate amargo é bom para você?". E consegui vários resultados — alguns bons; outros ruins. Dá para fazer o mesmo com quase qualquer outro produto alimentício. Leite é bom para você? Café é bom para você? Arroz é bom para você? Existe uma variedade imensa de respostas para estas perguntas, e você deve ter a consciência de que a pesquisa pode não ser boa. Pode lhe dar uma imensa dor de cabeça!

Mas, se você está buscando algo que seja todo tempo 100% bom para você, posso recomendar a Palavra de Deus! Descubra o que ela é capaz de fazer na vida do seguidor de Jesus que está buscando edificar um relacionamento com Deus.

    Pode mantê-lo puro (SALMO 119:9,11).
    Abençoa (LUCAS 11:28).
    Torna sábio (MATEUS 7:24).
    Concede luz e entendimento (SALMO 119:130).
    Pode ajudá-lo a crescer espiritualmente (1 PEDRO 2:2).

O nosso Deus é bom: "O Senhor é bom para todos", diz o Salmo 145:9. Em Sua bondade, o Senhor concedeu um guia àqueles que o amam para ajudá-los a aprimorar o relacionamento com Ele. Ao tentar decidir como viver neste mundo cheio de escolhas, louvemos a Deus, pois nas Escrituras Ele nos diz o que é bom para nós. Declaremos com o salmista: "Como são doces as tuas palavras; são mais doces que o mel!" (119:103).

JDB

A Palavra de Deus é a única base sólida para a vida.

16 DE SETEMBRO

A BÍBLIA em UM ANO
Provérbios 25–26; 2 Coríntios 9

O jeito certo de falar com Deus

LEITURA: **Mateus 6:5-15**

Mas, quando orarem, cada um vá para seu quarto, feche a porta e ore a seu Pai, em segredo. v.6

Admiro os que registram os pedidos de oração em diários gastos pelo manuseio e que atualizam sempre toda oração e louvor em suas listas. Sou inspirada por pessoas que se reúnem para orar e por pessoas cujos joelhos desgastam o tapete ao lado da cama. Durante anos, tentei imitar esse estilo de vida, a oração perfeita e a eloquência das pessoas mais articuladas do que eu. Lutei para solucionar o que eu achava ser um mistério, uma vez que eu ansiava por aprender o jeito certo de orar.

No fim das contas, compreendi que o nosso Senhor simplesmente deseja que a oração comece e termine com humildade (MATEUS 6:5). Ele nos convida a ter uma comunhão íntima por meio da qual promete nos ouvir (v.6). O Senhor nunca exige palavras e frases decoradas ou floreadas (v.7). Ele nos garante que a oração é uma dádiva, uma oportunidade de honrar Sua majestade (vv.9,10), de demonstrar nossa confiança em Sua provisão (v.11) e afirmar a segurança que temos em Seu perdão e direção (vv.12,13).

Deus nos garante ouvir e preocupar-se com cada oração proferida ou não proferida e com as orações que escorrem por nosso rosto em lágrimas silenciosas. Quando colocamos nossa confiança em Deus e em Seu perfeito amor por nós, podemos ter certeza de que orar com um coração humilde, entregue e dependente do Senhor, é sempre o jeito certo de orar. ● XED

> Senhor, agradeço-te por me lembrares de que tu ouves toda oração.

Invocar a Jesus como nosso Senhor e Salvador é o jeito certo de orar.

17 DE SETEMBRO

A BÍBLIA em UM ANO
Provérbios 27–29; 2 Coríntios 10

Legados de amor

LEITURA: **2 Timóteo 1:1-5**

...suas boas obras devem brilhar, para que todos as vejam e louvem seu Pai, que está no céu. Mateus 5:16

Ao folhear a Bíblia da minha bisavó senti um tesouro cair em meu colo. Num pequeno pedaço de papel com a caligrafia de uma criança, estavam as palavras: "Felizes os pobres de espírito, pois o reino dos céus lhes pertence. Felizes os que choram, pois serão consolados" (MATEUS 5:3,4). Estava assinado com os rabiscos vacilantes de minha mãe.

Minha bisavó tinha o hábito de ensinar os netos a escrever versículos das Escrituras para que os aprendessem e decorassem. Mas a história por detrás dessas palavras encheram os meus olhos de lágrimas. Meu avô morreu quando minha mãe era muito novinha, e o irmãozinho dela (meu tio) morreu algumas semanas depois. Foi naquela fase trágica que a minha bisavó levou minha mãe a Jesus e ao consolo que só Ele pode proporcionar.

Paulo escreveu a Timóteo: "Lembro-me de sua fé sincera, como era a de sua avó, Loide, e de sua mãe, Eunice, e sei que em você essa mesma fé continua firme" (v.5). A fé não é herdada, mas é compartilhada. A mãe e a avó de Timóteo compartilharam sua fé com ele, e Timóteo creu.

Quando encorajamos as pessoas próximas a nós a ter esperança em Jesus oferecemos a elas um legado de amor. Por meio de um simples bilhete, minha mãe deixou a prova do amor da minha bisavó por seu Salvador e por sua família. ❂ JBB

> Pai, obrigado por aqueles que compartilharam o Teu amor comigo.
> Ajuda-me a levar outras pessoas até a Tua salvação hoje.

Quando compartilhamos a nossa fé, compartilhamos o maior tesouro de todos.

18 DE SETEMBRO

A BÍBLIA em UM ANO
Provérbios 30–31; 2 Coríntios 11:1-15

Escrito em Suas mãos

LEITURA: **Isaías 49:14-18**

Vejam, escrevi seu nome na palma de minhas mãos... v.16

Nos muitos anos de Charles Spurgeon na sua igreja de Londres durante os anos de 1800, ele amava pregar sobre as riquezas do texto em Isaías 49:16. O versículo afirma que Deus escreve o nosso nome nas palmas de Suas mãos. Ele dizia: "Um texto como este deve ser pregado centenas de vezes!". Este pensamento é tão valioso que deveríamos remoê-lo em nossa mente várias e várias vezes.

Spurgeon faz a maravilhosa conexão entre esta promessa do Senhor ao Seu povo, os israelitas, e o Filho de Deus, Jesus, ao morrer na cruz por nós. Spurgeon questiona: "O que são estas chagas nas Suas mãos? [...] A ferramenta usada para gravá-las foi o prego e o martelo. Ele teve de ser pregado à Cruz para que o Seu povo pudesse verdadeiramente ter o seu nome escrito nas palmas de Suas mãos". Quando o Senhor prometeu gravar Seu povo nas palmas de Suas mãos, Jesus estendeu os braços na cruz, recebendo os pregos nas Suas mãos a fim de que pudéssemos ser libertos dos nossos pecados.

Se (e quando) formos tentados a pensar que Deus se esqueceu de nós, precisamos simplesmente olhar para a palma das nossas mãos e nos lembrar da promessa do Senhor. Ele colocou marcas inapagáveis em Suas mãos por nós; Ele nos ama demais.

ABP

Senhor Deus, Teu amor por mim é tão imenso! Tu me manténs sempre contigo. Sei que nunca me deixarás, e agradeço-te por isso.

O Senhor escreve o nosso nome nas palmas das Suas mãos.

19 DE SETEMBRO

A BÍBLIA em UM ANO
Eclesiastes 1–3; 2 Coríntios 11:16-33

Um momento adequado

LEITURA: **Eclesiastes 3:1-14**

...Deus fez tudo apropriado para seu devido tempo. v.11

Comprei uma passagem aérea para mandar minha filha mais velha para a faculdade. Surpreende-me ver que o teclado do meu computador ainda funciona depois da cachoeira de lágrimas que derramei durante o processo de compra dessa passagem. Fomos tão felizes durante os 18 anos de convivência diária que estou triste com a possibilidade da partida. Mesmo assim, não a privaria da oportunidade que ela tem adiante porque sentirei saudades. Nesse momento, é bom que ela embarque numa nova jornada para descobrir a vida adulta e explorar outra parte do país.

Encerrando essa fase da maternidade, sem dúvida, começará outra que trará novos desafios e alegrias. Salomão, o terceiro rei de Israel, escreveu que Deus designa um "momento certo para tudo, um tempo para cada atividade debaixo do céu" (v.1). Nós, humanos, temos pouco controle sobre os acontecimentos da nossa vida — quer sejam favoráveis ou não. Mas Deus, em Seu tremendo poder, faz "tudo apropriado para seu devido tempo" (v.11).

Nos momentos de dor, podemos confiar que Deus extrairá algo bom dessa fase no tempo certo. Nosso consolo e alegrias podem ir e vir, mas o trabalho de Deus "é definitivo" (v.14). Podemos não gostar de todas as fases — algumas realmente são dolorosas —, mas Ele pode extrair beleza de todas elas. KHH

> Pai, tu permitiste esta fase da minha vida. Ajuda-me a ter contentamento em meio a ela e a reconhecer o Teu poder e força.

Deus extrai beleza de todas as fases da vida.

20 DE SETEMBRO

A BÍBLIA em UM ANO
Eclesiastes 4–6; 2 Coríntios 12

Onde encontrar esperança

LEITURA: **Romanos 5:1-11**

...Deus nos ama, uma vez que ele nos deu o Espírito Santo para nos encher o coração com seu amor. v.5

Bete lutava há muito tempo com o vício em drogas e, quando se recuperou, quis retribuir ajudando outras pessoas. Para isso, ela começou a escrever bilhetes anônimos e a colocá-los em lugares por toda a cidade. Hoje, Bete coloca os bilhetes nos limpadores de para-brisa e nos postes de parques. Antes, ela costumava procurar por esses sinais de esperança, mas hoje ela os deixa para outras pessoas. Um dos bilhetes termina assim: "Enviando esperança — com amor".

Esperança com amor — é isso o que Jesus oferece. Ele nos concede o Seu amor a cada novo dia e nos fortalece com a esperança. Seu amor não é distribuído gota a gota, mas flui de Seu coração e é derramado abundantemente em nosso coração: "essa esperança não nos decepcionará, pois sabemos quanto Deus nos ama, uma vez que ele nos deu o Espírito Santo para nos encher o coração com seu amor" (v.5). Ele deseja usar os momentos difíceis para desenvolver a perseverança e o caráter e conduzir-nos a uma vida de satisfação, plena de esperança (vv.3,4). Mesmo quando estamos longe dele, Ele ainda nos ama (vv.6-8).

Você procura por sinais de esperança? O Senhor concede esperança com amor convidando-nos a crescermos em comunhão com Ele. Nossa esperança de uma vida gratificante é ancorada em Seu amor infalível. ✣

AMC

Deus, agradeço-te pelo amor que derramas sobre mim. Que eu possa contentar-me em ti e confiar no que estás fazendo em mim.

A esperança é a âncora da alma.

21 DE SETEMBRO

A BÍBLIA em UM ANO
Eclesiastes 7–9; 2 Coríntios 13

Caminhos inesperados

LEITURA: **1 Reis 19:1-12**

Quem me vê, vê o Pai. João 14:9

Em 1986, Levan Merritt, de 5 anos, caiu no cercado de gorilas em um zoológico da Inglaterra. Enquanto as pessoas gritavam por ajuda, Jambo, um macho adulto colocou-se entre o garoto e os outros gorilas. E tocou delicadamente nas costas da criança. Quando Merritt chorou, Jambo conduziu os outros gorilas ao cercado deles, enquanto o menino era resgatado. Mais de 30 anos se passaram e Merritt ainda fala sobre esse gigante gentil — seu anjo da guarda que agiu de maneira inesperada, e mudou para sempre sua percepção dos gorilas.

Talvez Elias esperasse que Deus agisse de determinada forma, mas o Deus dos deuses usou um vento forte, o terremoto e fogo para mostrar ao profeta como não pensar nele. Depois, Deus usou um sussurro suave para revelar Seu coração e manifestar Sua presença (vv.11,12).

Elias já havia visto o poder de Deus (18:38,39), mas não compreendia totalmente Aquele que deseja ser conhecido como mais do que o maior e mais temível dos deuses (19:10,14).

Por fim, aquele sussurro suave teve completo significado quando Jesus disse: "Quem me vê, vê o Pai" (JOÃO 14:9). Ele silenciosamente permitiu ser pregado no madeiro — um ato inesperado e compassivo do Deus que nos ama. ❂   MRD

> Pai celestial, ajuda-nos a extrair coragem do Teu sussurro — e dos caminhos do Teu Filho. Tem misericórdia de nós por não enxergamos além do Teu poder e contemplarmos um amor que mal começamos a conhecer.

Deus não gritará se precisarmos de apenas um sussurro.

22 DE SETEMBRO

A BÍBLIA em UM ANO
Eclesiastes 10–12; Gálatas 1

A bênção dos encorajadores

LEITURA: **Atos 9:26–31**

Então Barnabé o levou [Saulo] aos apóstolos... v.27

O filme *O Discurso do Rei* (2010) conta a história de George VI, rei da Inglaterra, que se tornou monarca quando o irmão abdicou do trono. Com a iminência da Segunda Guerra Mundial, o governo queria um líder articulado por causa do influente poder do rádio. Mas o rei George VI era gago.

Cativou-me a atuação da esposa de George, Elizabeth. Durante a luta dolorosa do marido, ela foi sua constante fonte de estímulo. Sua dedicação ajudou a prover o apoio necessário para o rei superar o problema de gagueira e governar em meio à guerra.

A Bíblia destaca histórias de pessoas que foram fonte de encorajamento em circunstâncias difíceis. Moisés teve o apoio de Aarão e Hour (ÊXODO 17:8-16), e Isabel encorajou Maria, quando esta estava grávida (LUCAS 1:42-45).

Paulo, já convertido, precisou do apoio de Barnabé, cujo nome significa "filho de encorajamento". Enquanto os discípulos temiam Paulo, Barnabé responsabilizou-se por ele, colocando em risco a própria reputação (ATOS 9:27), algo essencial para que Paulo fosse acolhido pela comunidade cristã. Barnabé também foi seu companheiro de ministério (ATOS 14), e, apesar dos perigos, eles trabalharam juntos proclamando o evangelho.

A orientação para os cristãos é: "animem e edifiquem uns aos outros" (1 TESSALONICENSES 5:11). Que possamos ser fontes de ânimo para outras pessoas em situações difíceis. ❀

LMS

Senhor Jesus, ajuda-me a encorajar os outros.

O encorajamento de um amigo pode fazer toda a diferença.

23 DE SETEMBRO

A BÍBLIA em UM ANO
Cântico dos Cânticos 1–3; Gálatas 2

Ouvindo o seu irmão

LEITURA: **Mateus 18:15-20**

...quem trouxer o pecador de volta de seu desvio o salvará da morte e trará perdão para muitos pecados.
Tiago 5:20

"**Você precisa** me ouvir; sou seu irmão!". O apelo vinha de um irmão mais velho preocupado com o mais novo, que estava afastando-se demais dele, mais do que ele podia controlar. Evidentemente, o mais velho era mais capaz de julgar o que seria o melhor naquela situação.

Quantos de nós resistimos ao conselho sábio de um irmão ou irmã? Se você já teve de enfrentar as consequências de resistir ao bom conselho de alguém mais experiente, você não está sozinho.

Uma das maiores fontes que nós, cristãos, podemos ter é a família — pessoas espiritualmente vinculadas por causa da fé comum em Jesus. Esta família inclui pessoas amadurecidas que amam a Deus e amam umas às outras. Como o irmão mais novo da história, muitas vezes precisamos de uma palavra de cautela ou correção para voltarmos ao caminho certo. Isso acontece particularmente quando ofendemos alguém ou quando somos ofendidos. Fazer o que é correto pode ser difícil, mas as palavras de Jesus em Mateus 18:15-20 nos mostram o que fazer quando as ofensas acontecem dentro da nossa família espiritual.

Felizmente, nosso Pai celestial coloca em nossa vida pessoas preparadas para ajudar-nos a honrar a Ele e aos outros. E quando as ouvimos, as coisas melhoram na família (v.15). ALJ

A sabedoria cresce quando ouvimos as palavras de cristãos experientes.

24 DE SETEMBRO

A BÍBLIA em UM ANO
Cântico dos Cânticos 4–5; Gálatas 3

Andar em obediência a Deus

LEITURA: **Isaías 30:15–21**

"Este é o caminho pelo qual devem andar", quer se voltem para a direita, quer para a esquerda. v.21

"**V**amos por este caminho", eu disse ao tocar o ombro do meu filho e redirecioná-lo em meio à multidão para seguir a mãe e as irmãs à nossa frente. Fiz isso várias vezes no parque de diversão que estávamos visitando. Meu filho estava ficando cansado e se distraía com mais facilidade. Por que ele simplesmente não as segue?, eu pensava.

E então me veio à mente: Com que frequência faço exatamente o mesmo? Com que frequência me desvio de andar em obediência a Deus encantado pelas tentações de seguir o que quero ao invés de buscar os Seus caminhos?

Pense nas palavras de Isaías enviadas por Deus a Israel: "e seus ouvidos o ouvirão.

Uma voz atrás de vocês dirá: Este é o caminho pelo qual devem andar, quer se voltem para a direita, quer para a esquerda" (v.21). Numa parte anterior do capítulo, Deus havia repreendido Seu povo pela rebelião. Mas, se eles confiassem em Sua força, e não nos próprios caminhos (v.15), Deus prometia mostrar-lhes amor e compaixão (v.18).

Uma expressão da generosidade de Deus é a promessa de guiar-nos com Seu Espírito. Isso acontece quando falamos com Ele sobre os nossos desejos e lhe perguntamos, em oração, o que Ele tem para nós. Sou grato por Deus nos guiar pacientemente, dia a dia, passo a passo, à medida que confiamos nele e ouvimos a Sua voz. ◉

ARH

Deus nos conduz pacientemente quando confiamos nele e ouvimos a Sua voz.

25 DE SETEMBRO

A BÍBLIA em UM ANO
Cântico dos Cânticos 6–8; Gálatas 4

Muitas coisas lindas

LEITURA: **Marcos 14:1–9**

Jesus, porém, disse: "Deixem-na em paz. Por que a criticam por ter feito algo tão bom para mim? v.6

Pouco antes de morrer, Lilias Trotter, artista e missionária, olhou pela janela e teve a visão de uma carruagem celestial. Uma amiga perguntou-lhe: "Você está vendo muitas coisas lindas?". Ela respondeu: "Sim, muitas coisas lindas".

Suas últimas palavras refletem a obra de Deus em sua vida. Ao longo de toda a sua existência, Ele revelou muita beleza a ela e por meio dela. Ela serviu a Jesus como missionária na Argélia. Dizem que o famoso pintor John Ruskin, seu tutor, comentou: "Que desperdício!", quando ela escolheu ir ao campo missionário em vez de optar pela carreira artística.

Da mesma forma, no Novo Testamento, quando uma mulher foi à casa de Simão, o leproso, com um vaso de alabastro e derramou o perfume sobre a cabeça de Jesus, os presentes consideraram aquela atitude um desperdício. Como esse caro perfume valia o salário de um ano, algumas dessas pessoas pensaram que ele poderia ter sido usado para ajudar os pobres. Entretanto, elogiando a profunda devoção da mulher, Jesus afirma: ela fez "algo tão bom para mim" (v.6).

Todos os dias, podemos escolher deixar a vida de Cristo resplandecer em nosso viver e manifestar Sua beleza ao mundo. Para alguns, poderá parecer um desperdício, mas que tenhamos o coração disposto a servi-lo. Que Jesus possa dizer que fizemos muitas coisas boas para Ele. ◉

KOH

> Pai querido, ajuda-me a expressar meu amor por ti de maneiras lindas.

Que a nossa vida manifeste a beleza de Deus.

26 DE SETEMBRO

A BÍBLIA em UM ANO
Isaías 1–2; Gálatas 5

Não se trata do peixe

LEITURA: **Jonas 3:10–4:4**

Quando Deus viu o que fizeram e como deixaram seus maus caminhos, voltou atrás... v.10

Avistada na costa australiana de Queensland, a *Migaloo* é a primeira jubarte albina já documentada. A criatura magnífica tem mais de 12 metros e é tão rara que a Austrália aprovou uma lei para protegê-la.

A Bíblia relata sobre um "grande peixe" tão raro que Deus o enviou para engolir o profeta fujão (1:17). A maioria conhece a história. Deus ordenou que Jonas levasse uma mensagem de juízo a Nínive. Mas ele temeu os ninivitas, que tinham a reputação de ser um povo cruel para todos, inclusive hebreus, e fugiu. As coisas foram de mal a pior. Dentro do peixe, Jonas se arrependeu. Por fim, ele pregou aos ninivitas, e eles também se arrependeram (3:5-10).

Porém, quando Nínive se arrependeu, Jonas se zangou. "Não foi isso que eu disse?", ele orou. "Sabia que és Deus misericordioso e compassivo, lento para se irar e cheio de amor" (4:2). Depois de ser resgatado da morte certa, a ira de Jonas cresceu até sua oração suicida (v.3).

A história de Jonas diz respeito à natureza humana e à natureza do Deus que nos busca. O Senhor "é paciente por causa de vocês. Não deseja que ninguém seja destruído, mas que todos se arrependam" (2 PEDRO 3:9). Deus oferece o Seu amor aos ninivitas, profetas descontentes, a você e a mim. TLG

> Amado Pai celestial, nossa tendência é olhar para o que os outros "merecem" e esquecemos que necessitamos do Teu amor. Ajuda-nos a viver no Teu amor e a falar sobre ele.

Nosso amor tem limites; o de Deus é ilimitado.

27 DE SETEMBRO

A BÍBLIA em UM ANO
Isaías 3–4; Gálatas 6

Quando estamos esgotados

LEITURA: **Gálatas 6:1-10**

...não nos cansemos de fazer o bem. No momento certo, teremos uma colheita de bênçãos, se não desistirmos. v.9

À s vezes, tentar fazer o que é certo pode ser exaustivo. Podemos pensar: Será que as minhas palavras e atitudes bem-intencionadas fazem alguma diferença? Pensei o mesmo recentemente depois de meditar e enviar um e-mail para encorajar um amigo (apenas para receber uma resposta zangada). Minha reação imediata foi uma mescla de mágoa e ira. Como ele pôde distorcer as minhas palavras?

Antes de responder com raiva, lembrei-me de que nem sempre veremos os resultados (ou os que desejamos) ao falar para alguém sobre como Jesus o ama. Quando fazemos coisas boas pelos outros esperando aproximá-los a Deus, eles podem reagir com desprezo. Nossos nobres esforços para conduzir alguém a ter atitudes corretas podem ser ignorados.

Gálatas 6 é uma boa passagem para lermos quando nos sentimos desencorajados pela reação de alguém aos nossos esforços sinceros. O apóstolo Paulo nos incentiva a pensar no que motiva nossas palavras e atitudes (vv.1-4). Depois de fazê-lo, ele nos encoraja a perseverar: "Portanto, não nos cansemos de fazer o bem. No momento certo, teremos uma colheita de bênçãos, se não desistirmos. Por isso, sempre que tivermos oportunidade, façamos o bem a todos" (vv.9,10).

Deus quer que continuemos a viver para Ele, o que inclui orar pelos outros e falar sobre "o bem" que Ele faz. Os resultados virão de Deus. 〇 ADK

Deus, ajuda-nos a não desistir e a perseverar em fazer o bem.

Podemos deixar os resultados da nossa vida nas mãos de Deus.

28 DE SETEMBRO

A BÍBLIA em UM ANO
Isaías 5–6; Efésios 1

Primeiro busque a Deus

LEITURA: **Salmo 37:3-7,23,24**

Busque no Senhor a sua alegria, e ele lhe dará os desejos de seu coração. v.4

No início do meu casamento, tive dificuldade para compreender as preferências da minha esposa. Será que ela queria fazer um jantar tranquilo em casa ou comer num restaurante chique? Havia algum problema em sair com meus amigos, ou ela esperava que eu passasse o fim de semana inteiro com ela? Certa vez, ao invés de tentar adivinhar e decidir, perguntei-lhe primeiro: "O que você quer fazer?".

"Tanto faz", ela respondeu com um sorriso: "Já estou feliz por você ter pensado em mim".

Certas ocasiões, eu quis muito saber exatamente o que Deus desejava que eu fizesse. Orar por direção e ler a Bíblia não havia revelado uma resposta específica. Mas era claro que eu deveria confiar no Senhor, alegrar-me nele e entregar-lhe os meus caminhos (SALMO 37:3-5).

Percebi, então, que geralmente Deus nos dá liberdade de escolha — quando buscamos colocar os Seus caminhos à frente dos nossos. Isso significa abrir mão de escolhas claramente erradas ou que não o agradariam. Pode ser algo imoral, pecaminoso ou inútil em nosso relacionamento com Ele. Se as opções restantes agradam a Deus, então estamos livres para escolher dentre as tais. Nosso Pai amado quer nos dar os desejos do nosso coração — do coração que se alegra nele (v.4). LK

> Ensina-me, Deus, a colocar-te em primeiro lugar em tudo o que eu fizer. Mostra-me como me alegrar em ti, para que o meu coração seja transformado para ser semelhante ao Teu.

As suas escolhas agradam a Deus?

29 DE SETEMBRO

A BÍBLIA em UM ANO
Isaías 7–8; Efésios 2

Segando os campos

LEITURA: **Rute 2:1-12**

Certo dia, Rute, a moabita, disse a Noemi: "Deixe-me ir ao campo ver se alguém, em sua bondade, me permite recolher as espigas de cereal que sobrarem". v.2

Uma amiga tanzaniana tem o sonho de adquirir uma parte da terra desolada da capital Dodoma. Reconhecendo as necessidades de algumas viúvas locais, Rute quer transformar aqueles acres empoeirados num local para criar galinhas e cultivar vegetais. Seu sonho de sustentar os necessitados tem origem em seu amor por Deus e foi inspirado em Rute, sua xará bíblica.

As leis de Deus permitiam que os pobres ou estrangeiros colhessem dos cantos dos campos (LEVÍTICO 19:9,10). Rute (da Bíblia) era estrangeira e, portanto, tinha a permissão de trabalhar nos campos, juntando alimento para ela e sua sogra. Colher no campo de Boaz, um parente próximo, possibilitou que Rute e Noemi por fim encontrassem um lar e proteção. Rute usou sua perspicácia e seus esforços no trabalho do dia — colhendo alimento deixados nos campos —, e Deus a abençoou.

A paixão da minha amiga Rute e a dedicação da Rute da Bíblia me impulsionam a agradecer a Deus pelo modo como Ele cuida dos pobres e oprimidos. Elas me inspiram a buscar formas de ajudar outras pessoas, tanto da minha comunidade quanto de fora, como meio de expressar minha gratidão ao nosso generoso Deus. Como você poderia adorar a Deus estendendo a misericórdia divina a outras pessoas? ABP

> Jesus, tu desejas que ninguém passe fome. Abre nossos olhos para formas pelas quais podemos ajudar os necessitados. Que possamos compartilhar o Teu amor, para a Tua glória.

Deus cuida dos necessitados.

30 DE SETEMBRO

A BÍBLIA em UM ANO
Isaías 9–10; Efésios 3

Desbloqueando um mistério

LEITURA: **Efésios 3:1-12**

...tanto os gentios como os judeus que creem nas boas-novas participam igualmente das riquezas herdadas... v.6

Um dia, ao voltar para casa, vi um par de sapatos perto da garagem, e soube imediatamente de quem eram. Então, eu os coloquei na garagem para entregá-los à minha filha Lisa quando ela voltasse para buscar as crianças. Mas, quando falei com Lisa, descobri que não eram dela; nem de ninguém da família. Então, eu os coloquei onde os encontrara. No dia seguinte, haviam desaparecido misteriosamente.

Você sabia que Paulo escreveu sobre um segredo em suas cartas? Mas o mistério que descreveu era muito mais do que uma história de detetive. Em Efésios 3, por exemplo, Paulo falou sobre um segredo "que não foi revelado às gerações anteriores" (v.5). Ao passo que Deus se revelou por meio de Israel no passado, os gentios — pessoas fora de Israel —, por intermédio de Jesus, poderiam "participar igualmente das riquezas herdadas pelos filhos de Deus" (v.6).

Pense no que isso significa: todos que confiam em Jesus como Salvador podem amar e servir a Deus juntos. Podemos, igualmente, "com ousadia e confiança" ter "acesso à presença de Deus" (v.12). E, pela unidade da Igreja, o mundo verá a sabedoria e a bondade de Deus (v.10).

Louve a Deus por nossa salvação, que nos revela o segredo da unidade à medida que pessoas de todas as culturas tornam-se uma em Jesus.

JDB

> Jesus, agradeço-te pela unidade que todos os cristãos podem ter em ti. Ajuda-nos a servir juntos como membros iguais do Teu corpo.

A unidade em Cristo rompe as barreiras e edifica a Igreja.

1.º DE OUTUBRO

A BÍBLIA em UM ANO
Isaías 11-13; Efésios 4

Oficina de restauração

LEITURA: **Jeremias 31**

...dei descanso aos exaustos e alegria aos aflitos. v.25

Os **restauradores** de veículos antigos dizem que é muito mais fácil fazer um novo do que refazer um usado. Restaurar dá trabalho. A Bíblia está cheia de exemplos de pessoas que se afastaram do propósito original de Deus. Na estrada da vida, se desgastaram e perderam a aparência de alguém que andou com Deus. Porém, em dado momento, esse relacionamento se refez e elas foram totalmente restauradas.

Para que sejamos restaurados, precisamos depositar nossa fé somente em Deus. Há pessoas que confiam em tanta coisa: em si mesmas, em algum ídolo (carreira, dinheiro, pessoas), na religião. Todavia, se nossa fé não estiver alicerçada em Cristo, seremos facilmente seduzidos ao erro (1 CORÍNTIOS 2:5).

Para que a fé volte a ser firme e forte, precisamos ter consciência do pecado e reconhecer nosso estado de dependentes de Deus. Jesus disse: "sem mim, vocês não podem fazer coisa alguma" (JOÃO 15:5).

Todo carro novo vem com um manual, que normalmente só é lido quando o carro enguiça. O manual do cristão é a Bíblia. É a intimidade com esse Livro que mantém nossa fé em dia. Por isso, para que nossa fé seja restaurada, precisamos ler esse Manual.

Na estrada da vida, às vezes, perdemos a fé. O ideal é que nunca precisemos de uma restauração. Porém, se isso vier a acontecer, é melhor sermos restaurados do que andar deformados pela vida.

MU

> Senhor, restaura minha fé ao que ela era quando te entreguei minha vida.

A fé se baseia naquilo que absorvo da Palavra de Deus.

2 DE OUTUBRO

A BÍBLIA em UM ANO
Isaías 14–16; Efésios 5:1-16

A brasa de Deus

LEITURA: **Zacarias 3:1-7**

Veja, removi seus pecados e agora lhe dou roupas de festa. v.4

Pegando as crianças menores, a empregada saiu correndo da casa em chamas e enquanto corria, gritou por Joãozinho, um menino de 5 anos.

Mas a criança não a seguiu. Do lado de fora, um espectador subiu nos ombros de um amigo, chegou ao andar superior e o resgatou pouco antes de o teto desabar. O pequeno João, contou sua mãe, Susana, era "uma brasa tirada do fogo". Talvez você conheça essa "brasa" como o grande missionário John Wesley (1703-91).

Susana citou Zacarias, um profeta que fala sobre o caráter de Deus. Ele nos relata a visão da sala de audiência onde Satanás está perto do sumo sacerdote Josué (3:1) e o acusa. Porém, o Senhor repreende Satanás e diz: "Este homem é como uma brasa tirada do fogo" (v.2). E diz a Josué: "...removi seus pecados e agora lhe dou roupas de festa" (v.4).

Na sequência, o Senhor faz um desafio e dá uma oportunidade ao sacerdote: "Se você andar em meus caminhos e seguir meus preceitos, receberá autoridade sobre meu templo" (v.7).

Que ilustração da dádiva que recebemos de Deus por meio de nossa fé em Jesus. Ele nos resgata do fogo, limpa-nos e age em nós à medida que seguimos a direção do Seu Espírito. Você pode nos chamar de brasas de Deus tiradas do fogo. TLG

> Pai, rendemos-te graças por nos resgatares, e por nos justificares em Tua presença. Humildemente, pedimos-te pela direção do Teu Espírito à medida que te servimos.

Deus nos resgata porque nos ama; depois nos capacita para que compartilhemos o Seu amor.

Edição letra gigante

3 DE OUTUBRO

A BÍBLIA em UM ANO
Isaías 17–19; Efésios 5:17–33

Pedindo ajuda

LEITURA: **Marcos 10:46-52**

"O que você quer que eu lhe faça?", perguntou Jesus. v.51

O **e-mail dela** chegou no fim de um longo dia. Na verdade, nem o abri, porque eu estava trabalhando muito para ajudar um membro de minha família que estava seriamente doente. Portanto, eu não tinha tempo para distrações sociais.

Na manhã seguinte, entretanto, ao clicar na mensagem da minha amiga, vi a pergunta: "Posso ajudá-la?". Envergonhada, comecei dizendo que não. Depois, inspirei profundamente e percebi que a pergunta dela me soava familiar — se não divina.

Jesus fez essa pergunta. Ouvindo um mendigo cego chamá-lo pelo nome na estrada de Jericó, Jesus parou e perguntou algo parecido a Bartimeu. Posso ajudar? Ou: "O que você quer que eu lhe faça?" (v.51).

A pergunta mostra o médico divino, que anseia por nos ajudar. Mas primeiro, devemos admitir nossa necessidade. Bartimeu era necessitado, pobre, solitário e talvez faminto e marginalizado. Mas, desejando uma nova vida, contou sua necessidade mais básica a Jesus: "Rabi, quero enxergar".

Para um cego, foi um apelo honesto. Jesus o curou imediatamente. Minha amiga buscou tal honestidade, e eu lhe prometi que oraria, e seria humilde para lhe dizer o que necessitava. Você sabe qual é a sua necessidade básica hoje? Quando um amigo perguntar, responda-o. Depois, leve seu apelo a Deus.

PR

Senhor, sou necessitado. Quero compartilhar meu coração contigo. Ajuda-me a receber humildemente a ajuda dos outros também.

Deus se opõe aos orgulhosos, mas mostra favor aos humildes. 1 PEDRO 5:5

4 DE OUTUBRO

A BÍBLIA em UM ANO
Isaías 20–22; Efésios 6

Oposição corajosa

LEITURA: **Efésios 6:10-18**

...não lutamos contra inimigos de carne e sangue, mas contra [...] mundo invisível [...] espíritos malignos. v.12

Teresa Prekerowa era adolescente quando os nazistas invadiram a Polônia no início da Segunda Guerra Mundial. Era o início do Holocausto. Presos pelos nazistas, os judeus começaram a desaparecer. Assim, ela e outros poloneses arriscaram a vida para resgatar esses judeus do gueto de Varsóvia e do expurgo nazista. Teresa se tornou uma das principais historiadoras da guerra e do Holocausto, mas foi sua coragem contra a maldade que a colocou na lista dos Justos entre as Nações do Memorial Yad Vashem em Jerusalém.

É preciso coragem para opor-se ao mal. Paulo disse à igreja de Éfeso: "...não lutamos contra inimigos de carne e sangue, mas contra [...] grandes poderes neste mundo de trevas..." (v.12). Essa oposição invisível é mais do que podemos enfrentar sozinhos; por isso, Deus nos deu os recursos espirituais (uma "armadura") para conseguirmos "permanecer firmes contra as estratégias do diabo" (v.11).

E o que está envolvido nesse posicionamento corajoso? Essa oposição envolve agir contra a injustiça ou interferir em favor de alguém que está vulnerável ou em situação de vítima. Seja qual for o conflito, podemos ter coragem, porque nosso Deus já nos proveu o que é necessário para nos posicionarmos por Ele e contra o mal.

WEC

> Pai, dá-nos coragem para reagir com o Teu coração às batalhas do nosso tempo. Agradeço-te por nos capacitares a permanecer firmes em tempos difíceis.

Deus nos capacita para lutarmos por Ele.

Edição letra gigante

5 DE OUTUBRO

A BÍBLIA em UM ANO
Isaías 23–25; Filipenses 1

Melhor do que nunca

LEITURA: **Salmo 51:9-13**

Restaura em mim a alegria de tua salvação e torna-me disposto a te obedecer. v.12

Conta-se a história de um grupo de pescadores de salmão reunidos numa estalagem escocesa após um dia de pesca. Um deles contava um episódio aos amigos quando o movimento de seu braço empurrou um copo, deixando cacos no chão e uma mancha na parede branca. O homem desculpou-se e se ofereceu para pagar o prejuízo, mas não havia nada que ele pudesse fazer; a parede estava danificada. Sentado, perto dali, outro homem falou: "Não se preocupe". Levantou-se, tirou do bolso utensílios de pintura, e começou a esboçar algo. Devagar, foi surgindo a cabeça de um lindo cervo. Sir E. H. Landseer era o principal pintor de animais da Escócia.

Davi, o ilustre rei de Israel e autor do Salmo 51, trouxe vergonha a si e à sua nação por seus pecados. Cometeu adultério com a esposa de um de seus amigos e planejou a morte dele — atitudes dignas de morte. A vida de Davi parecia arruinada. Mas ele clamou a Deus: "Restaura em mim a alegria de tua salvação e torna-me disposto a te obedecer" (v.12).

Como Davi, temos atos pecaminosos em nosso passado e as memórias que os acompanham; lembranças que à noite nos provocam. Há tantas coisas que gostaríamos de poder desfazer ou refazer...

Existe uma graça que perdoa o pecado, e usa o perdão para nos tornar melhores do que éramos. Deus não desperdiça nada. ✿

DHR

Deus tem olhos que tudo veem e um coração que tudo perdoa.

6 DE OUTUBRO

A BÍBLIA em UM ANO
Isaías 26–27; Filipenses 2

Brilhando

LEITURA: **Filipenses 2:14-16**

Levem uma vida pura [...] brilhando como luzes resplandecentes num mundo cheio de gente corrompida... v.15

"Brilha, brilha, estrelinha" é uma canção de ninar. A letra é um poema de Jane Taylor e capta a maravilha do Universo de Deus, no qual as estrelas brilham "lá no alto". Nas últimas estrofes raramente publicadas, a estrela age como um guia: "Seu brilho pequenininho ilumina os viajantes no escuro".

Paulo desafia os cristãos em Filipos a manterem-se irrepreensíveis e puros, "brilhando como luzes resplandecentes" ao propagar as boas-novas do evangelho a todos que os cercavam (vv.15,16). Questionamo-nos como podemos brilhar como luzes. Muitas vezes, sentimo-nos inadequados e não cremos que a nossa "luz" seja tão brilhante a ponto de fazer diferença. Mas as estrelas não tentam ser estrelas; elas simplesmente o são. A luz transforma o nosso mundo; e nos transforma. Deus trouxe a luz física ao mundo (GÊNESIS 1:3); e, por meio de Jesus, Deus traz luz espiritual à nossa vida (JOÃO 1:1-4).

Devemos brilhar de tal forma que quem nos cerca veja essa luz e sejam atraídas por sua fonte. Assim como uma estrela no céu noturno brilha sem esforço, nossa luz faz a diferença pelo que ela é: luz! Quando simplesmente brilhamos, seguimos a instrução de Paulo de apegar-nos "firmemente à mensagem da vida" num mundo de profunda escuridão e atraímos os outros para a fonte da nossa esperança: Jesus. ELM

> Senhor, que a Tua luz possa brilhar através das fendas do nosso ser ao levarmos Tua Palavra de vida aos outros.

Jesus traz luz à nossa vida.

7 DE OUTUBRO

A BÍBLIA em UM ANO
Isaías 28–29; Filipenses 3

Acolhimento caloroso a todos

LEITURA: **Hebreus 13:1-3**

...façamos o bem a todos, especialmente aos da família da fé. Gálatas 6:10

Em **férias** recentes, minha esposa e eu visitamos um famoso complexo esportivo. Os portões estavam abertos e parecia que éramos muito bem-vindos. Entramos e admiramos os campos tão bem cuidados. Ao sairmos, alguém nos deteve e disse secamente que não deveríamos estar ali. Fomos lembrados de que éramos intrusos e nos sentimos desconfortáveis.

Naquelas férias, também visitamos uma igreja. De novo, as portas estavam abertas, e entramos. Que diferença! Muita gente nos cumprimentou e nos fez sentir em casa. Saímos do culto sentindo-nos bem-vindos e aceitos.

Infelizmente, é comum que quando estranhos visitam uma igreja sejam recebidos com a mensagem subliminar de que não deveriam estar ali. As Escrituras nos orientam a sermos hospitaleiros com todos. Jesus disse que devemos amar o próximo como a nós mesmos, o que significa acolhê-lo em nossa vida e igreja (MATEUS 22:39). Em Hebreus, somos lembrados a demonstrar hospitalidade (13:2). Lucas e Paulo nos instruem a demonstrar o amor, na prática, a pessoas com necessidades físicas e sociais (LUCAS 14:13,14; ROMANOS 12:13). E, na família da fé, temos a responsabilidade específica de demonstrar amor (v.10).

Quando acolhemos as pessoas com amor cristão, refletimos o amor e a compaixão de nosso Salvador. JDB

Senhor, abre o nosso coração e ajuda-nos a demonstrar o acolhimento caloroso do amor de Jesus.

Quando praticamos a hospitalidade, compartilhamos o cuidado de Deus.

8 DE OUTUBRO

A BÍBLIA em UM ANO
Isaías 30–31; Filipenses 4

Nosso Pai que canta

LEITURA: **Sofonias 3:14-20**

...o SENHOR, seu Deus, está com vocês; [...] lhes dará nova vida. Ele cantará e se alegrará... v.17

Antes de sermos pais, ninguém nos falou sobre o quanto era importante cantar. Meus filhos hoje têm 6, 8 e 10 anos e os três tiveram problemas para dormir. Toda noite, minha esposa e eu nos revezávamos para embalá-los, orando para que adormecessem logo. Passei horas embalando cada um, sussurrando desesperadamente canções de ninar na expectativa de acelerar o processo. Mas, ao cantar para as crianças noite após noite, algo incrível acontecia: eu aprofundava meu elo de amor e alegria com eles, de maneira que eu jamais imaginara.

Você sabia que as Escrituras descrevem o nosso Pai celestial cantando para os Seus filhos? Assim como eu cantava para acalmar meus filhos, Sofonias retrata o Pai celestial cantando para o Seu povo: "...Deus ficará contente com vocês e por causa do seu amor lhes dará nova vida. Ele cantará e se alegrará" (v.17).

O profeta alerta sobre um tempo de juízo para quem rejeitar a Deus. Porém, ele não conclui o livro com juízo, mas com uma descrição de Deus resgatando o Seu povo de todo o seu sofrimento (vv.19,20) e também o amando e alegrando-se em você com cânticos (v.17).

Nosso Deus é o "Salvador poderoso" que salva e restaura (v.17), é também o Pai que entoa carinhosamente as canções de amor para nós.

ARH

Pai, agradeço-te por se alegrares em nós a ponto de cantares!
Ajuda-nos a compreender o Teu amor e a "ouvir" as
Tuas canções.

Nosso Pai celestial se deleita em Seus filhos assim como um pai que canta para o filho recém-nascido.

9 DE OUTUBRO

A BÍBLIA em UM ANO
Isaías 32–33; Colossenses 1

Muito mais do que palavras

LEITURA: **Romanos 8:22-30**

E o Espírito nos ajuda em nossa fraqueza... v.26

Na cerimônia de dedicação durante a qual a Bíblia traduzida para um idioma africano foi apresentada, o chefe da região recebeu um exemplar como presente. Agradecido, ergueu-a ao alto e exclamou: "Agora sabemos que Deus entende a nossa língua! Podemos ler a Bíblia em nossa língua materna".

Não importa o nosso idioma, o nosso Pai celestial o compreende. Mas, às vezes, sentimo-nos incapazes de lhe expressar os nossos anseios. O apóstolo Paulo nos encoraja a orarmos independentemente de como nos sentimos. Ele fala sobre o nosso mundo sofredor e sobre a nossa dor: "...toda a criação geme, como em dores de parto" (v.22) e a compara à obra do Espírito Santo em nosso favor. O Espírito nos ajuda em nossa fraqueza, pois: "...não sabemos orar segundo a vontade de Deus, mas o próprio Espírito intercede por nós com gemidos que não podem ser expressos em palavras" (v.26).

O Espírito nos conhece intimamente: nossos anseios, a linguagem do nosso coração, nossas palavras não proferidas e nos ajuda em nossa comunicação com Deus. Seu Espírito nos incita a sermos transformados à imagem de Jesus (v.29).

O Pai celestial compreende o nosso idioma e fala conosco por meio da Sua Palavra. Quando achamos que as nossas orações são fracas ou curtas, o Espírito nos ajuda falando por nós. Ele deseja que falemos com Ele em oração.

LD

Senhor, quando as minhas orações forem áridas, sustenta-me pelo Teu Espírito.

Quando nos sentimos fracos em oração, o Espírito nos ajuda de maneiras que não conseguimos imaginar.

10 DE OUTUBRO

A BÍBLIA em UM ANO
Isaías 34–36; Colossenses 2

Cantando para os algozes

LEITURA: **Marcos 14:16-26**

Eu cri, por isso disse: "Estou profundamente aflito!".
Salmo 116:10

    Dois homens condenados por tráfico de drogas estavam no corredor da morte por uma década. Na prisão, conheceram o amor de Deus por eles, em Jesus, e suas vidas foram transformadas. Quando chegou o momento de enfrentarem a morte, recitaram a Oração do Senhor e cantaram "Preciosa a graça de Jesus" (HCC 314) . Pela fé em Deus e pelo poder do Espírito, enfrentaram a morte com incrível coragem.

    Eles seguiram o exemplo de fé dado por seu Salvador. Quando Jesus soube que a morte era iminente, passou parte da noite cantando com Seus amigos. É incrível que tenha conseguido cantar sob tais circunstâncias, e mais incrível ainda foi o que cantou. Naquela noite, Jesus e Seus amigos fizeram a refeição de Páscoa, que sempre terminava com uma série de salmos conhecida como Halel, Salmos 113–118. Face à morte, naquela noite, Jesus cantou sobre as cordas da morte que o envolviam (116:3.3). Mesmo assim, Ele louvou o fiel amor de Deus (117:2) e o agradeceu pela salvação (118:14). Certamente, os salmos o consolaram na noite anterior à Sua crucificação.

    A confiança de Jesus em Deus era tão grande que, mesmo perto da morte que não merecia —, Ele escolheu cantar o amor de Deus. Por causa de Jesus, também podemos ter a confiança de que Deus está conosco em qualquer situação. ●

ALP

> Deus, fortalece a nossa fé em ti para que, ao enfrentarmos provações, ou aproximarmo-nos da morte, cantemos com confiança sobre o Teu amor.

Doce é o som da preciosa graça de Deus!

Edição letra gigante

11 DE OUTUBRO

A BÍBLIA em UM ANO
Isaías 37–38; Colossenses 3

Histórias de Jesus

LEITURA: **1 Jo 1:1-4; Jo 21:24,25**

Jesus também fez muitas outras coisas. João 21:25

Quando menina, eu amava visitar uma biblioteca local. Uma vez, olhando as estantes, achei que conseguiria ler todos os livros. Entusiasmada, esqueci que novos livros eram regularmente acrescentados às prateleiras. Embora eu me esforçasse, eram muitos.

Livros novos continuam a preencher mais estantes. O apóstolo João se surpreenderia com a disponibilidade de textos que há hoje, já que seus cinco livros do Novo Testamento, o evangelho de João, as três epístolas e Apocalipse, foram escritos à mão em pergaminhos.

João os escreveu porque se sentiu compelido pelo Espírito Santo a entregar aos cristãos o seu testemunho pessoal da vida e do ministério de Jesus (1 JOÃO 1:1-4). Mas seus escritos continham apenas uma pequena parcela de tudo o que Jesus fez e ensinou em Seu ministério. Na realidade, João afirmou que, se tudo o que Jesus fez fosse registrado, "nem o mundo inteiro poderia conter todos os livros que seriam escritos" (JOÃO 21:25).

A argumentação de João permanece verdadeira. Não obstante todos os livros que já foram escritos sobre Jesus, as livrarias do mundo ainda não podem conter todas as histórias de Seu amor e graça. Podemos também celebrar o fato de termos as nossas histórias pessoais para compartilhar e as proclamaremos para sempre (SALMO 89:1)! LMS

Escrever sobre o amor de Deus esvaziaria o oceano. Nenhum pergaminho estendido de céu a céu contaria tudo. F. M. LEHMAN

Permita que a sua vida seja um relato do amor e da graça de Cristo.

12 DE OUTUBRO

A BÍBLIA em UM ANO
Isaías 39–40; Colossenses 4

Salvo em Seus braços

LEITURA: **Isaías 40:9-11**

Como pastor, ele alimentará seu rebanho; levará os cordeirinhos nos braços e os carregará junto ao coração... v.11

O tempo estava ameaçador, e o alerta em meu celular anunciava enchentes. Muitos carros estavam estacionados na vizinhança, com pais e responsáveis esperando perto do ponto do ônibus escolar. O ônibus chegou e a chuva começou! Nisso, observei uma mulher saindo do carro com o guarda-chuva, caminhando em direção a uma garotinha. Ela cuidou para que a criança não se molhasse até entrar no carro. Essa imagem de amor protetor e parental me fez lembrar o cuidado do Pai celestial.

O profeta Isaías previu o castigo pela desobediência seguido por dias melhores para o povo de Deus (vv.1-8). A mensagem celestial do alto dos montes (v.9) garantia aos israelitas a presença poderosa e o cuidado carinhoso de Deus. As boas-novas, ontem e hoje, então e agora, são que; por causa do poder e da autoridade de Deus, os corações angustiados não precisam temer (vv.9,10). Parte da mensagem falava sobre a proteção do Senhor, da proteção que os pastores oferecem (v.11): os animaizinhos vulneráveis teriam segurança nos braços do pastor; ovelhas amamentadoras seriam delicadamente conduzidas.

Num mundo onde as circunstâncias nem sempre são fáceis, imagens de cuidado e segurança nos impelem a olhar com confiança para o Senhor. Os que confiam no Senhor encontram segurança e renovam suas forças (v.31).

ALJ

O cuidado de Deus por nós é uma notícia verdadeira e excelente!

13 DE OUTUBRO

A BÍBLIA em UM ANO
Isaías 41–42; 1 Tessalonicenses 1

Ele levou nosso fardo

LEITURA: **1 Pedro 1:18-25**

Ele mesmo carregou nossos pecados em seu corpo na cruz, [...] por suas feridas fomos curados. 2:24

Não é incomum que as contas dos serviços de utilidade pública sejam altas. Mas um senhor recebeu uma conta de água inacreditável e suficiente para causar uma parada cardíaca: uma conta de 400 milhões de reais! Certo de que não havia usado *tanta* água no mês anterior, ele brincou perguntando se poderia pagá-la em prestações.

Uma dívida de 400 milhões seria um fardo pesado, mas ainda pouco em comparação com o imensurável fardo que o pecado nos faz carregar. Tentar carregar o fardo e as consequências dos nossos pecados nos deixa cansados e cheios de culpa e vergonha. A verdade é que somos incapazes de levar tal peso.

E nem fomos feitos para isso: Como Pedro lembrou aos cristãos, apenas Jesus, o Filho de Deus, sem pecados, pôde carregar o fardo pesado dos nossos pecados e suas pesadas consequências (2:24). Em Sua morte na cruz, Jesus tomou toda a nossa injustiça sobre si e nos ofereceu Seu perdão. Porque Ele levou nosso fardo, não temos de sofrer o castigo que merecemos.

Em vez de viver com medo ou culpa —, o "estilo de vida vazio" que herdamos de nossos antepassados (1:18), podemos usufruir de uma nova vida de amor e liberdade (vv.22,23). *MLW*

> Senhor, às vezes a culpa e vergonha que sentimos são pesadas demais. Ajuda-nos a entregar-te as dores do passado e experimentar a tua paz, sabendo que levaste tudo e nos libertaste.

Jesus levou o fardo do nosso pecado para que pudesse nos dar a bênção da vida.

14 DE OUTUBRO

A BÍBLIA em UM ANO
Isaías 43-44; 1 Tessalonicenses 2

Pergunte aos animais

LEITURA: **Jó 12:7-10**

Pergunte aos animais, e eles lhe ensinarão; pergunte às aves do céu, e elas lhe dirão. v.7

Extasiados, os nossos netos deram uma boa olhada, mais de perto, numa águia-de-cabeça-branca resgatada e até puderam tocá-la. Quando a voluntária do zoológico falou sobre a incrível ave, surpreendi-me ao saber que extensão de asas daquele macho tinha quase dois metros. Mas, por causa dos ossos ocos, pesava uns 3 quilos.

Lembrei-me da águia que eu vira pairando sobre um lago, pronta para mergulhar e agarrar a presa em suas garras. E imaginei outra ave grande — a garça-azul que eu avistara parada à beira de um lago, pronta para lançar o longo bico na água. Eram apenas duas aves entre as quase 10 mil espécies que fazem os nossos pensamentos se voltarem para o Criador.

No livro de Jó, seus amigos estão debatendo os motivos de seu sofrimento e perguntam: "você pode desvendar os mistérios de Deus?" (11:5-9). Jó responde: "Pergunte aos animais, e eles lhe ensinarão; pergunte às aves do céu, e elas lhe dirão" (v.7). Os animais são o testemunho verdadeiro de que Deus projetou a criação, a controla e cuida dela: "Em suas mãos está a vida de todas as criaturas e o fôlego de toda a humanidade" (v.10).

Se Deus cuida das aves (MATEUS 6:26; 10:29), Ele com certeza nos ama e cuida de nós mesmo quando não entendemos nossas circunstâncias. Olhe ao redor e aprenda sobre Ele. ADK

> Senhor, abre os nossos olhos para vermos e aprendermos mais de ti com a Tua criação.

A criação de Deus nos ensina sobre o Senhor e Seu poder.

15 DE OUTUBRO

A BÍBLIA em UM ANO
Isaías 45–46; 1 Tessalonicenses 3

Confie nele primeiro

LEITURA: **Isaías 46:3-13**

Louvado seja o Senhor; [...] nosso salvador! A cada dia ele nos carrega em seus braços. Salmo 68:19

—**Não solte,** papai!
—Não vou soltar; eu seguro, prometo.

Eu era um garotinho que morria de medo da água, mas meu pai queria me ensinar a nadar. Um dia, ele me tirou da beira da piscina e me levou para uma parte que não dava pé. E me ensinou a relaxar e boiar.

Não era só uma aula de natação; era uma lição de confiança. Eu sabia que o meu pai me amava e jamais deixaria que eu me machucasse de propósito. Contudo, tive medo. Agarrava-me ao pescoço dele até ele me garantir que ficaria tudo bem. Por fim, sua paciência e gentileza compensaram, e eu comecei a nadar. Mas antes tive de confiar nele.

Às vezes, quando sinto que estou numa dificuldade que "não dá pé", relembro esses momentos. Eles me ajudam a pensar na segurança que Deus deu ao Seu povo: "Serei o seu Deus [...] até que seus cabelos fiquem brancos. Eu os criei e [...] os carregarei" (ISAÍAS 46:4).

Nem sempre sentimos os braços de Deus, mas o Senhor prometeu que jamais nos deixará (HEBREUS 13:5). À medida que descansamos em Seu cuidado e em Suas promessas, Ele nos ensina a confiar em Sua fidelidade. Ele nos eleva acima das nossas preocupações para encontrar nova paz nele. JBB

Aba, Pai, eu te louvo por me carregares. Dá-me fé para confiar que tu estás sempre comigo.

Deus nos conduz para novos patamares de graça na medida em que confiamos nele.

16 DE OUTUBRO

A BÍBLIA em UM ANO
Isaías 47–49; 1 Tessalonicenses 4

Coisas lindas e terríveis

LEITURA: **Salmo 57**

Desperte, minha alma! Despertem, lira e harpa! Quero acordar o amanhecer com a minha canção. v.8

O **medo pode** nos paralisar. Conhecemos todos os motivos para sentirmos medo — tudo o que nos feriu no passado e tudo que pode nos ferir novamente. De tal modo, que, às vezes, não conseguimos sair do lugar. Simplesmente, não consigo. Não sou tão inteligente nem tão forte ou corajoso para aguentar sofrer assim novamente.

Sou fascinado pela forma como o autor Frederick Buechner descreve a graça de Deus como uma voz suave que diz: "Eis o mundo. Coisas lindas e terríveis vão acontecer. Não tenha medo; eu estou com você".

Coisas terríveis vão acontecer. No nosso mundo, pessoas feridas ferem outras pessoas, e frequentemente, de maneira terrível. Como Davi, temos nossas histórias de quando o mal nos cercou, de quando os outros como "leões ferozes" nos feriram (v.4). E lamentamos e clamamos (vv.1,2).

Mas, porque Deus está conosco, coisas lindas também podem acontecer. Ao lhe entregarmos os nossos medos e dores, somos carregados por um amor maior do que o poder de alguém em nos ferir (vv.1-3), um amor tão profundo que se eleva até o céu (v.10). Até quando a calamidade nos cerca, o Seu amor é um sólido refúgio onde o nosso coração encontra a cura (vv.1,7). Até que um dia, amanheceremos com coragem renovada, prontos para saudar o dia com uma canção sobre a Sua fidelidade (vv.8-10).

MRB

> Deus, agradeço-te por nos amparares e curares com o Teu amor. Ajuda-nos a encontrar coragem para seguir-te e compartilhar o Teu amor com os outros.

O amor e a beleza de Deus nos dão coragem.

17 DE OUTUBRO

A BÍBLIA em UM ANO
Isaías 50–52; 1 Tessalonicenses 5

A oração e a serra

LEITURA: **Neemias 1**

Ó Senhor, por favor, ouve a oração deste teu servo! v.11

Eu respeito o espírito intrépido da minha tia Gladis, embora, às vezes, essa mesma intrepidez me preocupe. Um dia, a fonte de minha preocupação veio da notícia que ela deu via e-mail: "Cortei uma nogueira ontem".

Você precisa entender que a minha tia "cortadora de árvores" tem 76 anos! E a árvore estava plantada atrás da sua garagem. Quando as raízes ameaçaram arrebentar o concreto, ela sabia que devia retirá-la. Entretanto, ela nos disse: "Eu sempre oro antes de fazer uma tarefa dessas".

Enquanto trabalhava como mordomo do rei da Pérsia durante o exílio de Israel, Neemias ouviu falar sobre as pessoas que tinham voltado para Jerusalém. Algo precisava ser feito. "...O muro de Jerusalém foi derrubado, e suas portas foram destruídas pelo fogo" (NEEMIAS 1:3). O muro destruído os deixava vulneráveis aos ataques dos inimigos. Neemias teve compaixão do seu povo e quis fazer algo. Mas a oração veio antes, especialmente porque um rei anterior escrevera uma carta para que se interrompesse a construção em Jerusalém (ESDRAS 4). Neemias orou por seu povo (NEEMIAS 1:5-10) e clamou pela ajuda de Deus antes de solicitar a permissão do rei para partir (v.11).

A oração é sua resposta? Ela é sempre o melhor caminho para enfrentar qualquer desafio ou tarefa. ◉   LMW

> Pai, Teu Santo Espírito nos lembra de orar antes de tudo. Hoje, comprometemo-nos a agir assim impelidos pelo toque do Teu Espírito.

Faça da oração uma prioridade, em vez de o último recurso.

18 DE OUTUBRO

A BÍBLIA em UM ANO
Isaías 53–55; 2 Tessalonicenses 1

Um espinho perfurante

LEITURA: **Isaías 53:1-6**

...ele foi ferido por causa de nossa rebeldia [...] e recebeu açoites para que fôssemos curados. v.5

Um espinho perfurou o meu dedo, causando sangramento. Eu gemi e gritei, puxando a mão instintivamente. Mas não deveria ser surpresa: cortar um arbusto espinhoso sem luvas adequadas era uma receita perfeita para o que aconteceu.

A dor era latejante, e o sangue escorria, exigindo atenção. E, ao procurar um curativo, peguei-me pensando no Salvador. Afinal de contas, os soldados obrigaram Jesus a pôr uma coroa de espinhos (JOÃO 19:1-3). Se um espinho doeu tanto, eu imaginava a agonia infligida por uma coroa cheia de espinhos! E essa foi apenas uma pequena parte da dor física que Ele sofreu. Jesus foi açoitado, e teve os pulsos e tornozelos perfurados por pregos. Uma lança perfurou Seu lado.

Mas Jesus também sofreu dor espiritual: "...foi ferido [...] Sofreu o castigo para que fôssemos restaurados...". A *restauração* à qual Isaías se refere é outra forma de falar sobre o perdão. Jesus se deixou ser ferido — pela lança, pregos e por uma coroa de espinhos — para nos conceder a paz espiritual com Deus. Seu sacrifício, Sua prontidão em morrer por nós, possibilitou o nosso relacionamento com o Pai. E a Bíblia diz que Ele o fez por nós: por você e por mim. ●

ARH

> Pai, não imagino a dor que o Teu Filho sofreu para perdoar o meu pecado. Agradeço-te por teres enviado Jesus para ser traspassado pelos meus pecados a fim de que eu pudesse ter um relacionamento contigo.

Jesus se deixou ser ferido, pela lança, pregos e espinhos, para que fôssemos reconciliados com Deus.

19 DE OUTUBRO

A BÍBLIA em UM ANO
Isaías 56–58; 2 Tessalonicenses 2

Tragam seus barcos

LEITURA: **Provérbios 3:21-31**

Não deixe de fazer o bem àqueles que precisarem, sempre que isso estiver ao seu alcance. v.27

O **furacão Harvey** causou uma inundação catastrófica no Texas, EUA, em 2017. As chuvas torrenciais atingiram milhares de pessoas que ficaram ilhadas, incapazes de sair de casa. Muitos cidadãos comuns de outras partes do estado e do país levaram barcos para ajudar a evacuá-las.

As ações desses generosos voluntários me trazem à mente o encorajamento de Provérbios 3:27, que nos orienta a ajudar os outros sempre que possível. Eles tinham condições de agir em favor dos necessitados, e agiram — demonstrando a disposição de usar os recursos que possuíam em favor de outros.

Talvez nem sempre nos sintamos adequados e congelamos ao pensar que não temos as habilidades, a experiência, os recursos ou tempo para ajudar os outros. Nesses momentos, rapidamente nos excluímos, sem levar em conta o que *temos* que possa ser de ajuda para alguém. Aquele grupo de voluntários não conseguiu impedir as inundações, nem elaborar leis para o governo liberar ajuda. Eles usaram o que estava ao alcance deles — os barcos — para solidarizar-se nas profundas necessidades de terceiros. Que possamos dispor dos nossos "barcos" — sejam quais forem — a fim de levar as pessoas ao nosso redor ao lugar mais alto. ⬥   KHH

Senhor, tudo o que eu tenho te pertence. Ajuda-me a sempre usar o que me deste para ajudar os outros.

Deus sustém os Seus filhos por meio dos Seus filhos.

20 DE OUTUBRO

A BÍBLIA em UM ANO
Isaías 59–61; 2 Tessalonicenses 3

Sempre aceitos

LEITURA: **Lucas 19:1-10**

...o Filho do Homem veio buscar e salvar os perdidos. v.10

Após anos lutando para acompanhar com excelência os seus estudos, Ângela saiu da escola primária de superdotados e foi transferida para uma escola "regular". No panorama educacional intensamente competitivo de Singapura, onde frequentar uma "boa" escola pode melhorar as chances de futuro, muitos veriam essa mudança como um fracasso.

Os pais estavam desapontados, e a própria garota como se tivesse sido rebaixada. Mas logo após entrar na nova escola, a menina de 9 anos percebeu o que significava estudar com alunos de inteligência normal: "Mamãe, esse é o meu lugar. Finalmente faço parte!".

Lembrei-me do entusiasmo de Zaqueu, o cobrador de impostos, na ocasião em que Jesus foi à sua casa (v.5). Cristo estava interessado em jantar com aqueles que sabiam ser falhos e não merecedores da graça de Deus (v.10). Ao encontrar-nos e amar-nos como éramos, Jesus nos dá a promessa de perfeição por Sua morte e ressurreição. Somos aperfeiçoados apenas por Sua graça.

Tive lutas em minha jornada espiritual, sabendo que a minha vida está longe do ideal de Deus. Mas saber que somos aceitos é um grande consolo, pois o Espírito nos molda para sermos como Jesus. ❂

LK

> Pai, agradeço-te por me amares como sou e por me aperfeiçoares pelo sacrifício do Teu Filho. Ensina-me a me submeter diariamente à Tua renovação.

Não somos perfeitos, mas somos amados.

21 DE OUTUBRO

A BÍBLIA em UM ANO
Isaías 62-64; 1 Timóteo 1

Minha verdadeira face

LEITURA: **1 Timóteo 1:12-17**

Agradeço àquele que me deu forças [...] que me considerou digno de confiança e me designou para servi-lo. v.12

Durante anos, a sensação de indignação e vergonha do meu passado pouco santo impactou negativamente todos os aspectos da minha vida. E se descobrissem as nódoas de minha reputação? Quando Deus me deu coragem para convidar uma líder de ministério para almoçar, lutei para parecer perfeita. Limpei a casa, preparei uma bela refeição e vesti minha melhor roupa.

Corri para desligar os irrigadores do jardim, mas ao torcer o bico da mangueira, ele se soltou e gritei quando um jato de água me ensopou. Com o cabelo na toalha e a maquiagem manchada, vesti um moletom e camiseta... em tempo de ouvir a campainha. Frustrada, contei tudo à minha nova amiga, que também falou sobre suas lutas com o medo e a insegurança que eram os resultados de suas falhas passadas. Depois de orarmos, ela me acolheu em sua equipe de servas imperfeitas de Deus.

Paulo aceitou sua nova vida em Cristo sem negar o passado nem permitir que isto o impedisse de servir o Senhor. Ele reconhecia que a obra de Jesus o salvara e o transformara, portanto, louvava a Deus e incentivava os outros a honrá-lo e obedecer-lhe (vv.12-17).

Quando aceitamos a graça e o perdão de Deus, somos libertos do passado. Falhos mas amados, não temos por que nos envergonhar da nossa verdadeira face ao servi-lo com os dons que dele recebemos. ◆   XED

Deus nos aceita como somos e nos transforma à medida que o servimos em amor.

22 DE OUTUBRO

A BÍBLIA em UM ANO
Isaías 65–66; 1 Timóteo 2

Meu tesouro e a abóbora

LEITURA: **2 Coríntios 4:7-18**

...somos como vasos frágeis de barro [...] esse grande poder vem de Deus, e não de nós. v.7

Como mãe de primeira viagem, eu estava decidida a registrar o primeiro ano de vida da minha filha. Todo mês, eu tirava fotos para mostrar as mudanças e o seu crescimento. Numa das minhas fotos preferidas, ela está sentada numa abóbora comprada de um fazendeiro de nossa localidade. Lá estava ela, a alegria do meu coração, cabia sentada numa abóbora. Nas semanas seguintes, a abóbora murchou, mas minha filha continuou a crescer e a desenvolver-se.

Essa foto me faz lembrar a maneira que Paulo descreve sobre quem é Jesus. Ele compara o conhecimento de Jesus no nosso coração a um tesouro dentro de um vaso de barro. Lembrar o que Cristo fez por nós nos enche de coragem e força para perseverar nas lutas embora sejamos pressionados "de todos os lados" (v.8). Pelo poder de Deus em nossa vida revelamos a vida de Jesus quando somos "derrubados, mas não destruídos" (v.9).

Como a abóbora que murchou, podemos sentir o desgaste causado por nossas provações. Porém a alegria de Jesus em nós pode continuar a crescer apesar desses desafios. Nosso conhecimento dele — Seu poder agindo em nossa vida — é o tesouro guardado dentro de nosso frágil corpo de barro. Podemos florescer ao enfrentar dificuldades por causa do Seu poder que age em nosso interior.

KHH

> Pai, com o Teu poder, ajuda-me a suportar as provações que enfrento. Que os outros possam ver a Tua obra em minha vida e vir a conhecer-te também.

O poder de Deus age em nós.

23 DE OUTUBRO

A BÍBLIA em UM ANO
Jeremias 1–2; 1 Timóteo 3

Escolhendo o caminho

LEITURA: **Mateus 7:13,14**

...a porta para a vida é estreita, e o caminho é difícil, e são poucos os que o encontram. v.14

Eu tenho uma linda foto de um jovem, nas montanhas, montado em seu cavalo contemplando qual caminho deve seguir. Lembro-me do poema "O caminho não escolhido" de Robert Frost no qual o autor analisa dois caminhos à sua frente. Ambos são atraentes, mas ele não sabe se voltará àquele lugar; por isso, deve escolher um deles. Frost escreveu: "Dois caminhos divergiam num bosque, e eu segui o menos trilhado, e foi o que fez toda a diferença".

No Sermão do Monte (MATEUS 5–7), Jesus falou aos Seus ouvintes: "Entrem pela porta estreita. A estrada que conduz à destruição é ampla, e larga é sua porta, e muitos escolhem esse caminho. Mas a porta para a vida é estreita, e o caminho é difícil, e poucos são os que o encontram" (7:13,14).

Em nossa jornada pela vida, encaramos muitas escolhas sobre qual o caminho a seguir. Muitos caminhos parecem promissores e atraentes, mas apenas um é o caminho da vida. Jesus nos convoca a escolher e seguir o caminho do discipulado e da obediência à Palavra de Deus — a seguirmos a Ele em vez de ir atrás da multidão.

À medida que ponderamos sobre a estrada à frente, que Deus nos dê sabedoria e coragem para seguir o Seu caminho — o caminho da vida. Isso fará toda a diferença para nós e para quem amamos!

DCM

> Senhor, na medida em que vivemos este dia, concede-nos a visão para vermos o caminho estreito que leva à vida e a coragem para segui-lo.

Escolha trilhar o caminho da vida com Jesus.

24 DE OUTUBRO

A BÍBLIA em UM ANO
Jeremias 3-5; 1 Timóteo 4

Impossível segurar

LEITURA: **Atos 2:22-36**

...Deus o ressuscitou, libertando-o [...] pois ela [a morte] não pôde mantê-lo [Jesus] sob seu domínio. v.24

Kátia e seus amigos estavam nadando no mar quando ela foi atacada por um tubarão que a agarrou pela perna e puxou o seu corpo. Ela deu um soco no nariz do predador, que abrindo a boca, fugiu derrotado. A mordida causou múltiplos ferimentos, e exigiu mais de 100 pontos, porém, o tubarão não conseguiu dominá-la.

Isso me lembra de que Jesus venceu a morte, acabando com o seu poder de intimidar e derrotar os seguidores dele. Pedro afirmou: "ela [a morte] não pôde mantê-lo [Jesus] sob seu domínio" (v.24).

Pedro disse essas palavras à multidão em Jerusalém. Talvez muitos dentre eles tinham gritado: "Crucifique-o!" — para condenar Jesus (MATEUS 27:22). Como resultado, os soldados romanos pregaram o Senhor numa cruz onde Ele ficou até a Sua morte ser confirmada. Seu corpo foi levado a um túmulo onde permaneceu por três dias até Deus ressuscitá-lo. Após a Sua ressurreição, Pedro e outros falaram e comeram com Ele, e, após 40 dias, viram o Senhor ascender ao Céu (1:9).

A vida humana de Jesus terminou com sofrimento físico e angústia mental, mas o poder de Deus derrotou a sepultura. Assim, a morte ou qualquer outra luta, não tem mais capacidade de nos aprisionar para sempre. Um dia, todos os cristãos terão a vida eterna e plenitude na presença de Deus. Focar neste futuro pode nos ajudar a encontrar a liberdade hoje. JBS

Jesus, louvo-te por teres morrido para me dares a vida eterna.

Os grilhões da morte não são páreo para o poder de Deus.

25 DE OUTUBRO

A BÍBLIA em UM ANO
Jeremias 6–8; 1 Timóteo 5

Onde está a paz?

LEITURA: **Jeremias 8:8-15**

...temos paz com Deus por [...] Jesus Cristo. Romanos 5:1

Ao perguntarem a Bob Dylan: —Você ainda espera pela paz?, ele respondeu: "Não haverá paz". A resposta dele gerou críticas. No entanto, a paz continua uma ilusão.

Cerca de 600 antes da vinda de Jesus, a maioria dos profetas predizia a paz. Porém, Jeremias lembrava ao povo o que Deus tinha dito: "Obedeçam ao que digo, e eu serei o seu Deus, e vocês serão o meu povo" (7:23). Mesmo assim, eles ignoravam, repetidamente, o Senhor e Seus mandamentos. Falsos profetas falavam sobre paz (8:11), mas Jeremias previa tragédia. Jerusalém caiu em 586 a.C.

A paz é rara. Mas, em meio às profecias terríveis de Jeremias, descobrimos o Deus que ama implacavelmente Seu povo rebelde e diz: "Eu amei você com amor eterno [...] Eu a reconstruirei, Israel..." (31:3,4).

O Senhor é Deus de amor e paz. O conflito acontece por causa da nossa rebeldia contra Ele. O pecado destrói a paz do mundo e a nossa paz interior. Jesus veio a este mundo para nos reconciliar com Deus e nos dar essa paz interior. "Portanto, uma vez que pela fé fomos declarados justos, temos paz com Deus por causa daquilo que Jesus Cristo [...] fez por nós", escreveu Paulo (ROMANOS 5:1). Suas palavras estão entre as que mais trazem esperança que já foram escritas.

Quer vivamos em zona de combate, ou numa vizinhança tranquila, sem nem mesmo um sussurro de guerra, Cristo nos convida à Sua paz.

TLG

Senhor, agradeço-te por nos dares a paz indestrutível. Ajuda-nos a descansar em ti.

Deus não pode nos dar felicidade e paz à parte de si mesmo, isso não existe. C. S. LEWIS

26 DE OUTUBRO

A BÍBLIA em UM ANO
Jeremias 9–11; 1 Timóteo 6

O grande clímax

LEITURA: **1 João 4:14-21**

...o Pai enviou seu Filho para ser o Salvador do mundo. v.14

Aprendi com meus pais a amar todos os tipos de música, do *country* ao clássico. Assim, meu coração acelerou quando entrei no Conservatório de Moscou, um dos grandes teatros da Rússia, para ouvir a Sinfônica Nacional. À medida que o maestro conduzia os músicos numa bela obra de Tchaikovsky, os temas atingiam gradualmente um profundo e dramático clímax musical. Nesse momento mágico, o público levantou-se para aplaudir em aprovação.

As Escrituras se movem em direção ao clímax mais poderoso da história: a cruz e ressurreição de Cristo. Depois que Adão e Eva pecaram no jardim do Éden, Deus prometeu um Redentor (GÊNESIS 3:15), e esse tema percorreu todo o Antigo Testamento. A promessa envolvia o Cordeiro Pascal (ÊXODO 12:21), a esperança dos profetas (1 PEDRO 1:10) e os anseios do povo de Deus.

A direção dessa história se confirma: "...vimos com os próprios olhos e agora testemunhamos que o Pai enviou seu Filho para ser o Salvador do mundo" (1 JOÃO 4:14). Como? Deus cumpriu Sua promessa de resgatar o mundo corrompido quando Jesus morreu e ressuscitou para nos perdoar e nos restaurar para o nosso Criador. Um dia, Ele voltará e restaurará toda a Sua criação.

Ao lembrarmo-nos do que Cristo fez por nós, celebremos a Sua graça e Seu resgate — Jesus!

WEC

> Pai, a vinda de Cristo impactou o Teu mundo. Agradeço-te por me resgatares e por saber que o Teu Filho voltará para restaurar o Teu mundo.

Celebre o presente que é Jesus!

27 DE OUTUBRO

A BÍBLIA em UM ANO
Jeremias 12–14; 2 Timóteo 1

Bondade inesperada

LEITURA: **Efésios 2:1-10**

...somos obra-prima de Deus, criados em Cristo Jesus a fim de realizar as boas obras... v.10

Minha amiga esperava na fila do supermercado quando o homem à sua frente lhe entregou um vale-compras que cobria a maior parte de sua conta. Ainda atordoada, ela caiu no choro por sua bondade; e depois até riu de si mesma por ter chorado. Aquele ato inesperado de bondade tocou seu coração e lhe deu esperança naquele período de extremo cansaço. Ela agradeceu ao Senhor por tê-la alcançado por meio de outra pessoa.

A generosidade foi abordada por Paulo em sua carta aos cristãos gentios de Éfeso. Ele os conclamou a deixarem a velha vida para trás e abraçar a nova vida, dizendo-lhes que foram salvos pela graça. Dessa graça salvífica, o apóstolo explicou, flui o nosso desejo de "realizar as boas obras", pois fomos criados à imagem de Deus e somos Sua "obra-prima" (2:10). Como o homem do supermercado, podemos espalhar o amor de Deus com nossas ações rotineiras.

Não precisamos doar coisas materiais para compartilhar da graça divina; podemos demonstrar o amor de Deus com muitas outras ações. Podemos separar um momento para ouvir alguém, podemos perguntar a alguém que nos ajuda como ele está. Podemos parar para ajudar o necessitado. Na medida em que nos doamos, receberemos alegria em retorno (ATOS 20:35).

ABP

> Pai amado, tu nos criaste à Tua imagem, e nos alegramos por poder compartilhar Teu amor e Tua vida. Ajuda-nos a ver oportunidades de nos doarmos hoje.

Fomos criados para compartilhar o amor de Deus doando as Suas dádivas.

28 DE OUTUBRO

A BÍBLIA em UM ANO
Jeremias 15–17; 2 Timóteo 2

Do jeito dele, não do meu

LEITURA: **Lucas 22:39-46**

Confie no SENHOR de todo o coração; não dependa do seu próprio entendimento. Provérbios 3:5

Kamil e Joelle ficaram arrasados quando a filha de 8 anos foi diagnosticada com uma forma rara de leucemia. A doença gerou complicações como a meningite e um acidente vascular, e a garota entrou em coma. Os médicos aconselharam os pais a preparar o funeral de Rima, dando a ela menos de 1% de chance de sobreviver.

Os pais jejuaram e oraram por um milagre e Kamil sugeriu: —Precisamos orar e confiar em Deus sem restrições. E orar como Jesus: "...não o que eu quero, mas o que tu queres, Pai". Joelle respondeu com sinceridade: —Quero tanto que Deus a cure! E o pai da garota, replicou: —Sim!, nós honramos a Deus quando nos entregamos a Ele, porque Jesus agiu assim!

Jesus orou antes de ir à cruz: "Pai, se queres, afasta de mim este cálice. Contudo, seja feita a tua vontade, e não a minha" (v.42). Jesus não queria ir à cruz, mas submeteu-se ao Pai de amor. Ao orar "afasta de mim este cálice" Ele não pediu para se livrar da cruz; mas submeteu-se ao Pai por amor.

Não é fácil entregar nossos desejos a Deus, e pode ser difícil entender Sua sabedoria em momentos cruciantes. As orações deles foram respondidas de maneira incrível. Hoje, Rima é uma saudável adolescente de 15 anos.

Jesus compreende todas as lutas. Quando por amor a nós, Seu pedido não foi atendido, Ele nos mostrou como confiar em Deus em cada necessidade. JBB

Pai, confio em Teu amor e me rendo a ti como Teu servo hoje.

Deus sempre merece o nosso louvor e compromisso.

29 DE OUTUBRO

A BÍBLIA em UM ANO
Jeremias 18–19; 2 Timóteo 3

Entendendo a gratidão

LEITURA: **Números 11:1-11**

Mesmo que pegássemos todos os peixes do mar, seria suficiente? v.22

Os anos de cansaço causados pela dor crônica e frustrações com a minha mobilidade limitada finalmente me afetaram. Em meu descontentamento, tornei-me exigente e ingrata. Passei a reclamar dos cuidados do meu marido, e a me queixar até da forma como ele limpava a casa. Embora ele seja o melhor cozinheiro que conheço, eu reclamava até da falta de variedade em nossas refeições. Quando ele confessou o quanto eu o magoava, eu me ressenti. Ele não fazia ideia do que eu estava vivendo. Por fim, Deus me ajudou a ver meus erros, e eu pedi perdão ao meu marido e ao Senhor.

Desejar outras circunstâncias pode levar a queixas e a uma forma de relacionamento egoísta. Os israelitas conheciam esse dilema. Parece que nunca estavam satisfeitos e sempre reclamavam das provisões divinas (ÊXODO 17:1-3). Embora o Senhor cuidasse do Seu povo no deserto enviando "comida do céu" (16:4), eles queriam outro alimento (NÚMEROS 11:4). Em vez de alegrar-se com os milagres diários e com o cuidado de Deus, os israelitas queriam algo mais, algo melhor, algo diferente, ou até mesmo, algo que já tivessem tido (vv.4-6) — e descontavam suas frustrações em Moisés (vv.10-14).

Confiar na bondade e fidelidade de Deus pode nos ajudar a sermos gratos. Hoje, podemos lhe agradecer pelas incontáveis maneiras como Ele cuida de nós. ❀   XED

> Senhor, ajuda-nos a lutar contra o descontentamento apreciando a doçura da gratidão.

A gratidão nos satisfaz e agrada a Deus.

30 DE OUTUBRO

A BÍBLIA em UM ANO
Jeremias 20–21; 2 Timóteo 4

Concordando em discordar

LEITURA: **Romanos 14:1-13**

Portanto, tenhamos como alvo a harmonia e procuremos edificar uns aos outros. v.19

Lembro-me de ouvir meu pai falar sobre a dificuldade de vencer os argumentos relacionados às diferentes interpretações da Bíblia. Em contrapartida, ele se lembrava de que era ótimo quando ambos os lados concordavam em discordar.

Mas é mesmo possível pôr de lado diferenças irreconciliáveis quando há tanta coisa em jogo? Essa é uma das perguntas que Paulo responde em sua carta aos Romanos. Escrevendo aos leitores envolvidos em conflitos sociais, políticos e religiosos, ele sugere formas de encontrar um denominador comum até mesmo nas condições mais polarizadas (14:5,6).

De acordo com Paulo, a forma de concordar em discordar é lembrar-se de que cada um de nós prestará contas ao Senhor não apenas por nossas opiniões, mas também pelo jeito de tratar uns aos outros em nossas diferenças (v.10).

As condições de conflito podem ser ocasiões de relembrar que existem coisas mais importantes do que as nossas próprias ideias — mais do que as nossas próprias interpretações da Bíblia. Todos responderemos por amarmos uns aos outros, até mesmo os nossos inimigos, como Cristo nos amou.

Lembro-me de que o meu pai costumava falar sobre como é bom não apenas concordar em discordar, mas de o fazer com amor e respeito mútuo. ✿

MRD

Pai, permite que sejamos pacientes e bondosos com aqueles que não concordam conosco com relação a qualquer coisa.

Podemos concordar em discordar — com amor.

31 DE OUTUBRO

A BÍBLIA em UM ANO
Jeremias 22–23; Tito 1

Esperança na escuridão

LEITURA: **Jeremias 31:16-26**

Pois dei descanso aos exaustos e alegria aos aflitos. v.25

Conta a lenda que Qu Yuan era um sábio patriota, funcionário do governo chinês, que viveu durante o Período dos Estados Combatentes (475–246 a.C.). Ele tentou alertar repetidamente o rei sobre uma ameaça que destruiria o país, mas o rei rejeitou o seu conselho. Por fim, Qu Yuan foi exilado. Quando soube da queda de seu amado país diante do inimigo, sobre o qual ele os tinha alertado, suicidou-se.

Alguns aspectos da vida de Qu Yuan se parecem com aspectos da vida de Jeremias. Ele também serviu a reis que desprezaram seus alertas, e seu país foi saqueado. Entretanto, à medida que Qu Yuan cedeu ao seu desespero, Jeremias encontrou a verdadeira esperança.

Jeremias conhecia o Senhor que oferece a única e verdadeira esperança. "Há esperança para seu futuro", Deus garantiu ao profeta. "Seus filhos voltarão para sua terra" (v.17). Embora Jerusalém tenha sido destruída em 586 a.C., foi reconstruída mais tarde (NEEMIAS 6:15).

Em algum momento, todos nós nos deparamos com situações desesperadoras. Pode ser um problema de saúde, a súbita perda do emprego, o desmoronamento familiar. Mas quando a vida nos golpeia, ainda podemos olhar para cima — pois Deus está no trono! Ele toma os nossos dias em Suas mãos e nos leva para perto do Seu coração. ✿   PFC

> Senhor, enche-me de esperança e faz-me lembrar que as coisas voltarão aos eixos a Tua maneira e no Teu tempo.

O mundo espera o melhor, mas o Senhor oferece a melhor esperança. JOHN WESLEY

1.º DE NOVEMBRO

A BÍBLIA em UM ANO:
Jeremias 24-26; Tito 2

Viva com propósito

LEITURA: **Ester 4:1-17**

Se ficar calada num momento como este, alívio e livramento virão de outra parte... v.14

Ester é uma jovem que se vê diante de uma encruzilhada. Seu povo estava ameaçado por um plano maligno de um oficial do rei. Ela fora escolhida a rainha do império Persa e precisava escolher entre viver conforme suas convicções e interferir, ou se deixar levar pelo mar da vida, por receio de ser mal compreendida. E escolheu viver o propósito para o qual Deus a colocara naquele tempo e lugar.

Quem vive com propósito, como ela, reconhece a soberania de Deus. Mardoqueu, seu primo que a criara como pai, relembra Ester que se ela se calasse, o Senhor levantaria outro libertador, pois os planos de Deus jamais se frustram por causa do homem, seja ele quem for.

Da mesma forma, o Senhor tem nos colocado em posições e em situações para que tomemos decisões que tenham impacto em nossa família e sociedade. Temos que crer na ação divina nos movimentos da história, pois tudo, inclusive nossa história, está sob a mão amorosa de Deus.

Nossas decisões, e não nosso discurso, refletem nossos valores. Quando Deus age e nós não nos envolvemos, acabamos por perder a bênção. O trem da história segue e passa por nós. Que assim como Ester, que se tornou o meio de salvação de seu povo porque aceitou aquele desafio, entendamos o plano de Deus para nós e nos disponhamos a cumprir Seus propósitos.

LRS

> Senhor, ajuda-me a viver conforme minhas convicções e a cumprir o Teu propósito em minha vida.

A história é escrita por homens e mulheres de convicção.

2 DE NOVEMBRO

A BÍBLIA em UM ANO:
Jeremias 27–29; Tito 3

De alguma maneira: Esperança

LEITURA: **Salmo 34:15-18**

Tua promessa renova minhas forças; ela me consola em minha aflição. 119:50

Entre as centenas de artigos que escrevi para o *Pão Diário* desde 1988, alguns ficaram em minha mente. Um desses é da década de 90, quando escrevi sobre um período em que nossas três meninas viajaram para um acampamento ou missão, e Estevão, de 6 anos, e eu tivemos um "dia de meninos".

Enquanto aproveitávamos a ida ao aeroporto, meu filho virou-se para mim e disse: "Não é tão divertido sem a Melissa", sua irmã e amiga de apenas 8 anos. Nenhum de nós sabia como essas palavras seriam cortantes. Na verdade, a vida não tem sido "tão divertida" desde que Melissa morreu em um acidente de carro, na adolescência. O tempo pode aliviar a dor, mas nada a leva embora completamente. A passagem do tempo não pode curar essa ferida. Mas há algo que pode ajudar: ouvir, meditar e saborear o consolo prometido pelo Deus de todo o conforto.

Ouça: "O amor do Senhor não tem fim! Suas misericórdias são inesgotáveis" (LAMENTAÇÕES 3:22).

Medite: "Pois ali me abrigará em tempos de aflição e em seu santuário me esconderá; em segurança, numa rocha alta, me colocará" (SALMO 27:5).

Saboreie: "Tua promessa renova minhas forças; ela me consola em minha aflição" (SALMO 119:50).

A vida jamais será a mesma quando alguém que amamos morre. No entanto, as promessas de Deus nos trazem esperança e consolo. JDB

A presença e a Palavra de Deus são a verdadeira fonte de consolo.

3 DE NOVEMBRO

A BÍBLIA em UM ANO:
Jeremias 30-31; Filemom

Veja a sua cidade

LEITURA: **Gênesis 12:1-3**

Por meio de você, todas as famílias da terra serão abençoadas. v.3

"Vejam a nossa cidade como a vemos." Um grupo de desenvolvimento urbano usou esse slogan para lançar sua visão sobre o futuro da sua própria cidade. Mas o projeto parou quando os membros da comunidade perceberam que faltava algo na campanha. Apesar de os afro-americanos serem a maioria da população e da mão de obra da cidade, não apareciam nos anúncios que apresentavam apenas o rosto de pessoas brancas e que pediam que todos vissem a cidade como eles viam.

Os compatriotas de Jesus também tinham um ponto cego em sua visão do futuro. Preocupados basicamente com o futuro do povo judeu, não compreendiam a preocupação de Jesus pelos samaritanos ou soldados romanos ou qualquer pessoa que não compartilhasse das mesmas raízes familiares, dos rabis ou da adoração no Templo.

Eu me identifico com esses pontos cegos, porque também tendo a enxergar apenas pessoas cuja experiência de vida eu compreenda. Mas Deus tem um jeito de produzir unidade em nossa diversidade. Somos mais parecidos do que imaginamos.

Deus escolheu um nômade chamado Abraão para abençoar todos os povos do mundo (vv.1-3). Jesus conhece e ama todos aqueles que não amamos ou conhecemos. Juntos, vivemos pela graça e misericórdia daquele que pode nos ajudar a enxergar o próximo, as nossas cidades e o Seu reino como Ele os vê.

MRD

Todas as pessoas em todos os lugares são mais parecidas conosco do que admitimos.

4 DE NOVEMBRO

A BÍBLIA em UM ANO:
Jeremias 32–33; Hebreus 1

Ainda meu Rei

LEITURA: **Salmo 74:4-8,12-23**

Levanta-te, ó Deus, e defende tua causa... v.22

Um repórter o chamou de "o dia mais mortal para os cristãos em décadas". Os dois ataques de abril de 2017 contra cristãos que se reuniam nesse domingo, no Egito, desafiam nosso entendimento. Não temos uma categoria para descrever tal "banho" de sangue. Porém, podemos contar com a ajuda daqueles que conhecem essa dor.

A maioria do povo de Jerusalém estava no exílio ou havia sido assassinada quando Asafe redigiu o Salmo 74. Derramando a angústia do seu coração, ele descreveu a destruição do Templo pelos cruéis invasores: "Ali teus inimigos deram gritos de vitória..." (v.4). "Incendiaram todo o teu santuário; profanaram o lugar [...] do teu nome" (v.7).

Mas o salmista encontrou um jeito de resistir apesar da horrível realidade — e encoraja-nos para que também resistamos. "Tu, ó Deus, és meu Rei desde a antiguidade e trazes salvação à terra" (v.12). Esta verdade permitiu que Asafe aclamasse o grandioso poder de Deus mesmo que, naquele momento, a salvação divina parecesse distante, Ele orou: "Lembra-te das promessas da aliança [...] Não permitas que os oprimidos voltem a ser humilhados [...] que os pobres e os necessitados louvem teu nome" (vv.20,21).

Mesmo que a justiça e misericórdia pareçam distantes, o amor e o poder de Deus não diminuíram. Podemos dizer com Asafe: "Tu, ó Deus, és meu Rei". TLG

Senhor, oramos pela honra do Teu Nome. Mostra-te forte e compassivo. Levanta-te e defende a Tua causa.

Deus defenderá o Seu Nome.

5 DE NOVEMBRO

A BÍBLIA em UM ANO:
Jeremias 34–36; Hebreus 2

A fonte da sabedoria

LEITURA: **1 Reis 3:16-28**

Dá a teu servo um coração compreensivo... v.9

Um homem processou uma mulher, alegando que ela estava com o cachorro dele. No tribunal, a mulher afirmou que o cachorro não poderia ser dele e contou ao juiz onde o havia comprado. A verdadeira identidade do proprietário foi revelada quando o juiz soltou o animal na sala. Balançando a cauda, ele correu imediatamente em direção ao homem!

Salomão, rei e juiz do antigo Israel, precisou resolver uma questão parecida. Duas mulheres diziam ser mães do mesmo garotinho. Depois de considerar os argumentos de ambas, ele pediu uma espada para cortar a criança ao meio. A mãe verdadeira implorou que ele desse o bebê à outra mulher, escolhendo salvar o filho, mesmo que não pudesse tê-lo (v.26). Salomão entregou o bebê a ela.

Quando decidimos sobre o que é justo e moral, certo e errado, precisamos de sabedoria. Se realmente a valorizamos, podemos pedir a Deus um coração compreensivo, como Salomão o fez (v.9). E Deus pode responder nosso pedido ajudando-nos a equilibrar nossas necessidades e desejos com os interesses dos outros. Ele também pode nos ajudar a comparar os benefícios imediatos com os ganhos de longo prazo (às vezes eternos) para que o honremos com a nossa vida.

Nosso Deus é um juiz sábio e um conselheiro disposto a nos conceder grande quantidade de sabedoria (TIAGO 1:5). ❦ *JBS*

> Deus, adoro-te, como a verdadeira fonte de sabedoria. Mostra-me como fazer escolhas que honrem o Teu nome.

Precisa de sabedoria? Busque-a na única Fonte capaz de oferecê-la: Deus.

6 DE NOVEMBRO

A BÍBLIA em UM ANO:
Jeremias 37–39; Hebreus 3

Papai no dentista

LEITURA: **Mateus 26:36-39**

...afasta de mim este cálice. Contudo, que seja feita a tua vontade... v.39

Jamais esperava aquela lição profunda sobre o coração do Pai no consultório do dentista, quando acompanhei o meu filho de 10 anos, que tinha um dente permanente nascendo sob o seu dente de leite, que precisava ser extraído. Não havia outro jeito.

Aos prantos, ele implorou: "Pai, não tem outro jeito? Não podemos esperar? Não quero que arranquem o meu dente!". Respondi com o coração estraçalhado: "Precisa ser extraído, filho. Não tem outro jeito". E, com lágrimas nos meus olhos, segurei a mão dele enquanto ele se contorcia, e o dentista extraía o rebelde molar. Não consegui livrá-lo da dor; o melhor que pude fazer foi permanecer ao lado dele.

Naquela hora, lembrei-me de Jesus no jardim do Getsêmani, pedindo ao Pai que pudesse haver outro caminho. O coração do Pai deve ter ficado estraçalhado ao ver o Filho amado em tal angústia! Mas não havia outro jeito de salvar o Seu povo.

Em nossa vida, às vezes enfrentamos momentos de dor que são inevitáveis — assim como meu filho precisou enfrentar. Mas, pela obra de Jesus por intermédio do Seu Espírito, até nos momentos mais difíceis o nosso Pai celestial está sempre conosco (28:20). ARH

> Pai, agradeço-te por nos amares tanto a ponto de enviares Teu Filho para nos salvar, mesmo que o Teu coração ficasse despedaçado. Nos momentos de alegria e de dor, agradeço-te por contar com o Teu Espírito nos amparando.

Nosso Pai celestial promete estar sempre presente, até mesmo em nossos piores momentos.

7 DE NOVEMBRO

A BÍBLIA em UM ANO:
Jeremias 40–42; Hebreus 4

Desculpas

LEITURA: **Colossenses 3:12-17**

...o Senhor os perdoou, de modo que vocês também devem perdoar. v.13

Em 2005, o policial Collins fraudou um relatório que resultou na prisão de McGee por 4 anos. McGee jurou encontrá-lo e "feri-lo" quando recebesse a liberdade. McGee foi finalmente exonerado, mas antes perdeu tudo. Nesse meio tempo, os vários relatórios falsificados de Collins foram descobertos, ele perdeu o emprego e também foi preso. Porém, ambos se converteram na prisão.

Em 2015, os dois homens descobriram que trabalhavam no mesmo ministério cristão. Collins relembra: "Eu disse a McGee: 'Honestamente, não tenho explicação; só posso lhe pedir perdão'". McGee generosamente o perdoou: "Era isso que eu precisava ouvir". Os dois foram capazes de se reconciliar porque ambos tinham experimentado o perdão e o amor de Deus, pois é Ele que nos capacita a perdoar como "o Senhor nos perdoou" (v.13).

Hoje, os dois são grandes amigos. "Temos essa missão conjunta de permitir que o mundo saiba que, se você deve desculpas a alguém, deve engolir o orgulho e se desculpar", disse Collins. "E se você guarda rancor de alguém, abra mão da amargura porque é como beber veneno esperando por cura."

Deus convoca os cristãos para que vivam em paz e unidade. Se temos algo contra alguém, podemos falar com o Senhor. Ele nos ajudará na reconciliação (vv.13-15; FILIPENSES 4:6,7). ADK

> Pai, agradeço-te por nos perdoares quando nos arrependemos dos nossos pecados. Ajuda-nos a receber o Teu perdão e a estendê-lo aos outros.

Cristo nos liberta para que perdoemos.

8 DE NOVEMBRO

A BÍBLIA em UM ANO:
Jeremias 43-45; Hebreus 5

Pais e filhos

LEITURA: **Efésios 4:31,32**

Ele fará que o coração dos pais volte para seus filhos e o coração dos filhos volte para seus pais... Malaquias 4:6

Tive um bom pai, e, em vários aspectos, fui um bom filho. Mas não lhe permiti ter a única coisa que poderia ter dado: eu mesmo.

Ele era um homem quieto; e eu silencioso. Muitas vezes, trabalhávamos horas lado a lado sem dizer uma palavra sequer. Ele nunca perguntou e jamais conversamos sobre meus sonhos, desejos mais profundos, esperanças e medos.

Mas, ainda em tempo, despertei dessa taciturnidade. Talvez essa percepção de mudança ocorreu quando o meu primeiro filho nasceu ou quando, um a um, meus filhos saíram de casa. Hoje eu gostaria de ter sido mais "filho" do que fui para o meu pai.

Penso em tudo que poderia ter dito a ele e em todas as coisas que ele poderia ter-me dito. Em seu funeral, permaneci ao lado do caixão, lutando para compreender as minhas emoções. "É tarde demais, certo?", minha esposa disse baixinho. "Exatamente".

Meu consolo é saber que nos acertaremos no Céu. Não é lá onde toda lágrima será enxugada? (APOCALIPSE 21:4).

Para quem crê em Jesus, a morte não é o fim das afeições, mas o início de uma vida eterna sem desentendimentos. As relações serão curadas, e o amor crescerá para sempre. Lá, o coração dos filhos voltará aos pais, e o coração dos pais voltará aos filhos (v.6).

DHR

No amor e poder de Deus, aproxime-se dos outros enquanto há tempo.

9 DE NOVEMBRO

A BÍBLIA em UM ANO:
Jeremias 46–47; Hebreus 6

O que podemos fazer

LEITURA: **Filipenses 2:1-11**

Tenham a mesma atitude demonstrada por Cristo Jesus. v.5

Morrie Boogaart, de 92 anos, mesmo acamado, tricotava gorros de lã para os sem-teto e confeccionou oito mil gorros em 15 anos. Em vez de focar em sua saúde ou limitações, ele fazia o possível para colocar as necessidades dos outros em primeiro lugar. Ele declarou que seu trabalho lhe fazia bem e lhe dava um senso de propósito: "Vou fazer isso até voltar para o Senhor" (isso aconteceu em fevereiro de 2018). Embora a maioria dos que receberam seus gorros nunca saberá o quanto ele se sacrificou para confeccionar cada peça, esse ato de amor perseverante inspira muitos ao redor do mundo.

Nós também podemos enxergar além de nossas lutas, colocar os outros em primeiro lugar e imitar o nosso amoroso e compassivo Salvador. Deus encarnado — o Rei dos reis, Jesus que assumiu "a posição de escravo" com genuína humildade. Sacrificou a própria vida —, o supremo sacrifício, tomou o nosso lugar na cruz e nos deu tudo […] para a glória de Deus, o Pai (vv.1-11).

Como cristãos, temos o privilégio de mostrar amor e demonstrar preocupação pelos outros por meio de atos de bondade. Mesmo ao acharmos que temos pouco a oferecer, podemos adotar a atitude de servo. Podemos buscar ativamente oportunidades de fazer a diferença na vida das pessoas simplesmente com o que está ao nosso alcance. XED

Senhor, agradeço-te por nos lembrares que podemos fazer a diferença amando os outros com palavras e ações diárias.

Podemos ser exemplos do amor de Cristo fazendo o que pudermos para servir os outros.

10 DE NOVEMBRO

A BÍBLIA em **UM ANO:**
Jeremias 48-49; Hebreus 7

Sua presença

LEITURA: **Êxodo 3:7-12**

O SENHOR respondeu: "Acompanharei você pessoalmente e lhe darei descanso". 33:14

O pai ansioso e o filho adolescente se sentaram diante do xamã. "Seu filho vai viajar para longe?", ele perguntou. "Para a cidade grande", o pai respondeu, "e ficará longe por um tempo". Dando um talismã ao pai (um tipo de amuleto de sorte), ele falou: "Isto o protegerá em todos os lugares".

Eu era o adolescente. Entretanto, o feiticeiro e o talismã nada puderam fazer por mim. Na cidade grande, coloquei minha fé em Jesus. Joguei fora o talismã e me agarrei a Cristo. Tê-lo em minha vida assegurava a presença de Deus.

Após 30 anos, meu pai, hoje cristão, disse-me ao levarmos o meu irmão ao hospital: "Vamos orar primeiro; o Espírito de Deus irá com você e o acompanhará durante todo o caminho!". Tínhamos aprendido que a presença e o poder de Deus são a nossa única segurança.

Moisés aprendeu uma lição parecida. Ele recebera uma tarefa bem difícil de Deus: tirar o povo do cativeiro no Egito e conduzi-lo à Terra Prometida (v.10). Mas o Senhor lhe garantiu: "Acompanharei você" (v.14).

Nossa jornada também envolve desafios, mas Deus nos garante Sua presença. Jesus disse aos Seus discípulos: "estou com vocês sempre, até o fim dos tempos" (MATEUS 28:20). LD

> Quando a jornada parecer longa e árida, Senhor, ajuda-me a lembrar que tu estás comigo.

Não há necessidade de temer seu destino quando Jesus está ao seu lado.

11 DE NOVEMBRO

A BÍBLIA em UM ANO:
Jeremias 50; Hebreus 8

Esperança confiante

LEITURA: **Filipenses 1:19-26**

Pois, para mim, o viver é Cristo, e o morrer é lucro. v.21

O Dr. William Wallace trabalhava como cirurgião missionário na China, na década de 1940, quando o país foi atacado pelo Japão. Responsável pelo hospital da época, Wallace ordenou que levassem seus equipamentos para barcaças e que o hospital continuasse a funcionar flutuando nos rios e evitando, assim, ataques da infantaria.

Durante fases perigosas (v.21) — um dos versículos prediletos de Wallace — o fazia lembrar-se de que, se ele vivia, tinha de trabalhar para o Salvador; se morresse, teria a promessa de eternidade com Cristo. Em 1951, esse versículo adquiriu seu verdadeiro significado quando ele foi acusado falsamente e morreu na prisão.

Os escritos de Paulo refletem a devoção profunda que, sendo seguidores de Jesus, também devemos desejar; que nos capacita a enfrentar provações e até perigos por Sua causa. Esta devoção torna-se real pelo auxílio do Espírito Santo e pelas orações dos que nos cercam (v.19). Isso também é uma promessa. Quando prosseguimos na obra de Deus mesmo em circunstâncias difíceis, lembremo-nos de que quando a nossa vida e obra aqui terminarem, ainda teremos a alegria de usufruir a eternidade com Jesus.

Nos momentos mais difíceis, com o coração comprometido a andar com Cristo e com os olhos fixos na promessa da eternidade, que os nossos dias e nossos atos abençoem os outros com o amor de Deus.

RKK

> Faz de mim, Pai, um servo disposto em tempos de força e em tempos de fraqueza.

Os sacrifícios oferecidos a Deus são oportunidades para que eu manifeste o Seu amor.

12 DE NOVEMBRO

A BÍBLIA em UM ANO:
Jeremias 51–52; Hebreus 9

Quem está dirigindo?

LEITURA: **Romanos 6:1-14**

Uma vez que vivemos pelo Espírito, sigamos a direção do Espírito em todas as áreas da nossa vida. Gálatas 5:25

Afixado no painel do carro do meu vizinho tem um "monstrinho" baseado no livro infantojuvenil de Maurice Sendak *Onde Vivem os Monstros* (Cosac Naify, 2009).

Certa vez, ele vinha logo atrás do meu carro e fez movimentos abruptos para me seguir. Ao chegarmos, perguntei: "Era o monstrinho que dirigia?".

No domingo seguinte, esqueci as anotações da minha pregação em casa, e saí "voando" da igreja para buscá-las, passando por esse mesmo vizinho no caminho. Ele brincou depois: "Era o monstrinho que dirigia?". Rimos, mas isso me atingiu — eu deveria ter atentado para o limite de velocidade.

Quando a Bíblia descreve o que significa viver o relacionamento com o Senhor, ela nos encoraja a nos entregarmos "inteiramente a Deus" (v.13). Naquele dia, a reação dele me fez perceber que eu deveria tirar o pé do acelerador e entregar o controle a Deus, pois devo me entregar "inteiramente" a Deus com amor.

Será que deixamos os *monstrinhos* da nossa natureza pecaminosa — preocupações, medos ou a vontade própria — dirigir? Será que entregamo-nos ao amoroso Espírito de Deus e à graça dele que nos auxilia em nosso crescimento?

É bom nos entregarmos a Deus. A Bíblia diz que a sabedoria divina nos conduz "por estradas agradáveis; [...] a uma vida de paz" (PROVÉRBIOS 3:17). É melhor ir por onde Ele conduz. JBB

> Senhor, agradeço-te pela graça que tu nos concedes para obedecer-te e por Tua paz.

Deus nos encoraja a cumprir o que Ele requer de nós.

13 DE NOVEMBRO

A BÍBLIA em UM ANO:
Lamentações 1–2; Hebreus 10:1-18

Rebanho tolo, bom pastor

LEITURA: **Ezequiel 34:7-16**

Serei como o pastor que busca o rebanho espalhado. Encontrarei minhas ovelhas e as livrarei... v.12

Tenho um amigo que, durante um ano, trabalhou como pastor de ovelhas. "Elas são tão tolas que só comem o que está à sua frente", ele me disse. "Se já tiverem comido todo o capim, não vão em busca de um pasto fresco, mas começam a comer terra!".

Rimos, mas não pude deixar de pensar em quantas vezes a Bíblia compara os homens com as ovelhas. Não é de admirar que precisemos de um pastor! No entanto, como as ovelhas são tolas demais, precisam de um pastor que tome conta delas; e não de qualquer pastor. Precisam de um pastor que cuide delas. Quando Ezequiel escreveu ao povo de Deus no exílio, cativos na Babilônia, comparou-os ao rebanho conduzido por maus pastores. Em vez de cuidar das ovelhas, os líderes de Israel as exploravam, aproveitando-se delas (v.3) e as abandonavam aos animais selvagens (v.5).

Mas os israelitas tinham uma esperança. Deus, o Bom Pastor, prometera resgatá-los dos líderes exploradores. Prometeu levá-los para casa, colocá-los em bons pastos e lhes dar descanso. Ele curaria os feridos e buscaria os perdidos (vv.11-16). Expulsaria os animais selvagens para manter o rebanho a salvo (v.28).

Os membros do rebanho de Deus precisam de cuidado e direção. Somos abençoados por ter um Pastor que sempre nos conduz a pastos verdes! (v.14).

ALP

> Deus, agradeço-te pelo Teu cuidado por nós! Mesmo quando não sabemos do que precisamos, satisfazes todas as nossas necessidades.

Será que estou ouvindo a voz do meu Pastor?

14 DE NOVEMBRO

A BÍBLIA em UM ANO:
Lamentações 3–5; Hebreus 10:19-39

Obrigado a encorajar

LEITURA: **Hebreus 10:19-25**

Pensemos em como motivar uns aos outros na prática do amor e das boas obras. v.24

Onde moro, temos uma corrida diferente de todas as outras. Cada time de sete pessoas corre unido, segurando uma corda durante os primeiros 3 quilômetros do total de quase cinco. Em seguida, o time larga a corda e cada um corre sozinho até a chegada. O tempo de cada um é a combinação do ritmo coletivo e da própria velocidade.

Este ano, o time da minha filha optou por uma estratégia que para mim foi inédita: colocou a corredora mais rápida na frente e a mais lenta atrás dela. Ela me explicou que o objetivo era a corredora mais forte estar perto o bastante para falar palavras de incentivo à corredora que fosse mais lenta.

Essa estratégia me fez recordar sobre a passagem da carta aos Hebreus: "Apeguemo-nos firmemente, sem vacilar, à esperança que professamos" motivando "uns aos outros na prática do amor e das boas obras" (vv.23,24). Existem várias formas de agir, mas o autor dessa carta realçou uma delas: "E não deixemos de nos reunir, como fazem alguns, mas encorajemo-nos mutuamente" (v.25). Reunir-se com outros cristãos é um aspecto essencial da vida de fé.

A corrida da vida pode nos parecer difícil demais a ponto de querermos soltar a corda. Juntos, incentivamos uns aos outros a correr com mais vigor, firmeza e determinação! KHH

> Jesus, agradeço-te pela esperança que ofereces, por nunca nos desencorajares. Ajuda-nos a te imitar encorajando os outros hoje.

O encorajamento é como água para a alma.

15 DE NOVEMBRO

A BÍBLIA em UM ANO:
Ezequiel 1–2; Hebreus 11:1-19

Distrações perigosas

LEITURA: **João 13:31-35**

Seu amor uns pelos outros provará ao mundo que são meus discípulos. v.35

Sigismund Goetze chocou seus conterrâneos ao retratar Jesus condenado e sofrendo, cercado por pessoas da própria geração do pintor. Elas estavam tão consumidas por seus próprios interesses: negócios, romance, política, que se mostravam indiferentes ao sacrifício do Salvador. Pessoas indiferentes a Cristo, como a multidão que se aglomerara aos pés da cruz de Jesus, sem ideia do que, ou quem, estavam ignorando.

Em nossos dias, acontece o mesmo. Cristãos e não-cristãos podem facilmente desviar a atenção do eterno. Como os cristãos podem enfrentar essa névoa de distração com a verdade do grandioso amor de Deus? Podemos começar amando uns aos outros como filhos de Deus. Jesus afirmou: "Seu amor uns pelos outros provará ao mundo que são meus discípulos" (v.35).

Mas o verdadeiro amor não para nisso. Estendemos esse amor compartilhando o evangelho na esperança de aproximar as pessoas ao Salvador. Como Paulo escreveu: "somos embaixadores de Cristo" (2 CORÍNTIOS 5:20).

O Corpo de Cristo pode refletir e tornar conhecido o amor de Deus, amor que desesperadamente precisamos, uns aos outros e ao nosso mundo. Que esses dois esforços, fortalecidos pelo Seu Espírito, sejam parte de um corte nas distrações que nos impedem de enxergar o milagre do amor de Deus em Jesus.

WEC

Para um mundo que vive na névoa da distração, trazemos a luz das boas-novas de Jesus.

16 DE NOVEMBRO

A BÍBLIA em UM ANO:
Ezequiel 3–4; Hebreus 11:20-40

Graças por quem Deus é

LEITURA: **Salmo 95:1-7**

Vamos chegar diante dele com ações de graças [...] pois o SENHOR é o grande Deus... vv.2,3

Talvez, dentre os milhares de sentimentos impressos nos cartões, uma das frases mais tocantes seja esta simples afirmação: "Obrigado por você ser quem é". Se você a recebe, sabe que alguém se importa com sua pessoa; não por algo espetacular que você tenha feito por ela, mas por ser apreciado em sua essência.

Imagino que esse tipo de sentimento talvez indique uma das melhores formas de dizer "obrigado" a Deus. Por certo, há momentos em que Deus intervém em nossa vida de forma palpável, e dizemos algo como: "Obrigado, Deus, por me dares esse emprego". Mas, na maioria das vezes, podemos simplesmente dizer: "Obrigado, Deus, por seres quem Tu és".

É isso que está por detrás de versículos como: "Deem graças ao SENHOR, porque ele é bom; seu amor dura para sempre" (1 CRÔNICAS 16:34). Obrigado, Deus, por seres quem Tu és — bom e amoroso. "Darei graças ao SENHOR porque ele é justo" (SALMO 7:17) Obrigado, Deus, por seres quem és — o Santo. "Cheguemos diante dele com ações de graças [...] pois o SENHOR é o grande Deus... (vv.2,3). Obrigado, Deus, por seres quem Tu és — o Deus Altíssimo.

Quem Deus é. Isso é motivo suficiente para interrompermos o que estamos fazendo para o agradecer. Obrigado, Deus, por seres Deus!

JDB

> Obrigado, Deus, por seres quem és — o Poderoso Deus que nos ama e recebe o nosso amor. Obrigado por Tua grandeza. Reverenciamos-te com palavras e cânticos de louvor.

Há inúmeros motivos para agradecermos a Deus, inclusive por Ele ser quem é!

17 DE NOVEMBRO

A BÍBLIA em UM ANO:
Ezequiel 5–7; Hebreus 12

O poder do toque

LEITURA: **Marcos 1:40-45**

Cheio de compaixão, Jesus estendeu a mão e tocou nele. v.41

O médico missionário Paul Brand, pioneiro na Índia do século 20, conheceu o estigma associado à lepra. Durante uma consulta, ele tocou um paciente para garantir que era possível tratá-lo. O homem começou a chorar, e uma atendente explicou ao médico: "Ninguém o tocava há anos. São lágrimas de alegria".

No início do Seu ministério, Jesus foi abordado por um leproso. A lepra era um antigo rótulo dado a todos os tipos de doenças infecciosas da pele. Pelas leis do Antigo Testamento, o homem deveria viver fora de sua comunidade. Se o doente se aproximasse de pessoas saudáveis, deveria gritar: "Impuro! Impuro!" para que as pessoas o evitassem (LEVÍTICO 13:45,46). Por esse motivo, o doente poderia passar meses ou anos sem contato humano.

Cheio de compaixão, Jesus estendeu a Sua mão e o tocou. Ele tinha poder e autoridade para curar com uma palavra apenas (2:11,12). Mas, ao encontrar esse homem cuja doença o mantinha isolado e rejeitado, o toque de Jesus garantiu que ele não estava sozinho, mas era aceito.

Nas oportunidades que Deus nos concede, podemos estender graça e mostrar compaixão com um toque benévolo que transmita dignidade e valor. O poder de cura do toque humano é muito valoroso para lembrar os que sofrem da nossa preocupação e cuidado.

LMS

Senhor, agradeço-te por alcançares de forma pessoal os que sofrem. Ajuda-me a seguir o Teu exemplo e a levar compaixão por meio de minhas ações.

Cuidar dos outros pode incluir um toque compassivo.

Edição letra gigante

18 DE NOVEMBRO

A BÍBLIA em UM ANO:
Ezequiel 8–10; Hebreus 13

Não pare de edificar!

LEITURA: **Esdras 5:1-5**

...os olhos de Deus estavam sobre [eles], e eles não foram impedidos... v.5

Quando surgiu a oportunidade de ter um novo cargo, Simão creu que vinha de Deus. Depois de orar sobre isso e buscar o conselho, sentiu que aquela oportunidade de assumir responsabilidades maiores vinha do Senhor.

Tudo se encaixou, e o seu chefe o apoiou. Mas as coisas começaram a dar errado. Alguns colegas se ressentiram daquela promoção e recusaram-se a cooperar, e Simão se questionou se deveria desistir.

Quando os israelitas voltaram para reconstruir o Templo de Jerusalém, os inimigos tentaram assustá-los e desencorajá-los (4:4). Inicialmente, eles pararam a obra, mas voltaram a reedificar após Deus os encorajar por meio dos profetas Ageu e Zacarias (4:24–5:2).

Os inimigos voltaram a perturbá-los, mas eles perseveraram, sabendo que "os olhos de Deus" estavam sobre eles (5:5). Eles seguiram as instruções dos profetas e confiaram em Deus. E o Senhor tocou no rei da Pérsia a fim de que apoiasse a edificação do Templo (vv.13,14).

Simão também buscou a sabedoria de Deus para saber se deveria permanecer no emprego ou não. Sentindo que deveria continuar, confiou na força de Deus e perseverou. Com o tempo, ele foi aceito pelos colegas.

Podemos sentir a oposição quando estamos onde Deus nos colocou. Mas devemos perseverar. Ele nos guiará e susterá. ● LK

Pai, confio em Teus propósitos. Ensina-me a permanecer em ti e não me acovardar diante das dificuldades ou dos que se opõem ao Senhor.

Não desista, porque os olhos de Deus estão sobre você.

19 DE NOVEMBRO

A BÍBLIA em UM ANO:
Ezequiel 11-13; Tiago 1

Conversas difíceis

LEITURA: **1 Samuel 25:21-35**

No que depender de vocês, vivam em paz com todos.
Romanos 12:18

Uma vez, dirigi uma longa distância para ter uma conversa difícil com um membro da equipe. Eu soubera, por terceiros, que essa pessoa estava deturpando a reputação da empresa, e isso me preocupava. Senti que deveria dizer algo que pudesse mudar as escolhas dele.

Alguém improvável se arriscou a confrontar o futuro rei de Israel que estava prestes a fazer uma escolha desastrosa. Abigail era casada com Nabal, cujo caráter indicava o significado do seu nome "tolo" (vv.3,25). Nabal se recusara a pagar a Davi e a suas tropas pela proteção aos animais (vv.10-11). Ouvindo que Davi planejava vingar-se e sabendo que seu marido não a ouviria, Abigail preparou uma oferta de paz, foi até Davi e o persuadiu a mudar de ideia (vv.18-31).

Como Abigail conseguiu isso? Após mandar jumentos carregados de comida para satisfazer Davi e seus homens e pagar pela dívida, ela disse a verdade a Davi. Com sabedoria, levou-o a lembrar-se do chamado de Deus. Se ele resistisse ao seu desejo de vingança, quando Deus o estabelecesse como rei, não teria "em sua consciência a tristeza e o peso de ter derramado sangue e se vingado sem necessidade" (v.31).

Você conhece alguém prestes a cometer um erro que prejudique outros ou comprometa o próprio futuro planejado por Deus. Como Abigail, Deus pode o estar chamando para ter uma conversa difícil. ❀

ELM

Deus, ajuda-me a saber quando devo confrontar os outros com amor.

Às vezes, seguir a Deus significa ter conversas difíceis.

20 DE NOVEMBRO

A BÍBLIA em UM ANO:
Ezequiel 14–15; Tiago 2

Do lado errado?

LEITURA: **Filipenses 1:12-18**

...tudo o que me aconteceu tem ajudado a propagar as boas-novas. v.12

Quando a ponte para Techiman, em Gana, África, desabou, os moradores de New Krobo ficaram ilhados. Muitos membros não compareceram ao culto do pastor Samuel Appiah em Techiman porque moravam em New Krobo — do lado "errado" do rio.

Em meio à crise, o pastor Sam tentava expandir o orfanato da igreja para cuidar de mais órfãos. Então, ele orou, e sua igreja começou a patrocinar reuniões ao ar livre em New Krobo. Logo, estavam batizando novos convertidos. Uma nova igreja nascia. E mais do que isso: a nova igreja tinha espaço para cuidar dos órfãos que esperavam alojamento. Deus tecia a Sua obra de restauração em meio à crise.

Quando Paulo se encontrou do lado "errado" da liberdade, ele não murmurou. Numa carta poderosa à igreja de Filipos, escreveu: "Quero que saibam, irmãos, que tudo o que me aconteceu tem ajudado a propagar as boas-novas" (v.12). Paulo sabia que "toda a guarda do palácio" ouvira sobre Cristo (v.13). E outras pessoas se sentiram confiantes para compartilhar as boas-novas de Jesus (v.14).

Apesar dos obstáculos, o pastor Sam e o apóstolo Paulo descobriram novos caminhos de Deus para agir em meio as suas crises. De que maneira Deus pode agir em meio as nossas tribulações hoje?

TLG

> Senhor, às vezes sentimos estar do lado errado de determinada situação. Sabemos que és onipresente. Ajuda-nos a enxergar-te em todas as circunstâncias.

Deus age em meio à crise. Essa é a mensagem da Bíblia.

MATT CHANDLER

21 DE NOVEMBRO

A BÍBLIA em UM ANO:
Ezequiel 16–17; Tiago 3

Ministério escondido

LEITURA: **2 Coríntios 1:8-11**

Nele depositamos nossa esperança, e ele continuará a nos livrar. E vocês nos têm ajudado ao orar por nós. vv.10,11

Eu era responsável por um grande projeto acadêmico, e estava preocupada com o prazo de entrega. Imaginava se conseguiria terminá-lo a tempo. Em meio à minha ansiedade, recebi três bilhetes de incentivo de amigas que me animaram. Cada um dizia: "Deus trouxe você à minha mente enquanto orava". Senti-me constrangida e encorajada por essas amigas que entraram em contato comigo sem saber o que se passava. Cri que Deus as tinha usado como mensageiras de amor.

Paulo conhecia o poder da oração ao escrever para a igreja de Corinto. Ele disse confiar que Deus continuaria a livrá-lo dos perigos enquanto eles ajudassem em oração (vv.10,11). E quando Deus respondesse essas orações, Ele seria glorificado já que o povo lhe daria graças pelas "orações feitas em nosso favor" (v.11).

Minhas amigas e os cristãos de Corinto estavam engajados no ministério de intercessão, o qual Oswald Chambers chama de "ministério escondido que produz fruto pelo qual o Pai é glorificado". Ao voltar a mente e o coração para Jesus, somos moldados por Ele, inclusive em como oramos. Ele nos capacita a estender o dom da verdadeira intercessão a amigos, familiares e até aos estranhos.

Deus colocou em seu coração e na sua mente alguém por quem orar?

ABP

Deus ouve as orações do Seu povo.

22 DE NOVEMBRO

A BÍBLIA em UM ANO:
Ezequiel 18–19; Tiago 4

O que temos

LEITURA: **2 Coríntios 8:1-12**

Tudo que derem será aceitável, desde que o façam de boa vontade, de acordo com o que têm, e não com o que não têm. v.12

Minha amiga queria muito reunir a família e os amigos para uma celebração em sua casa. Cada convidado ansiava pela reunião ao redor da mesa e queria ajudar com as despesas, contribuindo com a refeição. Alguns levariam pães, e outros a salada ou um acompanhamento. Porém, uma das convidadas estava financeiramente apertada. Mesmo querendo reunir-se com pessoas que ela amava, não tinha condições de levar nada. Assim, ela se ofereceu para limpar a casa da anfitriã depois da reunião.

Ela teria sido bem-recebida mesmo se chegasse de mãos vazias. Mas olhou para o que tinha a oferecer — tempo e habilidades — e os levou de todo o coração para o encontro. Acho que é exatamente esse o espírito das palavras de Paulo em 2 Coríntios 8. Eles queriam ajudar alguns irmãos em Cristo, e o apóstolo os aconselhou a consumar esses esforços. Elogiou o desejo e a disposição de ajudar, dizendo que a motivação deles era o que tornaria qualquer contribuição aceitável (v.12).

Muitas vezes, comparamos nossas ofertas com as de outros, especialmente quando não temos condições de dar tanto quanto gostaríamos. Mas Deus vê nossa oferta de maneira diferente e valoriza a nossa disposição de dar o que temos. KHH

> Senhor, ajuda-me a ver o que me deste, mesmo se isso não parecer muito para os padrões do mundo. E ajuda-me a doar generosamente para beneficiar outras pessoas.

Deus ama qualquer oferta sincera.

23 DE NOVEMBRO

A BÍBLIA em UM ANO:
Ezequiel 20–21; Tiago 5

Amor de mãe

LEITURA: **Salmo 91:1-6**

Quando clamar por mim, eu responderei e estarei com ele em meio às dificuldades; eu o resgatarei e lhe darei honra. v.15

Quando Susana era bem novinha, os pais dela se divorciaram, e o resultado da batalha legal por sua custódia e outros assuntos a fez passar uma temporada num orfanato. Provocada por crianças maiores, ela se sentia só e abandonada. Sua mãe a visitava uma vez por mês, e ela mal via o pai. Apenas anos mais tarde, sua mãe lhe contou que as regras do orfanato impediam visitas mais constantes, e ela passava o dia todo no portão, esperando dar uma olhadinha na filha. Ela disse: "Às vezes, eu simplesmente a via brincar no jardim para ver se estava tudo bem".

Quando Susana contou sua história, tive um vislumbre do amor de Deus. Às vezes, talvez nos sintamos abandonados e sós em nossas lutas. É reconfortante saber que Deus está atento a nós o tempo todo! (33:18). Ainda que não o vejamos, Ele está presente. Como um pai amoroso, Seus olhos e Seu coração estão sobre nós em todos os lugares. Mas, diferentemente da mãe de Susana, Ele pode agir em nosso favor a qualquer momento.

O Salmo 91 descreve Deus libertando, protegendo e edificando Seus filhos. Ele é mais do que um refúgio e abrigo. Ao passar pelos vales sombrios da vida, encontramos consolo ao saber que o Senhor Todo-Poderoso está atento a nós e age em nossa vida: "eu responderei" e "estarei [com você] em meio às dificuldades; eu o resgatarei" (v.15).

LK

> Senhor, agradeço-te pela certeza de que sempre estamos sob o Teu atento cuidado.

Nosso Pai celestial está sempre perto.

24 DE NOVEMBRO

A BÍBLIA em UM ANO:
Ezequiel 22-23; 1 Pedro 1

Ajudador constante

LEITURA: **João 14:15-26**

...ele [o Espírito] os fará lembrar tudo que eu lhes disse. v.26

Após uma lesão na coluna que o deixou paralisado, Marty resolveu voltar a estudar. A mãe dele, Judy, o ajudou a alcançar seu objetivo. Ela se sentava ao lado dele em palestras e estudos em grupo, tomando notas e lidando com as questões de tecnologia. Ela até mesmo o ajudou a subir ao palco para receber o seu diploma. O que poderia ser inatingível tornou-se possível por causa dessa ajuda prática e consistente.

Jesus sabia que Seus seguidores precisariam de ajuda semelhante quando Ele deixasse a Terra. Ao falar sobre Sua ausência iminente, disse que eles teriam um novo tipo de ligação com Deus por meio do Espírito Santo. Ele seria um ajudador sempre presente — que não apenas viveria com eles, mas viveria dentro deles (vv.17,26).

O Espírito daria aos discípulos o auxílio de Deus, o qual lhes permitiria suportar o que não conseguiriam sozinhos ao compartilhar as boas-novas. Em momentos de luta, o Espírito os faria lembrar de tudo o que Jesus dissera: "Não deixem que seu coração fique aflito [...] Amem uns aos outros [...] Eu sou a ressurreição e a vida" (v.26).

Você está enfrentando algo que excede sua força e capacidade? Dependa da contínua ajuda do Espírito. O Espírito de Deus agindo em você dará a Deus a glória que o Senhor merece.

JBS

Deus, agradeço-te pelo apoio que recebemos do Espírito.
Ajuda-me a confiar no Espírito quando precisar de ajuda.

Quando o assunto se referir ao poderoso Espírito de Deus, jamais diga: "Não posso". OSWALD CHAMBERS

25 DE NOVEMBRO

A BÍBLIA em UM ANO:
Ezequiel 24–26; 1 Pedro 2

Testemunha silenciosa

LEITURA: **1 Pedro 2:11-21**

Procurem viver de maneira exemplar entre os que não creem. v.12

Amy vive num país onde é proibido pregar o evangelho. Ela é enfermeira formada e trabalha num grande hospital, cuidando de recém-nascidos. Ela é uma profissional tão comprometida que seu trabalho se destaca, e muitas mulheres têm curiosidades a seu respeito. Elas se sentem impelidas a fazer perguntas particulares. É então que Amy fala sobre seu Salvador abertamente.

Por causa de seu bom trabalho, algumas colegas sentiram inveja dela e a acusaram de roubar medicamentos. Seus superiores não acreditaram nas acusações, e as autoridades por fim encontraram a culpada. Esse episódio levou algumas das enfermeiras a perguntar sobre sua fé. Seu exemplo me faz lembrar o que Pedro disse: "Amados [...] Procurem viver de maneira exemplar entre os que não creem. Assim, mesmo que eles os acusem de praticar o mal, verão seu comportamento correto e darão glória a Deus" (vv.11,12).

Nossa vida cotidiana em casa, no ambiente de trabalho ou na escola exerce um impacto sobre os outros quando deixamos Deus agir em nós. Somos cercados por pessoas que reparam no modo como falamos e nos portamos. Dependamos de Deus e o deixemos controlar nossas ações e nossos pensamentos. Então, influenciaremos quem não crê, e isso pode levar alguns deles à fé em Jesus. KOH

> Pai, ajuda-me a viver de forma que o Teu nome seja honrado por onde eu for.

Nossa vida fala mais alto do que nossas palavras.

26 DE NOVEMBRO

A BÍBLIA em UM ANO:
Ezequiel 27-29; 1 Pedro 3

Deus está aqui

LEITURA: **Oseias 6:1-6**

...precisamos conhecer o SENHOR; busquemos conhecê-lo! v.3

A **placa de** algumas casas diz: "Convidado ou não, Deus está presente". Uma versão moderna afirma: "Reconhecido ou não, Deus está aqui".

O profeta Oseias viveu no fim do século 8 a.C. (755-715) e escreveu palavras parecidas à nação hebraica. Ele encorajou os israelitas a "buscar" (v.3) conhecer Deus, porque eles o haviam esquecido (4:1). Ao esquecer a presença de Deus, o povo começou a afastar-se dele (v.12), e logo já não havia espaço para o Senhor nos pensamentos dos israelitas (SALMO 10:4).

A percepção simples, mas profunda, de Oseias nos faz lembrar que Deus está perto e agindo em nossa vida tanto nas alegrias quanto nas tribulações.

Conhecer Deus talvez signifique que, quando somos promovidos, admitimos que Deus nos capacitou a concluir nosso trabalho a tempo e com o orçamento estipulado. Se o nosso financiamento imobiliário é rejeitado, reconhecer Deus nos ajuda a confiar que Ele agiu para o bem.

Se não conseguimos entrar na faculdade que queremos, podemos reconhecer que Deus está conosco e ter consolo em Sua presença, mesmo em nosso desapontamento. Durante o jantar, reconhecer Deus pode nos lembrar da provisão de ingredientes e da cozinha onde preparamos a refeição.

Quando reconhecemos Deus, nos lembramos de Sua presença no sucesso e na dor, sejam pequenos ou grandes. ● LMS

Jesus, perdoa-me pelas vezes em que me esqueço de ti.
Ajuda-me a reconhecer a Tua presença em minha vida.

Deus está sempre presente e agindo.

27 DE NOVEMBRO

A BÍBLIA em UM ANO:
Ezequiel 30-32; 1 Pedro 4

Acomodando o feno

LEITURA: **Lucas 15:11-24**

Como são felizes aqueles cuja desobediência é perdoada... Romanos 4:7

Em meu tempo de faculdade, trabalhei num rancho durante as férias de verão. Uma noite, cansado e com fome depois de um dia longo colhendo o feno, dirigi o trator para guardá-lo no pátio. Agindo como se fosse o motorista mais habilidoso que eu imaginava ser, girei o volante com força, pisei no freio e virei o trator.

O ancinho do trator estava no chão e derrubou um grande galão de gasolina que estava próximo. O galão virou, fazendo um barulhão e derramando todo o combustível.

O rancheiro, que estava parado por perto, observou a cena. Desci do trator, gaguejei um pedido de desculpas e a primeira coisa que pensei foi me oferecer para trabalhar de graça até o fim das férias!

O velho rancheiro olhou para a bagunça que eu havia feito e virou-se em direção à casa, dizendo: "Vamos jantar".

Um trecho de uma história contada por Jesus passou pela minha mente — uma história sobre um jovem que tinha feito algo terrível: "Pai, pequei contra o céu e contra o senhor", ele disse em prantos. E quis acrescentar: "Por favor, trate-me como seu empregado". Mas, antes que pudesse concluir o pensamento, seu pai o interrompeu. Resumidamente, ele disse: "Vamos jantar" (vv.17-24).

Tal é a incrível graça de Deus. ✿

DHR

> Pai, celebramos a Tua graça e generoso perdão. Agradeço-te pela paz e pela liberdade que sentimos ao usufruirmos de um relacionamento familiar contigo.

Que privilégio é sermos filhos e filhas do Rei!

28 DE NOVEMBRO

A BÍBLIA em UM ANO:
Ezequiel 33-34; 1 Pedro 5

Alicerce sólido

LEITURA: **Mateus 7:24-27**

Quem ouve minhas palavras e as pratica é tão sábio como a pessoa que constrói sua casa sobre uma rocha firme. v.24

No verão passado, meu marido e eu visitamos a Casa da Cascata, uma residência localizada na área rural da Pensilvânia e projetada pelo arquiteto Frank Lloyd Wright, em 1935. Eu jamais tinha visto algo parecido. Wright quis criar uma casa que parecesse fazer parte da paisagem — e conseguiu! A casa foi construída ao redor de uma cachoeira que já existia, e seu estilo reflete o das camadas das rochas do lugar. A guia nos explicou que a parte vertical da casa foi edificada sobre rochas, tornando-a segura.

Ouvindo as palavras dela, não pude deixar de pensar nas palavras de Jesus aos Seus discípulos. No Sermão do Monte, Jesus lhes disse que Seus ensinamentos seriam o alicerce da vida deles. Se ouvissem as Suas palavras e as praticassem, conseguiriam resistir a qualquer tempestade. Os que ouvissem e não obedecessem, por sua vez, seriam como uma casa construída na areia (vv.24-27). Mais tarde, Paulo repetiu a mesma ideia, escrevendo que Cristo é o alicerce, e que deveríamos edificar sobre este com obras permanentes (1 CORÍNTIOS 3:11).

Quando ouvimos e obedecemos às palavras de Jesus, edificamos nossa vida sobre o alicerce de rocha sólida. Talvez, a nossa vida possa parecer um pouco como a Casa da Cascata, linda e construída para permanecer sobre a Rocha. ● ALP

Deus, ajuda-nos a ouvir e obedecer às palavras de Jesus!

Sobre o que você está construindo a sua vida?

29 DE NOVEMBRO

A BÍBLIA em UM ANO:
Ezequiel 35-36; 2 Pedro 1

Senhor do momento

LEITURA: **2 Reis 8:1-6**

É da natureza humana fazer planos, mas é o Senhor quem dirige nossos passos. Provérbios 16:9

Há pouco tempo, eu ajudei num projeto de construção na casa do meu filho, a três horas da minha casa. O projeto demorava mais do que o esperado, e eu orava toda manhã para que o terminássemos logo, mas sempre havia algo mais a ser feito.

Questionava-me pelo motivo para o atraso? Na manhã seguinte, a resposta veio. Ao pegar uma ferramenta meu telefone tocou, e alguém me disse: "Sua filha sofreu um acidente. Você deve vir agora".

Levei 14 minutos para chegar onde ela estava. Se estivesse em casa, seriam três horas. Segui a ambulância até o hospital e a confortei segurando as mãos dela antes da cirurgia. Naquele momento, percebi que se o projeto não tivesse atrasado eu não estaria lá.

Nossos momentos pertencem a Deus. Essa foi a experiência da mulher cujo filho Deus ressuscitou por meio do profeta Eliseu (4:18-37). Ela saíra do país por causa da fome e agora voltava implorando ao rei por sua terra. Precisamente, naquele momento, o rei conversava com Geazi, o servo do profeta, e este, "...lhe falava sobre a ocasião em que Eliseu havia ressuscitado um menino", a mulher entrou (v.5), e o pedido dela foi atendido.

Não sabemos nem o que acontecerá no próximo segundo, mas Deus pode usar qualquer situação para o bem. Que Deus nos conceda graça para caminharmos com o Senhor com expectativa pelo que Ele tem para nós hoje. ✦

JBB

Senhor, sou grato pelo dom da vida. Ajuda-me a ser um servo fiel.

Nossa vida está melhor nas mãos de Deus do que nas nossas.

30 DE NOVEMBRO

A BÍBLIA em UM ANO:
Ezequiel 37-39; 2 Pedro 2

Honrando Deus com gratidão

LEITURA: **Salmo 50:8-15**

...clamem a mim em tempos de aflição; eu os livrarei, e vocês me darão glória. v.15

A médica não parecia carrancuda, apesar de conversar com meu marido sobre o recente diagnóstico do câncer dele. Sorrindo, ela sugeriu que começássemos cada dia dando graças: "Por três coisas pelo menos". Dan concordou, sabendo que a gratidão abre o nosso coração para alcançarmos encorajamento na bondade divina. Hoje, ele começa o dia com louvor. Agradeço-te, Deus, pela boa noite de sono, pela minha cama limpa, pelo sol, pelo café da manhã e pelo sorriso nos lábios.

Cada palavra é sincera. Mas poderia parecer banal? Será que os nossos louvores pelos detalhes da vida importam a Deus? No Salmo 50, o músico Asafe oferece uma resposta clara. Deus não precisa "dos novilhos dos seus estábulos, nem dos bodes dos seus currais" (v.9). Em vez de sacrifícios formais de gratidão, Deus quer que o Seu povo lhe entregue o coração e a sua vida em gratidão (vv.14,23).

Como meu marido experimentou, a gratidão sincera ajuda o nosso espírito a florescer. E, quando clamarmos ao Senhor "em tempos de aflição", Ele nos livrará (v.15). Isso significa que Dan será curado física e espiritualmente após os 2 anos de tratamento? Ou só terá a cura na vida eterna? Não sabemos, mas hoje, ele se alegra em mostrar gratidão a Deus por Seu amor e por quem Ele é: Redentor. Restaurador. Amigo. E amigos gostam de ouvir as belas palavras de agradecimento. Muito obrigado.

PR

Senhor, agradeço-te por permitires que meus agradecimentos te honrem.

Deus valoriza e é digno da minha gratidão.

1.º DE DEZEMBRO

A BÍBLIA em UM ANO
Ezequiel 40–41; 2 Pedro 3

Deus ouve as orações

LEITURA: **Romanos 12:9-21**

Alegrem-se em nossa esperança. Sejam pacientes nas dificuldades e não parem de orar. v.12

Diane ouviu as pessoas pedirem orações por seus familiares e amigos que enfrentavam desafios ou doenças. Ela tinha um membro da família que há anos lutava contra um vício e silenciou sobre o seu pedido, pois não suportava ver os olhares das pessoas ou ouvir as perguntas ou conselhos que se seguiam sempre que fazia seu pedido em voz alta. Diane achava que, em geral, era melhor não falar. Os outros não compreendiam como esse ente querido dela podia crer em Jesus e, ainda assim, lutar diariamente.

Embora Diane não compartilhasse seu pedido com esse grupo, ela pedia que alguns amigos de confiança se juntassem a ela em oração. Juntos, pediam a Deus que o libertasse da verdadeira escravidão do vício e que experimentasse a liberdade em Cristo. Também oravam para que Deus desse a paz e a paciência que Diane precisava. À medida que orava, ela encontrou o conforto e a força em seu relacionamento com Jesus.

Muitos de nós fazemos orações com fervor e perseverança, mas parece que não recebemos respostas. Porém podemos ter a certeza de que Deus se importa e ouve todos os nossos pedidos. Ele nos exorta a continuarmos a caminhar ao lado dele, sendo alegres na esperança, pacientes nas dificuldades e constantes na oração (v.12). Podemos confiar nele. ❖   ALK

> Senhor, a Tua Palavra nos exorta a orar. Ajuda-nos a perseverar na oração e capacita-nos a sermos parceiros fiéis ao orarmos uns com os outros.

Apeguemo-nos firmemente, sem vacilar, à esperança que professamos, porque Deus é fiel... HEBREUS 10:22

2 DE DEZEMBRO

A BÍBLIA em UM ANO
Ezequiel 42–44; 1 João 1

Um lugar seguro

LEITURA: **Salmo 46**

Deus é nosso refúgio e nossa força, sempre pronto a nos socorrer [...]. Portanto, não temeremos... vv.1,2

Meus irmãos e eu fomos criados perto duma encosta arborizada que era uma paisagem fértil para a nossa imaginação. Balançando em cipós como Tarzan ou construindo casas na árvore como a Família Robinson, nós fingíamos que eram os cenários das histórias que líamos e dos filmes que assistíamos. Gostávamos de construir fortalezas e fingir que estávamos a salvo dos ataques. Anos depois, meus filhos construíram seus fortes com cobertores, lençóis e travesseiros para ter o seu "refúgio" contra os inimigos imaginários. Parece instintivo querermos um esconderijo onde nos sintamos seguros e protegidos.

Quando Davi, o cantor-poeta de Israel, buscou um refúgio, ele procurou somente Deus e afirmou: "Deus é nosso refúgio e nossa força, sempre pronto a nos socorrer em tempos de aflição. Portanto, não temeremos...". Quando você considera as ameaças quase constantes que ele enfrentou, essas palavras revelam a maravilhosa confiança de Davi em Deus. Apesar das ameaças, ele sabia que a sua verdadeira segurança estava no Senhor.

Podemos confiar da mesma forma. Depositamos a nossa confiança todos os dias em Deus que promete jamais nos deixar ou abandonar (HEBREUS 13:5). Embora vivamos em um mundo perigoso, nosso Deus nos dá paz e segurança, agora e para sempre. Ele é o nosso refúgio. ✿

WEC

> Pai, o mundo ao meu redor pode ser ameaçador e perigoso.
> Mas tu me concedes paz, força e ajuda.

Dê graças a Deus por Ele ser o seu lugar de refúgio e força.

3 DE DEZEMBRO

A BÍBLIA em UM ANO
Ezequiel 45–46; 1 João 2

Obrigado por ser você!

LEITURA: **Salmo 100**

Entrem por suas portas com ações de graças... v.4

Quando cuidei de minha mãe e morei com ela num centro hospitalar, conheci Lori, outra cuidadora que morava com o seu marido, Frank, no corredor um pouco mais à frente. Conversávamos, ríamos, desabafávamos, chorávamos e orávamos juntas nas áreas de convivência. Gostávamos desse apoio mútuo nesse período em que cuidávamos de nossos entes queridos.

Certo dia, perdi o transporte gratuito que leva os moradores para comprar mantimentos. Lori se ofereceu para me levar até a loja, mais tarde, naquela mesma noite. Com lágrimas de gratidão, aceitei sua oferta. "Obrigado por ser você", disse-lhe. Eu realmente a apreciava como pessoa, não apenas pelo que ela fez por mim como amiga.

O Salmo 100 demonstra a apreciação a Deus por quem Ele é, não simplesmente por tudo que Ele faz. O salmista convida "todos os habitantes da terra" (v.1) a "servir ao Senhor com alegria" (v.2), reconhecendo que "o Senhor é Deus" (v.3). Nosso Criador convida-nos à Sua presença para dar-lhe graças e louvar o Seu nome (v.4). Sim, Deus permanece digno de nossa contínua gratidão porque "o Senhor é bom", Seu "amor dura para sempre" e Sua "fidelidade por todas as gerações" (v.5).

Deus será sempre o Criador e Sustentador do Universo e o Pai amoroso que nos ama individualmente. Ele merece a nossa alegre e genuína gratidão. ❧

XED

Senhor, obrigado por seres quem és!

Com quem você pode compartilhar o amor de Deus hoje?

4 DE DEZEMBRO

A BÍBLIA em UM ANO
Ezequiel 47–48; 1 João 3

Perguntas no Natal

LEITURA: **Mateus 16:13-21**

"E vocês?", perguntou ele. "Quem vocês dizem que eu sou?" v.15

Bem antes de dezembro chegar, a alegria do Natal começa a contagiar a nossa cidade. As árvores e arbustos são cobertos com luzes de cores diferentes, iluminando uma paisagem noturna de tirar o fôlego. Um prédio é decorado para parecer um enorme presente de Natal extravagantemente embrulhado. Há muitas evidências desse espírito natalino ou desse marketing sazonal.

Alguns apreciam esse luxo, outros têm uma visão mais cínica. Mas a questão crucial não é como os outros veem o Natal. Antes, cada um de nós precisa considerar o que a celebração significa para si mesmo.

Pouco mais de 30 anos depois de seu nascimento, Jesus perguntou aos Seus discípulos: "Quem as pessoas dizem que o Filho do Homem é?". Eles deram respostas que outros haviam dado: João Batista, Elias, talvez outro profeta. Porém Jesus lhes perguntou individualmente: "Quem vocês dizem que eu sou?". Pedro respondeu: "O senhor é o Cristo, o Filho do Deus vivo" (vv.13-16).

Este ano, muitos celebrarão o Natal sem pensar em quem o Bebê realmente é. Ao interagirmos com eles, podemos ajudá-los a considerar essas questões cruciais: o Natal é apenas uma história reconfortante sobre um bebê nascido num estábulo? Ou foi o nosso Criador que, de fato, visitou a Sua criação e se tornou um de nós?

TLG

> Pai, que as nossas celebrações de Natal neste ano, quer sejam luxuosas ou modestas, honrem o Messias que veio para redimir a Tua criação.

Quem você diz que Jesus é?

5 DE DEZEMBRO

A BÍBLIA em UM ANO
Daniel 1–2; 1 João 4

Mão amiga

LEITURA: **Eclesiastes 4:8-12**

Se um cair, o outro o ajuda a levantar-se. v.10

Meus filhos gostavam da emoção no rinque de patinação no gelo. Quando eram jovens, aprender a andar de patins os desafiava. Era difícil persuadi-los a pisar deliberadamente na superfície dura e gelada porque eles conheciam a dor da queda. Cada vez que os pés deles escorregavam, meu marido ou eu os ajudávamos a ficar em pé, equilibrarem-se e se firmarem.

Lemos em Eclesiastes sobre alguém que nos ajuda a levantarmos quando caímos. Trabalhar com outra pessoa torna a nossa tarefa mais suave e eficaz (v.9), e um amigo traz encorajamento à nossa vida. Quando nos deparamos com desafios, é bom termos alguém ao lado oferecendo apoio prático e emocional. Esses relacionamentos podem nos dar força, propósito e conforto.

Quando nos sentimos abatidos pelas dificuldades da vida, há uma mão amiga por perto? Se houver, pode ter vindo da parte de Deus. Ou, quando alguém precisar de um amigo, podemos ser a resposta de Deus para encorajá-lo? Quando somos companheiros geralmente encontramos companheiros. Se parecer que ninguém está por perto para nos encorajar, ainda assim, encontramos conforto ao saber que Deus é o nosso refúgio sempre presente (SALMO 46:1). Ao nos aproximarmos dele, o Senhor está pronto para nos amparar firmemente em Suas mãos.

KHH

Obrigado, Pai, por me ajudares nas dificuldades. Agradeço-te pelas pessoas que tens usado para me encorajar e fortalecer. És o amigo mais fiel que tenho.

De que maneira você pode abrir-se mais plenamente à presença de Deus em sua vida?

6 DE DEZEMBRO

A BÍBLIA em UM ANO
Daniel 3–4; 1 João 5

Natal solitário

LEITURA: **Salmo 25:14-22**

Meus olhos estão sempre voltados para o SENHOR...
Salmo 25:15

Meu **Natal** mais solitário foi na cabana do meu avô, no norte de Gana. Eu tinha apenas 15 anos, e meus pais e irmãos estavam a mil quilômetros longe dali. Nos anos anteriores, quando eu estava com eles e meus amigos da vila, o Natal era sempre uma grande e memorável celebração. Mas aquele Natal foi tranquilo e solitário. No início da manhã, deitado em minha esteira no chão, lembrei-me de uma canção local: O ano acabou; o Natal chegou; o Filho de Deus já nasceu; paz e alegria para todos. Melancolicamente, cantei-a sem parar.

Minha avó veio e perguntou: "Que música é essa?". Meus avós nada sabiam sobre o Natal ou Cristo. Dessa maneira, compartilhei o que eu sabia sobre o Natal com eles. Aqueles momentos iluminaram a minha solidão.

O salmista Davi experimentou a solidão. Ele estava sozinho nos campos, acompanhado apenas de ovelhas e predadores ocasionais. Não seria a única vez. Em outro momento de sua vida, ele escreveu: "estou sozinho e aflito" (v.16). Mas Davi não permitiu que a solidão o desanimasse. Em vez disso, cantou: "...em ti ponho minha esperança" (v.21).

De tempos em tempos, todos nós enfrentamos a solidão. Onde quer que você celebre o Natal este ano, sozinho ou acompanhado, aproveite para celebrar ao lado de Cristo. ● LD

> Senhor, obrigado porque, em Tua presença, nunca estou sozinho. Ajuda-me a aproveitar minha comunhão contigo e a alcançar os outros.

Com Jesus ao nosso lado, nunca estamos sozinhos.

7 DE DEZEMBRO

A BÍBLIA em UM ANO
Daniel 5-7; 2 João

A mão oculta de Deus

LEITURA: **Salmo 139:13-18**

...cada dia de minha vida [...] foi estabelecido quando ainda nenhum deles existia. v.16

Meu amigo é filho adotivo de um casal missionário e cresceu em Gana. Quando ele foi para os EUA, começou a faculdade e precisou interrompê-la. Mais tarde, ele serviu o exército, o que eventualmente o ajudou a pagar a faculdade e o fez viajar mundo afora. Em tudo isso, Deus o preparava para um papel especial. Agora, ele escreve e edita literatura cristã que abençoa muitas nações.

A esposa dele reprovou nas provas de química no início da faculdade devido à forte medicação que tomava para a epilepsia. Após cuidadosa deliberação, ela transferiu-se da área de ciências para estudar a linguagem de sinais cuja carga de trabalho era mais gerenciável. Hoje, ela está tornando a Palavra de Deus, que transforma vidas, acessível aos surdos e diz: "Deus estava redirecionando a minha vida para um propósito maior".

Às vezes, você se pergunta sobre onde Deus o está levando? O Salmo 139:16 reconhece a mão soberana de Deus em nossa vida: "Tu me viste quando eu ainda estava no ventre; cada dia de minha vida estava registrado em teu livro, cada momento foi estabelecido quando ainda nenhum deles existia". Não sabemos como Deus usará as circunstâncias de nossa vida, mas podemos descansar e reconhecer que Deus sabe tudo sobre nós e direciona os nossos passos. Embora Sua mão soberana possa parecer oculta, Deus nunca está ausente.

PFC

Deus, ajuda-me a sempre confiar em ti. Obrigado por Tua direção.

Que passos você pode dar para discernir a direção de Deus ou agir de acordo com Seu chamado para sua vida?

8 DE DEZEMBRO

A BÍBLIA em UM ANO
Daniel 8-10; 3 João

Lar

LEITURA: **João 14:1-6**

Na casa de meu Pai há muitas moradas. Se não fosse assim, eu lhes teria dito. Vou preparar lugar para vocês. v.2

Recentemente, uma amiga, corretora de imóveis, morreu de câncer. Ao relembrarmos sobre ela, minha esposa recordou-se de que, muitos anos atrás, Patrícia levara um homem à fé em Jesus e ele se tornara um bom amigo nosso.

Como é encorajador relembrar que Patrícia não só ajudou as famílias a encontrarem moradias aqui em nossa comunidade, mas também a garantir que tivessem um lar eterno.

Quando Jesus se preparou para ir à cruz por nós, Ele demonstrou grande interesse em nossas acomodações eternas e disse aos Seus discípulos: "Vou preparar lugar para vocês" (v.2). O Mestre lembrou-lhes que haveria muito espaço na casa de Seu Pai para todos os que confiassem nele.

Adoramos ter uma boa casa nesta vida: um lugar especial para nossa família comer, dormir e curtir a companhia um do outro. Mas pense em como será incrível quando entrarmos na próxima vida e descobrirmos que Deus cuidou de nossas acomodações eternas. Louve ao Senhor por nos dar vida "plena" (10:10), incluindo Sua presença conosco agora e nossa presença com Ele mais tarde no lugar que Ele está preparando para nós (14:3).

Pensar no que Deus reserva para os que confiam em Jesus nos desafia a fazer o mesmo que a Patrícia fez: apresentar outras pessoas a Jesus.

JDB

Senhor, enquanto antecipamos o que preparas para nós, ajuda-nos a levar outros a Cristo para que também usufruam do Teu lar eterno que estás preparando aos que creem em Jesus.

Compartilhe sobre a realidade do lar eterno e da segurança que isso traz.

9 DE DEZEMBRO

A BÍBLIA em UM ANO
Daniel 11-12; Judas

Amor constante

LEITURA: **Salmo 136:1-9**

Deem graças ao S‌ENHOR, porque ele é bom. Seu amor dura para sempre. v.1

"Eu te amo!", papai gritou quando eu bati a porta do carro e entrei na escola. Eu estava no sexto ano e, por meses, essa era a rotina de todas as manhãs. Ao chegarmos à escola, papai dizia: "Tenha um ótimo dia! Eu te amo!" E tudo que eu dizia era: "Tchau". Eu não estava zangada com ele nem o ignorando. De tão envolvida em meus pensamentos, não atentava para as palavras dele. No entanto, o amor do meu pai permaneceu firme.

O amor de Deus é assim e ainda mais: dura para sempre. A palavra hebraica que expressa esse tipo inabalável de amor é *hesed*. É usada repetidas vezes no Antigo Testamento e 26 vezes apenas no Salmo 136! Nenhuma palavra moderna pode captar plenamente o seu significado; nós o traduzimos como: "bondade", "benevolência", "misericórdia" ou "lealdade". *Hesed* é um amor que se baseia no compromisso da aliança; no amor que é leal e fiel. Mesmo que o povo de Deus tivesse pecado, assim mesmo, o Senhor foi fiel em amá-los. O amor constante é parte que integra o caráter de Deus (ÊXODO 34:6).

Quando eu era criança, às vezes achava que o amor do meu pai me era devido. De vez em quando, faço o mesmo com o amor do meu Pai Celestial. Esqueço de ouvi-lo, responder-lhe e ser grato. No entanto, sei que o amor do Pai por mim é firme e isso me garante uma base segura para toda a minha vida.

ALP

Deus, louvamos-te por Teu amor inabalável por nós! Mesmo quando somos infiéis, tu és fiel.

Demonstre o amor de Deus a alguém hoje.

10 DE DEZEMBRO

A BÍBLIA em UM ANO
Oseias 1–4; Apocalipse 1

"Pertenço ao Senhor"

LEITURA: **Isaías 44:1-5**

...pois o seu Espírito confirma a nosso espírito que somos filhos de Deus. Romanos 8:16

É fácil notar que a "tatuagem" é muito popular nos dias de hoje. Algumas são quase imperceptíveis. Outras, em atletas, atores ou até mesmo em pessoas comuns, cobrem grande parte do corpo com tintas, palavras e desenhos multicoloridos. A tendência parece estar aqui para ficar, uma tendência que rendeu 3 bilhões de dólares em receitas em 2014 e um adicional de 66 milhões para a remoção de tatuagens.

Independentemente do que você pensa sobre tatuagens, Isaías 44 fala metaforicamente sobre os que escrevem "Pertenço ao Senhor" (v.5) em suas mãos. Essa "autotatuagem" é o auge dessa passagem que fala inteiramente sobre o cuidado do Senhor por quem Ele escolheu. O povo de Israel podia contar com a Sua ajuda; e as suas terras e descendentes seriam abençoados (vv.1-3). "Pertenço ao Senhor" são palavras simples e poderosas, que afirmavam que o Seu povo sabia que lhe pertencia e que Ele cuidaria delas.

Os que vêm a Deus através da fé em Jesus Cristo podem confiantemente dizer de si mesmos: "Pertenço ao Senhor!". Somos o Seu povo, as Suas ovelhas, a Sua descendência, herança e morada. Nas variadas etapas da vida, apegamo-nos a essa verdade. Embora não tenhamos marcas externas ou tatuagens, podemos nos encorajar, pois temos em nosso coração o testemunho do Espírito de Deus de que pertencemos a Ele (ROMANOS 8:16,17). *ALJ*

Pai, Teu amor e cuidado estão ao meu redor e Teu Espírito vive em mim.

O fato de você pertencer a Deus afeta o seu jeito de viver?

11 DE DEZEMBRO

A BÍBLIA em UM ANO
Oseias 5–8; Apocalipse 2

Espere o Messias

LEITURA: **Mateus 13:53-58**

"Não é esse o filho do carpinteiro? Conhecemos Maria, sua mãe...". v.55

O **mecânico parecia** jovem demais para resolver o nosso problema: um carro que não pegava. "Ele é apenas uma criança", meu marido sussurrou, duvidando. A descrença no jovem soava como os resmungos dos cidadãos em Nazaré que duvidavam sobre quem Jesus era.

Quando Jesus ensinou na sinagoga, eles perguntaram: "Não é esse o filho do carpinteiro?" (v.55). Ridicularizando-o, admiravam-se ao ouvir que alguém que conheciam estava curando e ensinando e perguntaram: "De onde lhe vêm a sabedoria e o poder para realizar milagres?" (v.54). Em vez de confiar em Jesus, ofenderam-se pela autoridade que Ele demonstrou (vv.15,58).

Podemos nos esforçar para confiar na sabedoria e poder de nosso Salvador, especialmente nos detalhes familiares e comuns de nossa vida diária. Falhando em esperar pela ajuda do Senhor, podemos não participar do milagre de ter a Sua vida transformando a nossa (v.58).

Meu marido descobriu que a ajuda que precisava estava diante dele. E finalmente concordou em aceitar a ajuda do rapaz e permitir que ele arrumasse a bateria do nosso velho carro. O mecânico trocou apenas um parafuso, acionando o carro em segundos. O motor funcionou e as luzes se acenderam. "Iluminaram como o Natal", disse o meu marido.

Que ansiemos por e experimentemos o Messias trazendo luz, vida e a Sua ajuda em nossa caminhada diária com Ele. PR

Cite maneiras práticas de lembrar a si mesmo ou aos outros de que Deus está no controle e pode ajudar.

12 DE DEZEMBRO

A BÍBLIA em UM ANO
Oseias 9–11; Apocalipse 3

O segredo "não-secreto"

LEITURA: **Romanos 7:14-25**

Não entendo a mim mesmo, pois quero fazer o que é certo [...]. Em vez disso, faço aquilo que odeio. v.15

Um colega de trabalho me confessou que não se achava "adequado para Jesus". Descreveu sua vida "confortável, narcisista" e sua insatisfação. "Tento ser bom, até mesmo gentil, mas não funciona. Parece que as coisas que quero fazer, não faço e o que quero parar de fazer, sigo fazendo."

Ele me perguntou sobre qual era o meu segredo. Respondi-lhe que não havia segredo. Disse-lhe que sou tão incapaz para viver de acordo com os padrões de Deus quanto ele, e que, por isso, ambos precisamos de Jesus.

Mostrei-lhe na Bíblia que o "seu" desabafo era o mesmo do qual o apóstolo Paulo escreve em Romanos 7:15. As palavras de frustração de Paulo frequentemente fazem sentido aos pré-cristãos e aos cristãos que tentam ser bons para merecer a Deus, mas sem sucesso. Talvez isso faça sentido para você. Se assim for, a declaração de Paulo de que Cristo é o autor da nossa salvação e das mudanças que dela resultam (7:25–8:2) deve convencê-lo. Jesus já fez a Sua parte para nos libertar do que tanto nos inquieta!

A barreira do pecado entre nós e Deus foi removida sem qualquer ação de nossa parte. Deus deseja a salvação de todos e as mudanças feitas pelo Espírito Santo em nosso processo de crescimento. Ele bate à porta da nossa alma. Abra a porta do seu coração hoje. Não há segredo, pois Ele é a resposta!

RKK

Pai, que as palavras de Paulo atinjam o coração dos que se sentem inadequados espiritualmente.

Sem Jesus, a salvação e o crescimento espiritual são dons além de nosso alcance.

13 DE DEZEMBRO

A BÍBLIA em UM ANO
Oseias 12–14; Apocalipse 4

A árvore "Esperança"

LEITURA: **Lamentações 3:1-3,13-24**

O amor do Senhor não tem fim! Suas misericórdias são inesgotáveis. Grande é sua fidelidade. vv.22,23

Depois de enfeitar a árvore de Natal com luzes brilhantes e laços, batizei-a de "Esperança". Meu marido e eu esperávamos, por mais de quatro anos, adotar um bebê. Certamente viria no Natal!

Todas as manhãs, eu parava diante da árvore e orava, clamando pela fidelidade de Deus. Em 21 de dezembro, recebemos, devastados, a notícia de que o Natal seria sem o bebê. Parei ao lado da árvore que se tornara um símbolo da provisão de Deus questionando se Ele ainda era fiel ou se eu fizera algo errado.

Às vezes, a aparente demora de Deus é resultado da Sua amorosa disciplina. Outras vezes, Deus a usa para renovar a nossa confiança. O profeta Jeremias descreve a correção divina para Israel. A dor é palpável: "As flechas que ele atirou entraram fundo em meu coração" (v.13). Em tudo, ele demonstra a máxima confiança na fidelidade de Deus: "O amor do Senhor não tem fim! Suas misericórdias são inesgotáveis. Grande é sua fidelidade" (vv.22,23).

Deixei a árvore montada e continuei a orar todas as manhãs. Finalmente, no fim de semana da Páscoa, recebemos a nossa bebê. Deus é sempre fiel, embora não necessariamente em nossa linha do tempo e nem sempre de acordo com nossos desejos.

Hoje, passados 30 e poucos anos, em cada Natal monto uma árvore em miniatura, lembrando a mim e aos outros que devemos confiar na fidelidade de Deus. ❧

ELM

Confiar na fidelidade de Deus é o melhor motivo para termos esperança.

Edição letra gigante

14 DE DEZEMBRO

A BÍBLIA em UM ANO
Joel 1-3; Apocalipse 5

Canção de amor dos Céus

LEITURA: **Apocalipse 5:1-13**

Nós amamos porque ele nos amou primeiro. 1 João 4:19

Em 1936, o compositor Billy Hill lançou um hit popular intitulado: *The Glory of Love* (A glória do amor). Em pouco tempo, a nação estava cantando sobre a alegria de fazer pequenas coisas por amor ao outro. Cinquenta anos mais tarde, o letrista Peter Cetera escreveu uma canção mais romântica com um título similar. Ele imaginou duas pessoas vivendo para sempre, conhecendo-se, e que tudo fizeram para enaltecer o amor.

Apocalipse, o último livro da Bíblia, descreve uma nova canção de amor que, um dia, será cantada por todos no Céu e na Terra (5:9,13). No entanto, a música começa com uma pequena nota de pesar. João, nosso narrador, chora, não vendo a resposta para tudo que deu errado com o mundo (vv.3,4). Mas seu espírito se ilumina e a música atinge um *crescendo* (vv.12,13) quando João aprende a verdadeira glória e a história do amor. Logo ele ouve toda a criação louvando o poderoso Rei Jesus, "o Leão da tribo de Judá" (v.5), que conquistou o coração dos Seus súditos, sacrificando-se amorosamente, como um Cordeiro, em nosso socorro (v.13).

Nas letras mais comoventes já cantadas, vemos por que até mesmo os simples atos de bondade se elevam nas asas de uma canção. A glória sobre a qual cantamos reflete a essência do nosso Deus. Cantamos sobre Ele porque Ele nos deu a nossa canção.

MRD

> Pai, por favor, ajuda-nos a reconhecer que mesmo os menores atos de amor e bondade podem nos lembrar do Teu amor por nós.

De que maneira podemos agradecer a Deus hoje com simples atos de bondade?

15 DE DEZEMBRO

A BÍBLIA em UM ANO
Amós 1–3; Apocalipse 6

Mosaico de beleza

LEITURA: **Lucas 1:46-55**

Minha alma exalta ao Senhor! Como meu espírito se alegra em Deus, meu Salvador. vv.46,47

Sentado no pátio da Igreja da Visitação em Ein Karem, Israel, impressionou-me a exibição de 67 mosaicos do *Magnificat*, do latim "magnificar", escritos em tantas línguas. Esses versos expressam a alegre resposta de Maria ao anúncio de que ela fora escolhida para ser a mãe do Messias.

Cada placa contém as palavras de Maria, incluindo: "Minha alma glorifica o Senhor e meu espírito se alegra em Deus meu Salvador [...]. Pois o Poderoso é santo e fez grandes coisas por mim" (vv.46-49). O hino bíblico gravado nos azulejos é uma canção de louvor na qual Maria relata a fidelidade de Deus a ela e à nação de Israel.

Maria está grata por ter sido agraciada por Deus e se alegra em Sua salvação (v.47). Ela reconhece que a misericórdia de Deus se estendeu aos israelitas "geração após geração" (v.50). Ao refletir sobre o cuidado de Deus pelos israelitas, no passado, Maria louva a Deus por Seus atos poderosos em favor do Seu povo (v.51). Ela também lhe agradece reconhecendo que a sua provisão diária vem da mão do Senhor (v.53).

Maria nos mostra que relembrar as grandes coisas que Deus fez por nós é uma maneira de expressar louvor e pode nos trazer alegria. Nesta época de Natal, reflita sobre a bondade de Deus. Dessa maneira, você pode criar um mosaico de grande beleza com as suas palavras de louvor a Ele.   *LMS*

Pai, louvamos-te pelo que fizeste por nós e por Tua misericórdia e cuidado conosco.

Reflita e seja grato pela bondade e pelas bênçãos de Deus neste ano que passou.

16 DE DEZEMBRO

A BÍBLIA em UM ANO
Amós 4–6; Apocalipse 7

Espelhos e ouvintes

LEITURA: **Tiago 1:16-27**

Se, contudo, observarem atentamente a lei perfeita que os liberta, perseverarem nela [...] serão felizes no que fizerem. v.25

Quando saí do hotel em Kampala, Uganda, a anfitriã que veio me buscar para o nosso seminário olhou-me com um sorriso divertido. "O que é tão engraçado?", perguntei-lhe. Ela riu e perguntou: "Você penteou o cabelo?". Foi a minha vez de rir, porque realmente tinha esquecido de penteá-lo. Eu tinha me olhado no espelho do hotel e como pude não ter notado aquilo?

Numa analogia prática, Tiago nos dá um exemplo útil para tornarmos o nosso estudo das Escrituras mais benéfico. Olhamos no espelho para nos examinarmos e checarmos se algo precisa de correção: cabelo penteado, rosto lavado, camisa devidamente abotoada. Como um espelho, a Bíblia nos ajuda a examinar o nosso caráter, atitude, pensamentos e comportamento (vv.23,24). Isso nos permite alinhar a nossa vida de acordo com os princípios do que Deus revelou em Sua Palavra. Vamos manter a nossa língua em "rédeas curtas" (v.26) e "cuidar dos órfãos e das viúvas" (v.27). Desse modo, prestaremos atenção ao Espírito Santo de Deus em nós e evitaremos de nos "corromper pelo mundo" (v.27).

Quando olhamos atentamente para a "lei perfeita que [nos] liberta" e a aplicamos em nossa vida, somos abençoados no que fazemos (v.25). À medida que olharmos para a Bíblia como um espelho, poderemos, humildemente, aceitar a palavra que nos "foi implantada no coração" (v.21). ❃

LD

Como um espelho reflete a nossa imagem, a Bíblia revela o nosso ser interior.

17 DE DEZEMBRO

A BÍBLIA em UM ANO
Amós 7–9; Apocalipse 8

Da vergonha à honra

LEITURA: **Lucas 1:18-25**

...o Senhor foi bom para mim em minha velhice! [...] Tirou de mim a humilhação pública de não ter filhos. v.25

É época de Natal, quando as famílias se reúnem para celebrar as festas natalinas. No entanto, alguns de nós tememos encontrar certos parentes "preocupados" cujas perguntas fazem os solteiros ou os que não têm filhos sentirem que há algo errado com eles.

Imagine Isabel, sem filhos, apesar de casada por muitos anos. Em sua cultura, isso era visto como um sinal do desprezo divino (1 SAMUEL 1:5,6) e podia ser considerado vergonhoso. Assim, mesmo Isabel vivendo em retidão (v.6), os vizinhos e parentes dela podem ter suspeitado algo contrário.

Isabel e seu marido continuaram a servir o Senhor fielmente. Com idades avançadas, ocorreu-lhes um milagre. Deus ouviu a oração dela e o Senhor gosta de nos demonstrar o Seu favor (vv.13,25). E, embora possa parecer que o Senhor seja tardio, o tempo dele é sempre correto e a Sua sabedoria sempre perfeita. Deus tinha um presente especial para Isabel e Zacarias: o filho que seria o precursor do Messias (ISAÍAS 40:3-5).

Você se sente inadequado por parecer que algo lhe falta? Talvez, um diploma universitário, um cônjuge, um filho, um emprego, uma casa? Continue sendo fiel a Deu e espere pacientemente pelo Senhor e Seu plano, assim como Isabel o fez. Não importa nossas circunstâncias, Deus está agindo em nós e através de nós. Ele conhece o seu coração e ouve as suas orações. ◉

PFC

Deus, mesmo frustrados, ajuda-nos a seguir confiando em ti.

Continue sendo fiel ao Senhor e espere pacientemente por Seu plano.

18 DE DEZEMBRO

A BÍBLIA em UM ANO
Obadias; Apocalipse 9

O grande despertar

LEITURA: **Deuteronômio 34:1-8**

...cremos que Deus trará de volta à vida, com Jesus, todos os que morreram. 1 Tessalonicenses 4:14

Tenho memórias preciosas de encontros com amigos da família quando os nossos meninos eram pequenos. Os adultos conversavam por horas a fio, e, nossos filhos, cansados de brincar, deitavam-se num sofá ou cadeira e adormeciam.

Chegada a hora de ir embora, eu pegava nossos filhos em meus braços, levava-os ao carro, colocava-os no banco de trás e ia para casa. Quando chegávamos a casa, eu os carregava de novo, colocava-os em suas camas, dizia-lhes "boa-noite" e apagava a luz. De manhã, eles acordavam em casa.

Isso se tornou uma rica metáfora para mim da noite em que "...Deus trará de volta à vida, com Jesus, todos os que morreram" (1 TESSALONICENSES 4:14). Dormiremos... e despertaremos em nosso lar eterno, e, nesse lar, será eliminado o cansaço que marca os nossos dias.

Noutro dia, deparei-me com um texto do Antigo Testamento, o qual me surpreendeu Era um comentário em Deuteronômio: "Moisés, servo do SENHOR, morreu ali na terra de Moabe, conforme o SENHOR tinha dito" (34:5). No hebraico significa literalmente: "Moisés morreu... com a boca do SENHOR", uma expressão que os rabinos antigos traduziam por "com o beijo do SENHOR".

É demais imaginarmos que Deus se incline sobre nós em nossa última noite na Terra, para aconchegar-nos e nos dar o beijo de boa-noite? Ou, então, como João Donne colocou tão eloquentemente: "Um breve sono e acordaremos para a eternidade". ❖

DHR

A morte é apenas o nosso desvio desse tempo à eternidade.
WILLIAM PENN

19 DE DEZEMBRO

A BÍBLIA em UM ANO
Jonas 1–4; Apocalipse 10

Uma carta de Natal

LEITURA: **João 1:1-14**

...a Palavra se tornou ser humano [...] e habitou entre nós [...] E vimos [...] a glória do Filho único do Pai. v.14

Todo Natal, um amigo meu escreve uma longa carta à sua esposa, revendo os acontecimentos do ano e sonhando com o futuro. Ele sempre lhe diz o quanto a ama e o porquê. Ele também escreve uma carta para cada uma de suas filhas. Suas palavras de amor se tornam um inesquecível presente de Natal.

Podemos dizer que a carta de amor original do Natal foi Jesus, a Palavra se transformou em carne. João destaca essa verdade em seu evangelho: "No princípio, aquele que é a Palavra já existia. A Palavra estava com Deus, e a Palavra era Deus" (v.1). Na filosofia antiga, *logos* significa *palavra* e sugere uma mente divina ou um preceito que o traz à existência, mas João expande a definição para revelar a Palavra como uma *pessoa*: Jesus, o Filho de Deus que estava "com Deus no princípio" (v.2). Essa Palavra, o "Filho único" do Pai, "se tornou ser humano" (v.14). Através de Jesus, a Palavra, Deus se revela perfeitamente.

Os teólogos lutam com esse belo mistério por séculos. Por mais que não possamos entender, podemos ter certeza de que Jesus, sendo Palavra, ilumina o nosso mundo sombrio (v.9). Se crermos nele, poderemos experimentar a dádiva de sermos os filhos amados de Deus (v.12).

Jesus, a carta do amor de Deus para nós, veio e fez a Sua morada entre nós. Ele é o maravilhoso presente de Natal! ABP

> Senhor Jesus Cristo, tu és a Palavra de Deus e trazes luz à minha vida. Que eu possa resplandecer a Tua bondade, Tua graça e te honrar.

De que maneira você pode compartilhar o maravilhoso presente, Jesus, com os outros hoje?

20 DE DEZEMBRO

A BÍBLIA em UM ANO
Miqueias 1–3; Apocalipse 11

Seguindo o líder

LEITURA: **Lucas 9:21-24**

...Se alguém quer ser meu seguidor, negue a si mesmo, tome diariamente sua cruz e siga-me. v.23

No espaço aéreo sobre a nossa casa, três caças rasgam o céu, voando tão próximos que parecem ser apenas um. *"Uau"*, digo ao meu marido, Dan. *"Impressionante"*, ele concorda. Vivemos perto de uma base da Força Aérea e não é incomum ver essas manobras.

Toda vez que esses jatos voam, no entanto, faço a mesma pergunta: *"Como podem voar tão juntos e não perder o controle?"*. Aprendi que a razão óbvia é a humildade. Confiando que o líder está viajando na velocidade e trajetória correta, os pilotos dos aviões que acompanham o líder submetem-se a qualquer desejo pessoal de mudar de rota ou de questionar o trajeto determinado pelo líder. Em vez disso, eles entram em formação e o seguem bem de perto. O resultado? Uma equipe bem melhor.

Não é diferente para os seguidores de Jesus. Ele diz: "...Se alguém quer ser meu seguidor, negue a si mesmo, tome diariamente sua cruz e siga-me" (v.23). O caminho do Senhor foi de autonegação e sofrimento, o que pode ser difícil de seguir. Mas, para sermos discípulos eficazes, somos convidados a deixar de lado os desejos egoístas e juntarmos diariamente os fardos espirituais, servindo primeiro aos outros em vez de a nós mesmos, seguindo Jesus de perto.

Essa caminhada humilde e próxima com Deus nos dá uma visão e tanto. Seguindo a Sua liderança e permanecendo bem perto dele, podemos ser semelhantes a Cristo. Assim, os outros não nos verão, mas verão o Senhor. Uma simples palavra para definir isso: *"Uau!"*. PR

Nossa vida é uma janela através da qual outras pessoas podem ver Jesus.

21 DE DEZEMBRO

A BÍBLIA em UM ANO
Miqueias 4–5; Apocalipse 12

Não tenha medo!

LEITURA: **Lucas 2:42-52**

...O reino de Deus está próximo!... Marcos 1:15

Quase toda vez que um anjo aparece na Bíblia, as primeiras palavras que ele diz são: "Não tenha medo!". Não é de admirar. Quando o sobrenatural entra em contato com o planeta Terra, geralmente deixa os observadores humanos de "cara no chão" e amedrontados. Mas Lucas fala sobre uma aparição divina que não amedronta. Em Jesus, nascido entre os animais e colocado em um cocho de alimentos, uma manjedoura, Deus se apresenta de maneira que não precisamos temer. O que poderia ser menos assustador do que um bebê recém-nascido?

Na Terra, Jesus foi Deus e homem. Como Deus, Ele pode realizar milagres, perdoar pecados, conquistar a morte e prever o futuro. Para os judeus acostumados a manifestações de Deus numa nuvem brilhante ou coluna de fogo, a vinda de Jesus lhes trouxe muitas dúvidas. Como poderia um bebê em Belém, um filho de carpinteiro, um homem de Nazaré, ser o Messias de Deus?

Por que Deus assume a forma humana? Jesus, aos 12 anos, nos dá uma pista quando debate com os rabinos no Templo. "Todos que o ouviam se admiravam de seu entendimento e de suas respostas" (2:47). Pela primeira vez, as pessoas comuns podiam manter uma conversa com Deus de forma visível.

Jesus pode falar com Seu Pai, um rabino, uma pobre viúva sem que tenha de antes anunciar: "Não tenha medo!". Em Jesus, Deus se aproxima. ❧

PDY

> Pai, no Natal, adoramos o Teu Filho que, mesmo sendo Deus, veio ao mundo como bebê indefeso para se aproximar de nós.

Jesus foi Deus e homem numa só pessoa, para que nos reconciliássemos com Deus novamente. GEORGE WHITEFIELD

22 DE DEZEMBRO

A BÍBLIA em UM ANO
Miqueias 6–7; Apocalipse 13

A nossa estratégia é a esperança

LEITURA: **Miqueias 7:1-7**

Quanto a mim, busco o SENHOR, e espero confiante que Deus me salve... v.7

Meu time favorito perdeu oito jogos consecutivos, e, em cada derrota, é mais difícil ter esperança de recuperação. Semanalmente, o treinador faz alterações, mas sem alcançar vitórias. Conversando com meus colegas, brinquei dizendo que desejar um resultado diferente não o garante. "A esperança não é uma estratégia".

Isso é verdade no futebol, mas, em nossa vida espiritual, é exatamente o oposto. Cultivar a esperança em Deus não é apenas uma manobra, mas agarrar-se a Ele com fé e confiança é a *única* estratégia. Este mundo muitas vezes nos decepciona, mas a esperança pode nos ancorar na verdade e poder de Deus durante os tempos turbulentos.

Miqueias ficou de coração quebrantado por Israel ter se afastado de Deus. "Pobre de mim! [...]. Os fiéis desapareceram; não resta uma só pessoa honesta na terra" (vv.1,2). Mas ele voltou a focar em sua verdadeira esperança: "Quanto a mim, busco o SENHOR, e espero confiante que Deus me salve" (v.7).

Miqueias nos mostra o que é preciso para manter a esperança em tempos difíceis: observar, esperar, orar e lembrar. Deus ouve os nossos clamores mesmo quando as nossas circunstâncias são esmagadoras. Nestes momentos, nossa estratégia é firmar-se e agir em resposta à nossa esperança em Deus. É a única estratégia que nos ajudará a enfrentar as tempestades da vida.

ARH

Pai, ajuda-nos a clamar a ti com fé e esperança, crendo que ouves o gemido do nosso coração.

Para manter a esperança em tempos difíceis, é preciso observar, esperar, orar e lembrar.

23 DE DEZEMBRO

A BÍBLIA em UM ANO
Naum 1–3; Apocalipse 14

Em abundância ou aflição

LEITURA: **Jó 1:13-22**

O Senhor me deu o que eu tinha, e o Senhor tomou. Louvado seja o nome do Senhor. v.21

O livro *One Thousand Gifts* (Mil Presentes), de Ann Voskamp, incentiva os leitores a descobrirem todos os dias o que o Senhor fez por eles. Ela observa diariamente a generosidade de Deus em grandes e pequenas dádivas, variando da simples beleza de bolhas de sabão à incomparável salvação de pecadores como ela (e nós!). Afirma que a gratidão é a chave para ver Deus nos momentos mais conturbados da vida.

Jó é conhecido por seus momentos "perturbadores". As perdas dele foram profundas e abundantes. Logo após perder todo o seu gado, ele soube da morte simultânea de todos os seus dez filhos. Jó demonstrou o seu profundo pesar: "rasgou seu manto. Depois, raspou a cabeça" (v.20). Suas palavras naquela hora dolorosa me fazem crer que ele sabia agradecer, pois reconheceu que Deus lhe dera tudo o que agora havia perdido (v.21). De que outra forma Jó poderia adorar em meio a essa dor dilacerante?

A gratidão diária não pode apagar a magnitude da dor que sentimos nas perdas que sofremos. Jó protestou e brigou com sua dor como o restante do livro descreve. Porém, quando nós reconhecemos a bondade de Deus para nós, mesmo do menor dos modos, isso pode nos motivar a nos curvarmos em adoração diante de nosso Deus Todo-Poderoso nas horas mais sombrias de nossa vida terrena. ● KHH

> Deus, ajuda-me a reconhecer Tua generosidade, mesmo nas menores coisas e a confiar em tempos de perdas e dificuldades.

Praticar regularmente a gratidão muda a sua vida diária.

24 DE DEZEMBRO

A BÍBLIA em UM ANO
Habacuque 1–3; Apocalipse 15

Reflita

LEITURA: **Lucas 2:8-20**

Maria, porém, guardava todas essas coisas no coração e refletia sobre elas. v.19

Durante os anos de Oswald Chambers na faculdade de Ensino Bíblico em Londres (1911-15), muitas vezes, ele surpreendeu os alunos com suas palestras. Uma jovem explicou que o questionavam durante a refeição juntos, e o bombardeavam com perguntas e objeções. Lembrou-se de que Oswald costumava simplesmente sorrir e dizer: "Esqueça, por enquanto. A resposta virá mais tarde". Ele os encorajava a refletirem e a permitir que Deus lhes revelasse a Sua verdade.

Refletir sobre algo significa concentrar-se e pensar profundamente nisso. Após os acontecimentos que levaram ao nascimento de Jesus em Belém, seguido do aparecimento de anjos e pastores que vieram ver o Messias, Maria "guardava todas essas coisas no coração e refletia sobre elas" (v.19). O comentarista do Novo Testamento, W. E. Vine, disse que "refletir" significa "reunir, conferir, juntar uma coisa a outra considerando-se as circunstâncias" (*Dicionário Expositivo de Vine*).

Quando nos esforçamos para entender o significado do que acontece em nossa vida, temos o maravilhoso exemplo de Maria sobre o que significa buscar a Deus e a Sua sabedoria.

Se, como ela, aceitarmos a liderança de Deus em nossa vida, teremos em nosso coração muito mais coisas novas para valorizar e refletir sobre a Sua amorosa orientação. DCM

Pai, guia-nos pelo Teu Espírito Santo ao considerarmos o Teu grande amor e aceitarmos o Teu plano para a nossa vida.

Durante esta época de Natal, aquiete-se e ouça o que Deus está lhe dizendo.

25 DE DEZEMBRO

A BÍBLIA em UM ANO
Sofonias 1–3; Apocalipse 16

Inverno

LEITURA: **Isaías 42:1-4**

Não gritará, nem levantará a voz em público. Não esmagará a cana quebrada... vv.2,3

À s vezes, acordo e vejo o mundo coberto pela paz e tranquilidade de uma neblina matinal. Ela não surge repentinamente como a tempestade de verão, mas aparece suavemente.

Certa vez, li um poema no qual a autora relata que Jesus poderia ter vindo à Terra como um furacão, mas, ao invés disso, Ele veio calma e lentamente como a neblina matinal do outono que surge em minha janela.

A silenciosa chegada de Jesus surpreendeu a muitos. Em vez de nascer num palácio, Ele nasceu em um lugar improvável, uma morada humilde fora de Belém. E Jesus dormiu no único lugar disponível: uma manjedoura (LUCAS 2:7). Em vez de ser assistido por membros da realeza e do governo, Jesus foi recebido por humildes pastores (vv.15,16). Em vez de riquezas, os pais de Jesus só puderam pagar o sacrifício mais barato quando o apresentaram no Templo: dois pombinhos (v.24).

A maneira despretensiosa como Jesus veio ao mundo foi anunciada pelo profeta Isaías, que profetizou que, na vinda do Salvador, não haveria alarde tampouco publicidade (v.2), não esmagaria a cana quebrada, nem apagaria a chama que já estava fraca (V. 3). Ele veio gentilmente para nos atrair a Si mesmo com Sua oferta de reconciliação com Deus: a paz ainda disponível para qualquer um que crer no milagre da história do Salvador nascido numa manjedoura.

LMS

> Jesus, obrigado por renunciares a Tua majestade e vires à Terra oferecer salvação. Que muitos a aceitem.

A pequena vila de Belém recebeu silenciosamente o maravilhoso presente. JESUS

26 DE DEZEMBRO

A BÍBLIA em UM ANO
Ageu 1–2; Apocalipse 17

Apenas outro dia?

LEITURA: **Atos 3:17-26**

O Deus de Abraão, de Isaque e de Jacó, o Deus de nossos antepassados, quem glorificou seu servo Jesus... v.13

O autor **William** Dean Howells escreveu um conto sobre uma garotinha que realizou o seu desejo. Todos os dias é Natal durante um ano longo e horrível. No terceiro dia, a alegria natalina já começou a se desgastar. Em pouco tempo, todo mundo odiava doces. Os perus tornaram-se escassos e caríssimos. Os presentes não eram mais recebidos com gratidão e se acumulavam por todos os lugares. As pessoas se irritavam umas com as outras.

Felizmente, essa é apenas uma história satírica. Mas que incrível bênção o fato de as celebrações de Natal nunca nos cansarem apesar de vermos Jesus em toda a Bíblia.

Depois que Jesus subiu ao Pai, o apóstolo Pedro proclamou à multidão no Templo em Jerusalém que Moisés profetizou a respeito de Jesus quando disse: "O Senhor, seu Deus, levantará para vocês um profeta como eu" (ATOS 3:22; DEUTERONÔMIO 18:18). A promessa de Deus a Abraão: "e, por meio deles, todas as nações da terra serão abençoadas", foi realmente uma referência a Jesus (ATOS 3:25; GÊNESIS 22:18). Pedro observou: "...todos os profetas falaram sobre o que está acontecendo hoje" — a chegada do Messias (ATOS 3:24).

Podemos manter vivo o espírito do Natal muito depois do fim das celebrações. Ao vermos Cristo em toda a história bíblica, podemos apreciar como o Natal é muito mais do que apenas outro dia. TLG

Este ano, ao guardar as decorações de Natal, não se desfaça da essência do Natal.

27 DE DEZEMBRO

A BÍBLIA em UM ANO
Zacarias 1–4; Apocalipse 18

O lugar mais alto

LEITURA: **Colossenses 1:15-23**

Ele existia antes de todas as coisas e mantém tudo em harmonia. v.17

Meu marido convidou um amigo à igreja e, após o culto, esse amigo disse: "Gostei das músicas e da atmosfera, mas não entendi. Por que você dá a Jesus um lugar de tão alta honra?" Meu marido lhe explicou que o cristianismo é um relacionamento com Cristo. Sem Jesus, o cristianismo não teria sentido. É por causa do que Jesus fez em nossa vida que nos reunimos e o louvamos.

Quem é Jesus e o que Ele fez? Paulo respondeu a essa pergunta em Colossenses 1. Ninguém viu a Deus, mas Jesus veio para refleti-lo e revelá-lo (v.15). Jesus, como o Filho de Deus, veio para morrer por nós e nos libertar do pecado. O pecado nos separou da santidade de Deus, portanto, a paz só poderia ser feita através de alguém perfeito: Jesus (vv.14,20). Em outras palavras, Jesus nos concedeu o que ninguém mais poderia: o acesso a Deus e a vida eterna (JOÃO 17:3).

Por que Jesus merece esse lugar de honra? Ele conquistou a morte e o nosso coração pelo Seu amor e sacrifício. Jesus nos concede novas forças a cada dia. Ele é tudo para nós!

Damos-lhe glória porque Jesus a merece e nós o elevamos porque esse é o Seu lugar de direito. Vamos dar a Ele o lugar mais honroso em nosso coração. ❦ KOH

> Jesus, tu és o meu Salvador e Senhor, e quero te dar o mais alto lugar de honra em minha vida.

Jesus é a razão de toda a nossa adoração.

28 DE DEZEMBRO

A BÍBLIA em UM ANO
Zacarias 5–8; Apocalipse 19

Liberte-se do indesejável

LEITURA: **Salmo 103:1-12**

De nós ele afastou nossos pecados, tanto como o Oriente está longe do Ocidente. v.12

Desde 2006, um grupo de pessoas comemora um evento incomum próximo do Ano Novo. Chama-se "Liberte-se do indesejável". Com base numa tradição latino-americana, as pessoas escrevem suas memórias desagradáveis e embaraçosas junto com seus problemas ruins do ano anterior e os lançam num triturador. Alguns chegam a utilizar uma marreta para livrar-se de algo indesejável.

Davi, autor do Salmo 103, vai além, sugerindo que as pessoas se livrem das memórias desagradáveis. Ele nos lembrou de que Deus deseja que nos livremos dos nossos pecados. Na tentativa de expressar o vasto amor de Deus por Seu povo, o salmista usou figuras de linguagem. Ele comparou a vastidão do amor de Deus à distância entre os Céus e a Terra (v.11). Em seguida, falou sobre o Seu perdão em termos espaciais. Tão distante quanto o lugar onde o Sol nasce do lugar onde o Sol se põe, também o Senhor removeu os pecados do Seu povo (v.12). O salmista queria que o povo de Deus soubesse que o amor e perdão do Senhor eram infinitos e plenos. Deus libertou o Seu povo do poder de suas transgressões, perdoando-os totalmente.

Boas-novas! Não precisamos esperar até o Ano Novo para experimentar o "Dia da libertação". Em decorrência de nossa fé em Jesus, ao confessarmos e nos desviarmos dos nossos pecados, Ele os lançará nas profundezas do mar. Hoje pode ser um dia de libertação! ⬥

MLW

Obrigado Pai por me livrares do pecado. Mostra-me o que preciso para me libertar.

Por causa da obra de Cristo, Deus esquece completamente os seus pecados.

29 DE DEZEMBRO

A BÍBLIA em UM ANO
Zacarias 9–12; Apocalipse 20

Quando Deus diz: "Não"

LEITURA: **Isaías 25:1-5**

Fazes coisas maravilhosas! Tu as planejaste há muito tempo e agora as realizaste. v.1

Quando fui recrutado para o serviço militar aos 18 anos, como todos os jovens singapurianos, orei desesperadamente por um posto fácil. Ser assistente administrativo ou talvez motorista. Por eu não ser particularmente forte, esperava ser poupado dos rigores do treinamento de combate militar. Mas, uma noite, ao ler minha Bíblia, um verso me saltou da página: "...Minha graça é tudo de que você precisa" (2 CORÍNTIOS 12:9).

Meu coração recuou, mas não deveria. Deus respondera as minhas orações. Mesmo se eu recebesse uma tarefa difícil, Ele proveria para mim.

Por fim, eu fui um soldado da infantaria blindada, fazendo coisas que nem sempre apreciava. Olhando para trás agora, sou grato por Deus não ter me dado o que eu queria. O treinamento e a experiência me fortaleceram física e mentalmente e me deram confiança para entrar na idade adulta.

Em Isaías 25:1-5, depois de profetizar o castigo sobre Israel e a subsequente libertação de seus inimigos, o profeta louva a Deus por Seus planos. Todas essas "coisas maravilhosas", observa Isaías, foram planejadas "há muito tempo" (v.1), embora incluíssem alguns tempos árduos.

Pode ser difícil ouvir Deus dizer "não" e, ainda mais difícil de entender quando estamos orando por algo bom, como a libertação de alguém enfrentando uma crise. Nesse momento, precisamos nos apegar à verdade dos bons propósitos de Deus. Podemos não entender o porquê, mas podemos continuar confiando em Seu amor, bondade e fidelidade.

LK

Quando Deus diz "não", Ele tem um propósito. Continue confiando no Senhor!

30 DE DEZEMBRO

A BÍBLIA em UM ANO
Zacarias 13-14; Apocalipse 21

Todas as coisas novas

LEITURA: **Apocalipse 21:1-7**

...aquele que está em Cristo se tornou nova criação. [...] e uma nova vida teve início! 2 Coríntios 5:17

Os ferros-velhos me intrigam, pois gosto de trabalhar com carros, por isso frequento um que tenho perto de nossa casa. Nesse lugar solitário, o vento sopra entre as carcaças que um dia pertenceram a alguém. Umas destruídas, outras sem utilidade. Ao andar entre as fileiras, às vezes, um carro chama a minha atenção, e pergunto-me sobre as aventuras que ele teve durante sua "vida". Como um portal para o passado, cada um tem uma história para contar sobre o anseio humano pelo último modelo e da passagem inevitável do tempo.

Mas sinto particular alegria ao encontrar uma nova vida para uma peça antiga. Sempre que posso usar algo descartado e dar-lhe nova vida num veículo restaurado, parece-me uma pequena vitória contra o tempo e o declínio.

Às vezes, isso me traz à mente as palavras de Jesus no final da Bíblia: "...faço novas todas as coisas!" (APOCALIPSE 21:5). São palavras que se referem à renovação da Criação por Deus, que inclui os cristãos. Todos os que receberam Jesus são uma "nova criação" nele (2 CORÍNTIOS 5:17).

Um dia viveremos com Jesus (JOÃO 14:3). O envelhecimento e a doença não existirão, e continuaremos a aventura da vida eterna. Quais histórias cada um de nós terá para contar? Histórias do amor redentor e da infinita fidelidade de nosso Salvador.

JBB

> Senhor, louvo-te por ser uma nova criação em ti, pois em Tua bondade e misericórdia me deste a promessa da vida eterna.

O fim de um ano e o começo de outro é uma oportunidade para renovação.

31 DE DEZEMBRO

A BÍBLIA em UM ANO
Malaquias 1–4; Apocalipse 22

O mensageiro

LEITURA: **Malaquias 3:1-5**

Envio meu mensageiro, que preparará o caminho diante de mim. v.1

"Tenho uma mensagem para você!". Uma mulher que trabalhava na conferência que eu estava participando me entregou um pedaço de papel, e perguntei-me se deveria ficar nervosa ou feliz. Mas, quando li: "Você ganhou um sobrinho!", sabia que poderia me alegrar.

As mensagens podem trazer boas ou más notícias ou, então, palavras desafiadoras. No Antigo Testamento, Deus usou os Seus profetas para comunicar mensagens de esperança ou julgamento. Mas ao olharmos de perto, vemos que até mesmo as Suas palavras de julgamento tinham a intenção de levar ao arrependimento, cura e restauração.

Ambos aspectos aparecem nas mensagens de Malaquias 3, quando o Senhor prometeu enviar um mensageiro que lhe prepararia o caminho. João Batista anunciou a vinda do verdadeiro Mensageiro, Jesus (MATEUS 3:11): "o mensageiro da aliança" (MALAQUIAS 3:1) que cumprirá as promessas de Deus. Ele será "como fogo ardente que refina o metal, como sabão forte que branqueia as roupas" (v.2), pois purificará os que creem em Sua palavra. O Senhor enviou a Sua palavra para purificar o Seu povo por causa de Sua preocupação pelo bem-estar deles.

A mensagem de Deus é de amor, esperança e liberdade. Ele enviou o Seu Filho para ser um mensageiro que fala a nossa língua, às vezes, com mensagens de exortação, mas sempre com esperança. Podemos confiar em Sua mensagem. ABP

Senhor Jesus, ajuda-me a entender Tua mensagem, e, também, a vivê-la.

Peça ao Senhor para ajudá-lo a compartilhar as boas-novas no próximo ano.

Tornando pessoal

Alguém disse: "Saber que Cristo morreu, é história. Crer que morreu por mim, é salvação". O relacionamento com Cristo começa no momento da nossa salvação. Quando nascemos espiritualmente na família de Deus nos tornamos Seus filhos, amigos, servos e participantes do reino espiritual.

Talvez não saibamos quando a nova vida começa, mas podemos conhecer os passos para iniciar tal relacionamento.

1 Admitir nossa condição de perdidos

Nascemos de pais que pertencem a uma humanidade decaída. Viemos a este mundo separados de Deus, ávidos por encontrar satisfação e significado à nossa maneira. Nesse processo, não demonstramos o desejo natural pelo Deus Criador (ROMANOS 3:11,12).

Embora possamos parecer bons o suficiente ao nos autoavaliarmos, Jesus mostrou-nos nosso pecado e o que significa ter um relacionamento pessoal com Deus. Ele afirmou que veio ao mundo não para os bons, mas para "...buscar e salvar os perdidos" (LUCAS 19:10).

Viemos ao mundo fisicamente vivos, porém espiritualmente mortos. Sobre isso, Paulo escreveu: "pois todos pecaram e não alcançam o padrão da glória de Deus" e "Ninguém é justo, nem um sequer" (ROMANOS 3:10,23), e "...o salário do pecado é a morte..." (ROMANOS 6:23).

2 Reconhecer o que Deus fez por nós

Evangelho significa "boas-novas". Deus nos amou o suficiente para enviar Seu Filho ao mundo para nos salvar de nós mesmos e de nossos pecados (JOÃO 1:1-4; 3:16). Jesus viveu com a qualidade que Deus planejou para nós. Ele amava Seu Pai celestial com todo o coração, alma e mente. Sem tréguas, e nos mostrou o sifnificado de amar o próximo como a nós mesmos.

Então, para resolver o problema da quebra do nosso relacionamento com o Pai, Jesus morreu em nosso lugar oferecendo-se como o sacrifício perfeito para pagar o preço do pecado. Por Ele não ser apenas homem, mas Deus, bem como nosso Criador (JOÃO 1: 1-14), Sua morte foi de valor infinito. Quando ressuscitou, Jesus provou que tinha morrido em nosso lugar, pagando o preço de todos os pecados do passado, presente e futuro. Com o Seu sacrifício, Ele pagou desde o menor ao pior dos nossos pecados.

3 Crer nele e receber a dádiva de Deus

Embora tenhamos recebido a morte espiritual e a separação de Deus como salário (ROMANOS 6:23), ninguém merece relacionar-se com Ele. Isso é dádiva do Seu amor e misericórdia, não a recompensa por nosso esforço. Ninguém é salvo por ser bom; mas por confiar em Cristo. Sendo assim, Paulo escreveu: "Vocês são salvos pela graça, por meio da fé. Isso não vem de vocês; é uma dádiva de Deus. Não é uma recompensa pela prática de boas obras, para que ninguém venha a se orgulhar" (EFÉSIOS 2:8,9; ROMANOS 4:5; TITO 3:5).

Isso pode parecer simples demais. Mas é preciso um milagre da graça de Deus para quebrar o nosso orgulho e autossuficiência. É preciso o Espírito de Deus para nos atrair para esse tipo de relacionamento pessoal. Se esse é o desejo do seu coração, é preciso que você lhe diga isso.

As palavras que dizemos a Deus para receber esse presente podem variar (LUCAS 18:13; 23:42,43). O importante é crermos em Deus o suficiente para sermos capazes de dizer: *Pai, sei que pequei contra ti. Creio que Jesus é o Teu Filho, que Ele morreu pelos meus pecados e que Ele ressuscitou dos mortos para provar isso. Nesse momento, aceito a Tua oferta de vida eterna. Aceito a Jesus como Tua dádiva para a minha salvação.*

Se esse for o seu sincero desejo, seja bem-vindo à família de Deus! Pela fé simples e genuína como a de uma criança, você iniciou um relacionamento pessoal com Aquele que o formou e o salvou para Si mesmo. ❧

Índice temático

TEMA	DATA
Adoração	jan. 3,6,24,26; fev.6; mar. 11; abr. 15; mai. 17; jun. 7; jul. 5; set. 4,25; nov. 16; dez. 3,14,15,23,27
Alegria	jan. 28
Amizades	jun. 24
Amor pelos outros	fev.7,16,23; mar. 3,26,29; mai. 27; jun. 10,29; jul. 6,11,27; ago. 4,8; out. 1,7,27; nov. 3,15,17; dez. 5
Amor por Deus	abr. 21; set. 25
Arrependimento	abr. 20; set. 26
Bíblia, autoridade	fev.5; mar. 9,24,25; abr. 27; mai. 14; jun. 7; nov. 28
Bíblia, estudo	mar. 18; mai. 25; jun. 4; set. 15; dez. 16
Bíblia, memória	mai. 5
Céu	fev.9,14; mar. 7; mai. 29; jul. 4,20; out. 24; nov. 11; dez. 8,18
Compaixão	jan. 23; fev.2,19; abr. 6
Comportamento pessoal	mai. 9,25; set. 12
Conflito	jun. 14; set. 23; out. 30; nov. 19
Contentamento	abr. 23; jul. 9
Criação	jan. 3,24; abr. 22; jul. 5,10; ago. 19; set. 4; out. 14
Cristo, deidade	mai. 4; jul. 1; set. 21; dez. 19,21

TEMA	DATA
Cristo, morte	fev.14; abr. 8,10; mai. 31; set. 18,21; out. 18,24
Cristo, nascimento	jan. 6; dez. 4,6,19,21,24,25,26
Cristo, nome	jan. 7; set. 13
Cristo, ressurreição	abr. 1,10; out. 24
Cristo, Salvador/Messias	jan. 4,7; fev.1,25; abr. 11,12,23,30; jun. 5; jul. 18; ago. 16; set. 1,14; out. 2, 26; dez. 4,11,26,27,31
Cristo, vida e ensino	abr. 5,29; out. 11
Deus, ajuda de	jul. 30; ago. 12
Deus, comunhão com	jun. 1,22,28; jul. 7; ago. 16,17
Deus, amor de	jan. 13,14,20; fev.7,14,23; mar. 3,18; abr. 6,8,9,18,22; mai. 2,4,6,22; jun. 9,12,15,17,18,23; jul. 19,28; ago. 4,5, 22,29; set. 3,7,11,15,18,21,26; out. 8,11,16; nov. 13,23,27; dez. 9,14
Deus, confiança em	jan. 4,9,21; fev.12,27; mar. 10,12,19,21,23,31; abr. 3,14,19,26; mai. 10,11,19,24; jun. 11,14; jul. 12,16,18,24; ago. 7,10,14,18,23,28; set. 2,6; out. 10,12,15,28,29; nov. 18,20,26; dez. 2,29

Índice temático

TEMA	DATA
Deus, cuidado de	jan. 9,30; fev.12,21; mar. 16; abr. 4,25,26; mai. 26; jun. 3,16; jul. 3,9,13,23; set. 11,19; out. 12,15; nov. 6,10,13,23,29; dez. 7,10,24
Deus, doutrina divina	jan. 2,21; fev.4; jul. 10,16; ago. 5,15; out. 14; nov. 5,16,26
Deus, esperar em	jan. 18; abr. 17,24; mai. 1; ago.1, set. 1; dez. 13,17
Deus, poder de	out. 22
Deus, temor a	fev.2
Dificuldades	jan. 19,20,22; fev.6,22; mar. 10; abr. 3; jun. 3,16,17; jul. 7,9,19; ago. 7,9,14,18; set. 6; out. 22,31; nov. 18,20; dez. 13
Disciplina espiritual	ago. 27,30
Doar	fev.19,26; mar. 5; abr. 2; jul. 27; ago. 6,13,25; set. 29; nov. 22
Dons espirituais	mai. 7; jul. 8
Encorajamento	fev. 13; mar. 13,17; jun. 1; ago. 3; set. 22; nov. 14; dez. 5
Envelhecimento	jun. 8,20
Esperança	jan. 25; fev.20; mai. 29; jul. 22,29; set. 20; out. 31; dez. 22

TEMA	DATA
Espírito Santo	jan. 19; mar. 4; abr. 7; mai. 18,23,30; jun. 4; jul. 15; ago. 24; set. 24; out. 9; nov. 24
Espiritual, batalha	out. 4
Espiritual, crescimento	jan. 2,22; fev.29; mar. 15,27; jun. 18; jul. 17,25; ago. 2,20,26; set. 23; dez. 12
Espiritual, transformação	jan. 5; abr. 28; mai. 15; jun. 2,26; out. 20,21; dez. 16
Evangelismo	jan. 17; mar. 22; mai. 23; jun. 6; jul. 2; ago. 8,24; set. 17; out. 2,6; nov. 15,25; dez. 8
Falsos mestres	mai. 14
Fé	jan. 29; fev.25; mar. 6; out. 1
Felicidade	ago. 23
Fruto do Espírito	jun. 8
Gratidão	jan. 11,22; mar. 20; mai. 17; jun. 25; ago. 19; out. 29; nov. 30; dez. 3,15,23
Guerra	out. 4
Hospitalidade	jun. 10

Edição letra gigante

Índice temático

TEMA	DATA

Humildade .... jan. 27; fev.8; mar. 6; abr. 2,9,25; jun. 13; set. 16; out. 3; dez. 20

Idolatria .... nov. 2

Injustiça .... mai. 3; ago. 10,15; out. 4; nov. 4

Julgando outros ...... jun. 19; set. 5

Lidando com doenças ... mar. 23,30; jul. 24; nov. 9,30

Luto .... fev.10; jul. 22,29; set. 19; nov. 2

Medo/temor ...... fev.18,27; mar. 21; abr. 17; mai. 29; out. 16

Mentorear .... mar. 8; set. 17

Morte .... mar. 7; mai. 28; dez. 18

Obediência ...... fev.17,24; mar. 9,25; mai. 8,22; ago. 22,30; set. 24,28; out. 23; nov. 12,28; dez. 20

Oração .... jan. 16; fev. 22; mar. 2,14,30; mai. 3,5,30; jul. 7,28; ago. 12,21; set. 8,16; out. 9,17,28; nov. 21,29; dez. 1,17,29

Orgulho .... fev. 8

Paciência .... jan. 18

Paternidade .... ago. 9, set. 19

Pecado .... jan. 1,8,31; mar. 15; abr. 12,20,30; jun. 27; ago. 22; out. 5; dez. 28

Perdão dos pecados .... jan. 1,8,31; abr. 11,12,20,30; out. 5,21; nov. 7,27; dez. 28

Perdoando outros .. mai. 9,21; nov. 7

Perseguição .... fev.18; mar. 28; mai. 19; out. 10; nov. 4

Preocupações ...... mar. 1; mai. 24; jul. 12; ago. 28

Racismo .... jan. 15; mai. 21; set. 5; nov. 3

Relacionamentos ...... fev.9; mai. 9; jun. 9; nov. 7,8

Ressurreição dos cristãos .... mar. 7

Salvação ..... jan. 29; fev.28; abr. 18; mai. 31; jun. 5,26,27,30; jul. 31; ago. 2,31; set. 10; out. 13,18,25; dez. 12

Serviço .... jan. 10,23; fev.15; mar. 5; abr. 28; mai. 7,12,27,28; jun. 6,20; jul. 26,30; ago. 6,13,27; set. 27,29; out. 19,27; nov. 9; dez. 20

Sofrimento .... jan. 30; fev.10; mar. 12,16,31; abr. 14; mai. 10,11; jun. 24; set. 2,3; nov. 1,6,11; dez. 2,22

Solidão .... mar. 4; mai. 26; dez. 6

Tentação ...... fev.17; abr. 29; jul. 21

Unidade entre os cristãos ...jan. 15; fev.11; abr. 13; mai. 20; jul. 8; ago. 26; set. 30; out. 7

Vida da igreja .... jul. 14

Vida eterna .. mai. 13; ago. 24; dez. 30

Ressurreição de Cristo ..mar. 25, 30; abr. 1,2,21

Vivendo com outros cristãos fev.11; mar. 13; jul. 14; out. 30

Vivendo como Cristo ..... jan. 17,27; fev.3,20; jun. 21; ago. 11; set. 9,12; out. 6; dez. 16

Vivendo por Cristo .. jan. 12; fev.15,24; abr. 1,7,16,21; mai. 13,16; nov. 1

Nossos autores

Adam Holz

Alyson Kieda

Amy Boucher Pye

Amy L. Peterson

Anne M. Cetas

Arthur L. Jackson

Cindy Hess Kasper

Dave Branon

David Charles Gomes

David C. McCasland

David H. Roper

Elisa Morgan

H. Dennis Fisher

James Banks

Jeff Olson

Jennifer Benson Schuldt

Jeremias Pereira da Silva

Joseph M. Stowell

Juarez Marcondes Filho

Julie Ackerman Link

Julie Schwab

Edição letra gigante

Karen Wolfe

Keila Ochoa

Kirsten H. Holmberg

Lawrence Darmani

Leslie Koh

Linda Washington

Lisa Samra

Luiz Roberto Silvado

Mart DeHaan

Marvin L. Williams

Miguel Uchôa

Monica Brands

Ney Silva Ladeia

Paschoal Piragine Junior

Patricia Raybon

Philip D. Yancey

Poh Fang Chia

Randy K. Kilgore

Timothy L. Gustafson

William E. Crowder

Xochitl Dixon